Hellevad
Rødekro
Bedstet
Svejlund
Løjt Skovby
Arndrup
NORDBORG
DÄNEMARK
OSTSEE
FLENSBURG
Kreis Schleswig-Flensburg
HUSUM
SCHLESWIG
ECKERNFÖRDE
KIEL
RENDSBURG
NORDSEE
SCHLESWIG-HOLSTEIN
LÜBECK
HAMBURG
MECKLENBURG
NIEDERSACHSEN
Kassø
Hjordkær
ÅBENRÅ
Mjels
Oksbøl
Raved
Varnæs
Stevning
ALS
Stubbæk
Bolderslev
Bovrup
Guderup
Fynshav
Felstedt
Blans
Elstrup
Uge
Ø. Snogbæk
Notmark
Ullerup
Bjergskov
V. Sottrup
Kettingskov
Tinglev
Augustenborg
Kær
Kliplev
Kværs
GRÅSTEN
Saksborg
Tandslet
Mommark
Vilsbæk
Rageböl
Avnør
SØNDERBORG
Høruphav
Rens
Skelbæk
Broderup
Hokkerup
ydersholm
Gejlå
Holbøl
Broager
E 45
Skovby
Pepersmark
Hønsnap
Sønderhav
Sønderby
HOLNIS
Brunsnæs
Sofiedal
Skelde
Kruså
Ladelund
Bramstedt
GLÜCKSBURG
Padborg
Medelby
Langballigau
Westerholz
Harrislee
FLENSBURG
Munkbrarup
Achtrup
Lütjenhorn
199
Unewatt
Neukirchen
Langballig
Rüllschau
Grundhof
BIRK
Wallsbüll
Ellund
Habernis
Falshöft
Adelby
Maasbüll
Schafflund
Husby
Dollerup
Norgaardholz
Handewitt
Jarplund
Meyn
Steinberghaff
Hörup
200
Pommerby
Hürup
Steinbergkirche
Stadum
Westerholm
Gelting
Steinberg
Hüllerup
Ausacker
Billschau
Kleinsolt
Quern
Sterup
Kronsgaard
199
Schwensby
Kleinwiehe
Sörup
Esgrus
Soholm
Riesbriek
Linnau
Hasselberg
Großenwiehe
Satrup
Grünholz
Großsolt
Wanderup
Oeversee
Maasholm
Lütjenholm
Schobüll
Goldelund
Rabel
Sillerup
Goldebek
Tarp
Süderschmedeby
Mohrkirch
Oersberg
Olpenitz
Dammholz
KAPPELN
Norderbrarup
Havetoft
Jerrishoe
Süderzollhaus
Högel
Joldelund
Wagersrott
Sieverstedt
Stieglund
Struxdorf
200
Arnis
Schönhagen
A 7
Süderbrarup
Löwenstedt
Karby
201
76
Eggebek
Großjörl
Drelsdorf
Langstedt
Loit
Kleinjörl
Norstedt
Böklund
Steinfeld
Bollingstedt
Süderhackstedt
Haselund
E 45
Lindaunis
Sieseby
Idstedt
Kius
Thumby
Gammellund
Viöl
Ulsnis
Damp
Sollerup
Brekling
Tolk
Behrendorf
Jübek
Taarstedt
Goltoft
Lürschau
Esperstoft
Neuberend
203
Immenstedt
Kahleby
Rieseby
Holzdorf
attstedt
Olderup
Brodersby
Schaalby
Waabs
Horstedt
Ahrenviöl
Bohnert
Silberstedt
Treia
SCHLESWIG
Missunde
Loose
Schuby
Schwesing
Wester Ohrstedt
201
Borgwedel
Kosel
Ludwigsburg
Fahrdorf
chobüll
HUSUM
Goosholz
Haithabu
Barkelsby
Mildstedt
Wittbek
Ellingstedt
Busdorf
Fleckeby
76
ECKERNFÖRDE
Dannewerk
Rantrum
Ostenfeld
Selk
Schwedeneck
Hollingstedt
Osterby
Krusendorf
Hummelfeld
Windeby
Lindhöft
Noer
Winnert
Dörpstedt
Klein-Rheide
Groß-Rheide
Jagel
Ascheffel
Altenhof
Osdorf
203
76
Schwabstedt
Wohlde
Kropp
Gr. Wittensee
Gettorf
Felm
Norby
Koldenbüttel
Owschlag
Bistensee
Klein Wittensee
Haby
Holtsee
A 7
Süderhöft
Lindau
Friedrichstadt
Alt-Bennebek
77
Seeth
Bergenhusen
Holzbunge
Norderstapel
202
Neu-Wittenbek
Alt-Duvenstedt
Sehestedt
Süderstapel
NORD-OSTSEE-KANAL
Schinkel
Osterfeld
Meggerdorf
Tetenhusen
Sorgbrück
Stampe
Ostendorf
unden
Horst
Büdelsdorf
Bovenau
Hassee
Schlichting
Christiansholm
Bredenbek
Achterwehr
Russee
Bargen
Erfde
5
Kleve
Hohn
Fockbek
RENDSBURG
Höbek
KIEL
Friedrichsholm
Hennstedt

Das neue

Angelnbuch

Für Karen
Sven Olaf, Lars Peter
und Susanne

Erich Thiesen

Das neue Angelnbuch

mit Fotografien von Melitta Kolberg

sh:z
Wachholtz Verlag

Gedruckt mit freundlicher Unterstützung:

Provinzial Versicherungen
Stiftung Schleswig-Holsteinische Landschaft
Ostangler Brandgilde

Umschlagbild:
Gut Roest – Torhaus

Karte Vorsatz:
Werbeagentur Boockhoff + Oertel, Flensburg

ISBN 3-529-06183-2

2001

Wachholtz Verlag GmbH Neumünster

Inhalt

Vorwort

Die Landschaft Angeln im Nordosten Schleswig-Holsteins bildete über Jahrhunderte siedlungsgeschichtlich, ethnisch und kulturell eine geschlossene Einheit. Sie unterschied sich in der sozialen, ökonomischen und bäuerlich-agrarischen Struktur von den weiter südlich gelegenen Landschaften des östlichen Hügellandes, ebenso von der im Westen angrenzenden schleswigschen Geest und den Bauerngebieten an der Nordseeküste. Die deutsche Kolonisation im Mittelalter erreichte die Halbinsel zwischen Schlei und Flensburger Förde nur sehr begrenzt. Im Gegensatz zum „kolonialen" Ostholstein ist dies altes germanisches Siedlungsland und Ausgangspunkt germanischer Wanderungen nach England. Und der Angelnsche Dialekt stand über einen langen geschichtlichen Zeitraum dem Dänischen wesentlich näher als dem in anderen Räumen nördlich der Eider gesprochenen Plattdeutsch. Für den Soziologen und ehemaligen Kieler Dozenten Rudolf Heberle bilden nach einer 1963 veröffentlichten Untersuchung „alle diese Momente die Grundlage, auf der ein ausgesprochenes landschaftliches Sonderbewusstsein, eine Art Stammesbewusstsein, erwachsen ist". Einen Ausdruck dieses Bewusstseins sieht Heberle in der regen Tätigkeit auf den Gebieten der Heimatkunde, Volkskunde und Familienforschung, an der, wie er betont, Pastoren, Lehrer und auch einige Bauern lebhaften Anteil nahmen.

Zu diesen Pastoren gehört der Flensburger Hans Nicolai Andreas Jensen, der nach Studium und Promotion zum Dr. phil. als Geistlicher zunächst in Gelting, später in Boren amtierte. 1844 erschien aus seiner Feder das für damalige Verhältnisse ungewöhnliche und umfangreiche Werk „Angeln, zunächst für die Angler", das viel zitierte „Jensens Angeln". Dieser Dokumentation folgte 1922 eine erweiterte Neubearbeitung der Pastoren W. Martensen und J. Henningsen. Neuere volks- und landeskundliche Beiträge erschienen in vielfältiger Form, vor allem als Aufsätze in den Jahrbüchern des Heimatvereins der Landschaft Angeln, und daraus ist eine fast unerschöpfliche Fundgrube zur Vertiefung der Kenntnis über Angeln geworden. Aus der langen Reihe der Autoren seien Nicolaus Detlefsen und Paul Selk – beide waren Lehrer – herausgehoben. Sie haben sich als maßgebliche Angelnforscher einen Namen gemacht. Das gilt auch für Wilhelm Sell und Berthold Hamer, die viele aktuelle Beiträge verfassten. Hamer insbesondere bereicherte die Angeln-Literatur um eine zweibändige Topographie dieser Landschaft.

Von Nikolaus Detlefsen bearbeitet, erschien 1979 im Wachholtz Verlag, Neumünster, „Das Angelnbuch", viel gelesen, aber längst vergriffen und nicht mehr auf dem neuesten Stand. Die nunmehr vorliegende, wiederum vom Wachholtz Verlag in Auftrag gegebene Neubearbeitung unterscheidet sich nicht nur durch eine modernere Gestaltung, sondern auch inhaltlich grundlegend von der vorherigen Ausgabe. Bewusst wird die Beschreibung der beiden größeren Städte Flensburg und Schleswig ausgeklammert; sie finden nur soweit Berücksichtigung, wie sie für die historische, politische, wirtschaftliche und kulturelle Entwicklung Angelns wesentlich waren und sind. Dafür ist diese Ausgabe wesentlich erweitert worden um das Geschehen im sozialen Bereich sowie im Natur- und Umweltschutz, ferner um die Darstellung der allgemeinen Lebensverhältnisse und die Entwicklung auf dem Gebieten Bildung, Kunst und Kultur. Generell gilt für diese Schilderung der Verhältnisse in Angeln, dass sie sich weitgehend beschränkt auf diejenigen Vorgänge, die als angelntypisch gelten. Im Blick auf die Gegenwart wird auf die Darstellung von Entwicklungen verzichtet, die sich im Grundsatz nicht von denen in anderen Landschaften Schleswig-Holsteins unterscheiden, wie die Bau- und Siedlungstätigkeit, der Straßenbau und dergleichen.

Viele nützliche Hinweise erleichterten die Bearbeitung dieser Veröffentlichung. Dafür wie auch für die gute Zusammenarbeit mit der Fotografin Melitta Kolberg und mit dem Wachholtz Verlag sei gedankt. Ein besonderer Dank gilt den Provinzial Versicherungen, der Stiftung Schleswig-Holsteinische Landschaft und der Ostangler Brandgilde für die finanzielle Unterstützung.

Erich Thiesen

Geleitwort

Mit diesem Buch liegt eine fachkundige Beschreibung der Landschaft Angeln vor, die das vergriffene Werk von Nicolaus Detlefsen deutlich erweitert und mit viel Farbigkeit fortschreibt. Der Kappelner Realschulkonrektor Detlefsen war Mitbegründer und erster Rechnungsführer des Heimatvereins der Landschaft Angeln.

Auch Dr. Erich Thiesen zeichnet sich als Kenner Angelns aus, zumal er hier geboren und aufgewachsen ist. Er hat auch die Entwicklung der letzten zwanzig Jahre in die landeskundliche Neubearbeitung einbezogen, die Eigenarten und die Geschichte des ländlichen Raumes zwischen Förde und Schlei beleuchtet und einen vergrößerten Quellenanhang erstellt.

Dem Autor ist zu danken, daß er ein Buch zusammenstellte, welches sowohl Feriengästen gute Informationsquelle sein mag, als auch für uns Bürgerinnen und Bürger in Angeln ein attraktives Hausbuch sein wird.

Ich wünsche dem neuen Angelnbuch eine gute Aufnahme.

Hans-Otto Tiedemann

Heimatverein der Landschaft Angeln e.V.
1. Vorsitzender

Angeln – die „feine Gegend“ zwischen Schlei und Förde

Kein Hügel wie der andere

Von seiner Faszination hat es bis heute nichts eingebüßt, das alte und berühmte Danckwerth-Zitat von 1652 über die Landschaft Angeln:

„In Angeln hat es eine feine Gegend, vorab an dem herrlichen Schleistrom, also daß die Einwohner große Ursache haben, Gott dem Herrn hohen Dank zu sagen für das gute Land, das er ihnen gegeben hat, sintemal alles reichlich darin wächst und zu finden ist, was zu des menschlichen Lebens Aufenthalt mag gefordert werden.“

Das „gute Land“, das Gott ihnen gegeben hat! Noch immer ist es die Landwirtschaft, sind es landschaftserhaltende Bauern und die stattlichen, dem Besucherblick sich öffnenden Dreiseithöfe, gepflegte Dörfer und Katensiedlungen, die Angeln den Charakter geben. Und nicht platt wie ein Flunder ist dieser Teil des Nordens, wie Fremde meinen. Eine bucklige Welt vielmehr begegnet dem Besucher. Und überzogen ist sie mit einem Netzwerk von Knicks, eine fröhliche Landschaft mit Kuppen und Senken, herrlichen Laubwäldern, Seen und steilen Meeresküsten, mit schmucken Bauerngärten an verschlungenen Wegen, und – unübersehbar – vielen romanischen Kirchen. Städte hatten nur an den Rändern eine Chance, sich zu entwickeln: Flensburg, Glücksburg, Kappeln, Arnis, Schleswig. Zwar längst nicht mehr „desertus“, nicht öde und eintönig wie vor der Zeitenwende, wirkt dieses Land; doch es ist immer noch abgelegen von den Hauptverkehrsadern, weithin unberührt und dünn besiedelt.

Als der liebe Gott mit dem Paradies auf Erden anfing, war er zuerst hier mit einem Sack Erde auf dem Bukkel unterwegs, meinen Angelns Bewohner, die Angeliter. „Da und dort ließ er eine Handvoll fallen, immer sparsam und gleichmäßig und mit streng prüfendem Blick. So bekam die Landschaft ihr Profil,“ wie es einer von ihnen, der Flieger und Schriftsteller Jochen Mißfeldt, beschreibt. Aus der Vogelsperspektive ist Angeln plattes Land. Doch man muss genau hinsehen, am besten dort Kind gewesen sein und, wie Mißfeldt, auf Ausguck im Knick gesessen haben. Dann sieht man es: „Kein Hügel gleicht dem anderen.“ Und dann weiß man, es ist eine große Lust, auf einem Hügel zu stehen und einen anderen Hügel zu betrachten.

Erntezeit bei Wagersrott im südöstlichen Angeln

Und Hügel gibt es viele auf dieser reichlich tausend Quadratkilometer großen Halbinsel, einer trapezartig geformten Endmoränenlandschaft, die von der Flensburger Förde im Norden, der Schlei im Süden, dem ungefähren Verlauf der alten Bundesstraße 76 im Westen und von der Ostsee begrenzt wird. Auf weiten Strecken verläuft die Bundesstraße zwischen Schleswig und Flensburg fast in der gleichen Linienführung wie der alte Heerweg, auf dem schon die Cimbern und Teutonen aus ihrer Urheimat am Limfjord südwärts zogen, bevor nach ihnen allerlei Kriegsvolk dort entlang marschierte. Historiker nennen die alte Trasse auch den Ochsenweg. Auf ihm wurden im Mittelalter und bis in die Neuzeit hinein Ochsen aus Jütland und aus dem Schleswiger Raum auf die Märkte im Süden getrieben. Nicht weniger als 52 000 Tiere sollen schon 1611 die Rendsburger Zollstelle passiert haben.

Tor nach Skandinavien

Angeln macht gut die Hälfte des Kreises Schleswig-Flensburg aus. Dies ist der nördlichste Kreis der Bundesrepublik Deutschland, zugleich Tor nach Skandinavien. Seine jetzige Gestalt erhielt er im Jahre 1974. Durch das Dritte Schleswig-Holsteinische Gebietsneuordnungsgesetz wurden die ehemaligen Kreise Schleswig und Flensburg-Land vereinigt, die beide schon eine 100jährige Geschichte aufzuweisen hatten. Obgleich Angeln bis dahin verwaltungsmäßig immer zweigeteilt gewesen war, ist die Gemeinsamkeit von Herkunft, Sprache und Geschichte so stark im Bewusstsein der Bewohner verankert, dass sie sich stets als zusammengehörig gefühlt haben und von den Nachbarn auch so gesehen wurden.

In dänischer Zeit, als Teil des mächtigen Gesamtstaates, war Angeln in Harden und Ämter eingeteilt und bildete den Osten des großen Idstedtsyssels. Der nördliche Teil gehörte zum Amt Flensburg, der südliche zu Gottorf-Amt. Die Amtsgrenze ging also mitten durch die Halbinsel. Auf dieser Linie waren auch in preußischer Zeit – nach 1864 – die Kreise Schleswig und Flensburg getrennt. Als Grenzland zwischen dem Königreich Dänemark und Deutschland teilt Angeln die Geschicke beider Staaten, ist von beiden politisch und wirtschaftlich, geistig und kulturell beeinflusst. Die Namen von Feldern, Dörfern und Landschaftsteilen zeugen noch davon. Jenseits der dänischen Grenze leben deutsche Nordschleswiger mit engen Bindungen an Schleswig-Holstein. Umgekehrt gibt es südlich von ihr eine dänisch gesinnte Minderheit, ebenfalls um ein gutes nachbarschaftliches Verhältnis bemüht. Alle Menschen in Nord und Süd verbindet ein besonderes „Schleswiggefühl", das in der 1997 gebildeten und institutionalisierten Region Schleswig/Sønderjylland seinen Ausdruck findet.

Küste bei Neukirchen mit dem dänischen Broager-Land am Horizont

Flensburgs Fischereihafen, vom Westufer gesehen

Oberzentrum der Region Angeln ist die kreisfreie Stadt Flensburg, die erstmals 1240 urkundlich erwähnt wird und schon 1284 Stadtrecht erhielt. Schleswig, gern Nordeuropas älteste Stadt oder „Hauptstadt der Landeskultur", als Nachfolgerin der Wikingersiedlung Haithabu auch „Zentrum des Wikingerlandes" genannt, ist Sitz der Kreisverwaltung. Ob die beiden Städte nun der Landschaft Angeln zugerechnet werden oder nicht – zweifellos bestehen mit ihnen enge wirtschaftliche, soziale und kulturelle Verflechtungen, die zur Verbesserung der Lebensqualität der Umlandbewohner wesentlich beigesteuert haben.

Anglisch-englische Verbindungen

Der Name Angeln wird von Historikern auf den römischen Geschichtsschreiber Tacitus zurückgeführt. Er erwähnt erstmals gegen Ende des ersten Jahrhunderts nach Christi Geburt einen im heutigen Landesteil Schleswig wohnenden germanischen Volksstamm, dem er den lateinischen Namen „Anglii" gibt. Und das sind die Leute, von denen in der Zeit um 500 n.Chr. oder etwas früher der größte Teil die alten Sitze im heutigen Gebiet Angeln/Südjütland verließ, um sich – mit den Worten des Schriftstellers Ernst von Salomon – „in einer Anwandlung seltsamer Unruhe" nach Britannien abzusetzen. Der Grund für diese Unruhe ist nicht geklärt. Nur über den Vorgang sind schriftliche Nachrichten vorhanden, und zwar aus dem Jahre 730 n.Chr. beim angelsächsischen Kirchenhistoriker Beda Venerabilis. Zur Abwanderungsursache gibt es lediglich Theorien: Eine Häufung feucht-kühler Sommer nach einem Anstieg des Meeresspiegels etwa und die damit schlechteren Lebens- und Ertragsbedingungen für die Ackerbau treibenden Bewohner. Dazu kamen vermutlich Störungen durch kriegerische Übergriffe von Nachbarvölkern, wofür archäologische Massenfunde von Kriegswaffen sprechen.

Es sind auch archäologische Funde, die Bedas Berichte bestätigen, wonach die Bewohner des heutigen East Anglia, Mercia und Northumberland von den Angeln abstammen. An den Ortsnamen ist das abzulesen. Germanischen Namen auf -ing wie Füsing oder Winning in Angeln entsprechen in Britannien verschiedene Orte mit der Endung -ingas. Die eindrucksvollsten Zeugnisse der anglisch-englischen Verbindungen sind die beiden Langschiffe von Nydam aus dem Sundewitt und von Sutton Hoo in East Anglia.

Und was war zuerst da, der Stammesname der Angeln oder der der Landschaft? Der Stamm der Angeln bildete sich im ersten oder zweiten vorchristlichen Jahrhundert heraus. Wurde er nach der Landschaft benannt, so muss die Halbinsel damals schon ihren Namen gehabt haben. Und der lautet im Altdänischen angul, was Ecke oder Winkel bedeutet. Hat nun der Namensgeber angesichts der Geltinger Bucht und der dort hakenartig vorgelagerten Birk vielleicht an den zum Fischen benutzten Angelhaken gedacht? Angeln kann aber auch zurückgehen auf das Adjektiv eng wie enges Fahrwasser, kann Enge oder Schlucht bedeuten, würde sich dann auf die Schlei beziehen. Wie dem auch sei, alles ist graue Theorie und wird es wohl auch bleiben.

Angeln, Angelner, Angler, Angeliter

Dies aber ist unbestritten: Heute nennt man die Bewohner der Halbinsel Angeln nicht Angler, Angelner oder Angeln, heute sagt man Angeliter, mit einem e dazwischen und angehängtem -iter, was die Aussprache erleichtert und Verwechslungen erschwert. Diese etwas fremdartig anmutende Bezeichnung lässt sich insbesondere erklären mit dem Bedürfnis, die Bewohner Angelns von denen zu unterscheiden, die mit der Angel fischen. Das i könnte hinzugekommen sein in Anlehnung an das Biblische, wie bei den semitischen Moabitern oder den frommen Edomitern. Doch das ist umstritten. Einige Heimatforscher halten diese Version für hergesucht. Sie sagen lieber Angler oder Angelner zu den Angelitern.

Sehr alt sind diese praktischen Unterscheidungsmerkmale noch nicht. Der berühmte Angeln-Historiker Dr. phil. Hans Nikolaus Andreas Jensen, der als Pastor in Gelting und Boren wirkte, kennt in seinem 1844 veröffentlichten Buch „Angeln für die Angler", Jensens Angeln, wie der Titel schon sagt, noch keine Angeliter. Historiker datieren das Entstehen des erweiterten Namens auf etwa 1870.
Im angrenzenden Dänemark heißen die Bewohner der Halbinsel zwischen Schleswig und Flensburg Angelboer, die in Angeln Wohnenden. Daraus ist missverständlich im Plattdeutschen Angelbur, Bauer aus Angeln, geworden. Daher hat wohl, ebenfalls fälschlicherweise, die von den Angeliter Bauern benutzte Zuwegung nach Flensburg den Namen Angelburger Straße erhalten.

Auch Theodor Fontane stellt in seinem Bericht „Der Schleswig-Holsteinische Krieg im Jahre 1864" in den Eingangsbemerkungen über Land und Leute die Bewohner der „schönen Halbinsel zwischen der Schlei und dem Flensburger Meerbusen" noch als Angler vor. Und für sie als Nachkommen der Angelsachsen hält Fontane ein großes Lob bereit: Die Vorväter, schreibt er, die nach Britannien ausgezogen seien, hätten sich „durch Kraft und Schönheit ausgezeichnet". Die Quelle dieser Schmeichelei fand er in der Überlieferung. Danach soll Papst Gregor der Große auf dem Sklavenmarkt beim Anblick einiger Halbinselbewohner ausgerufen haben: „Non sunt Angli, sunt Angeli", das sind nicht Angelnbewohner, das sind Engel.

Fontanes Lob kennt buchstäblich keine Grenzen, wenn er die Angeliter „die Dithmarscher der Ostküste" nennt. Für den im Südwesten beheimateten Menschenschlag hegte er nämlich besonders große Sympathien, und die Gemeinsamkeiten „ihrer Beschäftigung, ihres Reichthums und ihres ruhigen Selbstbewusstseins" sprächen für die Angeliter. Allerdings hätten die Leute in Angeln nicht das gesteigerte Selbstgefühl wie die Sieger von Hemmingstedt. Es kleide die Angeliter, meint Fontane, dass sie sich nicht „als Träger besondren Ruhmes" empfänden. Sie seien maßvoll, ihr Mut werde nicht Übermut, ihre Festigkeit nicht Trotz. Diplomatisch geschult, setzten sie den Kompromiss über die Fehde.

Fontanes Beobachtung, die Bewohner Angelns seien „vorsichtig und umsichtig, ängstlich und unentschieden" liegt auf einer Linie mit der eines weniger bekannten, plattdeutsch schreibenden Zeitgenossen, der dieses herausgefunden haben will: „Se hebben mehr Verstand as man globen scholl, wenn man se toerst kennen lehrt. Denn se seggen ehr Mening nich so liek to, as de Holstener, de öfft groff sind. De Angler luren dat erst'n mal af, mit wem se dat to dohn hebben, un wo de mit sin Sak hen will ... För all so'n Bedenklichkeiten kriggt man denn öfft ehr wohre Mening nich vel to weten ...".

Letzteres klingt nicht mehr so schmeichelhaft. Und so sieht es auch der Dichter Klaus Groth, der stolze Dithmarscher. Er kreidet es den Anglern an, dass sie mit dabei waren, als die Dänen Dithmarschen eroberten, vielleicht verständlich in seiner Zeit der Nationalitätenkämpfe. Den Anglern sei nicht zu trauen, und in seiner Erzählung „Detlef" legt Groth der Hauptfigur in den Mund, dass diese Leute „en Muulwark harrn as lerri Kaffeemoeln und prätendeern, dat ehr Melkköh fiener Raaß as unse weern."

Die „Angelsche Erbsünde"

Der schon genannte Pastor Jensen, der als mutig, als ein Mann des offenen Wortes galt und mit Lob spärlich umging, war mit seinen Landleuten manchmal ziemlich gnadenlos. „Auswärtige haben es immer etwas schwer gehabt, sich in den Angelschen Charakter zu finden," meint er in seinem Angelnbuch. Den Holsteinern, Mecklenburgern oder „anderen vom niedersächsischen Stamm, die als Gutsbesitzer, Pächter oder sonst wie hierher gezogen", sei der Angler „nicht offen genug, zu sehr zurückhaltend, zögernd; er kam ihnen misstrauisch vor, wenn sie nicht gar noch schlimmer urteilten."

Doch wie das Land, so das Volk, war Jensens Erkenntnis. „Im dicht bewachsenen Lande lauert die Gefahr in der Nähe, man muß immer auf seiner Hut sein und selbst auf die Worte genauer achten, denn man weiß nicht, wer hinter der Hecke ist." Die vielen Knicks in Angeln also haben nach Pastor Jensen den Angelitern das Gesichtsfeld eingeengt, sie zur Vorsicht angehalten. Sein Lob als kleiner Trost: Sie seien dennoch für den Fortschritt offen und hätten es, wie die ihnen stammverwandten Engländer, weit gebracht „in Maschinenbau und mechanischen Künsten". Dies wiederum hänge aber damit zusammen, wie er meint, dass sie für Einflüsse des Zeitgeistes besonders empfänglich seien.

Schließlich ist da noch der Hang zur Eitelkeit und zum Wohlstand, den Jensen zu seiner Zeit bemängelt. Der Luxus in den Bauernhäusern habe „ungebührlich überhand genommen, und das Allerschlimmste dabei, dass darin die Eitelkeit – die Angelsche Erbsünde, wie ich sie auch wohl genannt habe – eine Befriedigung sucht und findet, die bei manchen dem inneren Menschen mehr schadet, als sie denken ... Das Städtische und Hofmäßige hat in hohem Grade zur Nachahmung gereizt". Im Kirchdorf Sörup beispielsweise, wo die Leute sich für besonders vornehm hielten, durften dereinst nur Besitzer einer bestimmten Anzahl von

Im östlichen Angeln: Hof in Westerholm mit Wohnhaus von 1825

Kühen an einem beliebten Fest, dem „Kohsteertenball", teilnehmen, berichtet der Heimatforscher Wilhelm Sell. Die eingebildeten Söruper waren überhaupt oft Hänseleien ausgesetzt.

Angeliter Bauern, die „die Nase höher trugen", haben ihre Ehefrau dann auch lieber aus der Nachbarschaft geholt als aus der „flegend Masch", der fliegenden Marsch, wie sie die angrenzende (flug-)sandige Geest nannten, wo man „nix in de Melk to krömen", nichts in die Milch zu krümeln hatte. Häufig kam so Geld zu Geld und Land zu Land. Natürlich gilt das heute so nicht mehr. Mittlerweile schweift bei der Brautschau der Blick über die Grenzen Angelns, zumal das wirtschaftliche Gefälle zur Geest längst verschwunden ist.

Und was sagen die Volkskundler heute über die Angeliter? „Es ist eigenartig", meinte Paul Selk, der bis an sein Lebensende so unentwegte Volkskunde- und Heimatforscher, der seine Geburtsheimat Angeln besser kannte als jeder andere, „dass unter allen ‚Stämmen' Schleswig-Holsteins der Angeliter einen besonderen Ruf genießt." Er werde zwar niemals „irgendwie verherrlicht" und die Urteile über ihn seien streng und oft durchaus negativ. Doch „heimliche Anerkennung und gar Bewunderung im Untergrund schwingen mit". Zur Begründung dieses häufig zu beobachtenden Phänomens verweist Paul Selk auf die Geschichte Angelns, vor allem auf die des Bauernstandes.

Ein Ehrenmal für Propst Lüders

Die wirtschaftlichen und sozialen Unterschiede zwischen der Landschaft Angeln und der angrenzenden Geest mit ihren Sanderböden waren einmal recht groß. Geest kommt von güst und heißt so viel wie unfruchtbar. Noch fehlte der Mineraldünger, fehlte Liebigs „Agrikulturchemie", die diesem Landstrich erst den Aufschwung brachte. Demgegenüber konnte der Agrarexperte und Landesinspektor Friedrich-Wilhelm Otte schon 1791 nach seiner Fußreise durch Angeln von „ansehnlichen Höfen ganz von Backstein" berichten, von Dörfern, die ihm „durch Ansehnlichkeit ihrer Wohnungen" aufgefallen waren. Wie in anderen Gegenden des dänischen Königreiches begannen sich hier die 1766 erfolgte Auflösung der Feldgemeinschaft mit nachfolgender Einfriedung, der so genannten Verkoppelung, und die Aufhebung der Leibeigenschaft in den östlichen Teilen Angelns bereits auszuwirken.

Neben der natürlichen Ausstattung mit ergiebigen Lehmböden waren es die Initiativen des Propsten Philipp Ernst Lüders mit seiner „Königlich Dänischen Acker-Academie" in Glücksburg, die in Angeln der Landwirtschaft auf die Sprünge halfen. Lüders' Ideen fielen buchstäblich auf fruchtbaren Boden, zumal den Bauern dort neben Fleiß und Sparsamkeit „Aufgeschlossenheit für das Neue, vereint mit einem relativ hohen Bildungsstand" nachgesagt werden konnte. In den Wohnstuben vieler Bauern stand schon Fachliteratur im Bücherschrank. So heißt es in den Provinzialberichten von 1797 über Lüders' Wirken im Nordangler Raum: „Wohlhabende Menschen, reiche Kornfelder, Scharen kraftvollen Viehs, Kleeweiden, dies sind für Lüders ein Ehrenmal, das nicht wie mancher Marmor Verdienste lügt."

Und dies war nur der Anfang eines wirtschaftlichen und sozialen Aufstiegs. Weit hinein ins 19. Jahrhundert setzte er sich unvermindert fort, wobei wichtig ist, dass es in Angeln niemals eine Realteilung der Höfe gegeben hat. Diese Aufwärtsentwicklung manifestierte sich deutlich in den Hofanlagen. An die Stelle des alten Wohnhauses, in dem Wohnung, Stall und Lagerraum noch bescheiden unter einem Dach vereinigt waren, trat mit der aufblühenden Landwirtschaft der ansehnliche Angeliter Dreiseithof, dessen U-Form bis in die Gegenwart das Bild bestimmt. Man wohnte nicht mehr in Kuhstallnähe, man hatte jetzt ein gesondertes Wohngebäude. Dazu die Stimme eines städtischen Chronisten, der Angeln bereiste: „Die Eitelkeit, stattliche Gebäude zu besitzen, ist allgemein in Angeln und sie treibt die Leute oft, ihre alten Wohnungen, auch wenn diese noch ganz schön sind, niederzureißen und neue zu bauen ... Man weiß, dass man die Mittel dazu hat, und das mag man gern zeigen." Beim Adel hatte man es sich abgekuckt. Folglich nannte man sich auch gern Hofbesitzer, was fast wie Gutsbesitzer klang.

Een Spraak – schlimmer as Chinesisch

Angeliter Eigenarten spiegeln sich auch in ihrer Sprache wider. Das Plattdeutsch der Angeliter unterscheidet sich in mancherlei Hinsicht wesentlich vom Nie-

Typische Angler Knicklandschaft bei Sörup

derdeutsch, das südlich der Schlei oder westlich der Landschaftsgrenze gesprochen wird. Laut- und Satzform, auch der Wortschatz, werden von den Anliegern im Süden oder im Westen als eigenartig und nur in Angeln üblich empfunden. Dagegen gibt es viele Parallelen zur Sprache der Nachbarn im Norden. Das Angeliter Platt ist bis heute mit Danismen, mit dänischen Sprachrelikten, durchsetzt.

Ein oft gebrachtes Beispiel dafür ist das Wort süsseln, das dem Dänischen sysle entstammt als Ausdruck für häusliches Arbeiten. Reste aus dem Angeldänischen finden sich beispielsweise auch in gängigen Ausdrücken wie närig, was soviel wie knauserig heißt und sich im Dänischen nærig schreibt. In Angeln will man afste, wenn man sich auf den Weg macht; die Dänen sagen af sted. Und es gibt tumpige oder tossige Menschen in Angeln, die in Dänemark tumbet oder tosset sind. Diese Danismen sind darauf zurückzuführen, dass bis Ende des 18. und Anfang des 19. Jahrhunderts eine dänische Mundart, das Angeldänische, die Umgangssprache war. Und von ihr behaupten Spötter, sie sei eine „Halskrankheit", was ja vom Dänischen noch immer gern gesagt wird.

An die Halskrankheit erinnert der gern zitierte, aber nur von eingeborenen Angelitern beherrschte Schnack, mit dem sie ihre Heimat beschreiben: De chute Chegend, wo de cheele Cheorchinen chanz chräsig chut chedeihen – die gute Gegend, wo die gelben Georginen, die Dahlien, so besonders gut gedeihen. Oder, wie sich ein Angeliter ausdrückte, als er einem Besucher in seiner Heimatsprache von den Seinen erzählte: „Chewöhnlich cheith Chrotmooder cheern chegen Vespertied liek dör Chonnesens chrode Chorn, wo de cheele Cheorchinen chräsig chut chedeihen". Zu deutsch: Gewöhnlich geht Großmutter gern um Vesperzeit geradewegs durch Gondesens großen Garten, wo ... der Rest ist bekannt. Der Besucher, der sich im Angeliter Platt einigermaßen auszukennen glaubte, soll sich beide Ohren zugehalten und laut gerufen haben: „Chott help, dat is ja een Spraak, noch schlimmer as Chinesisch!"

Typische Kostproben der Angeliter Ausdrucksweise und ihrer „verdrehten" Satzstellung enthält ein Bericht im Jahrbuch 1984 des Angelner Heimatvereins über Festräume in Nordangelner Bauernhäusern. In Angeln gab es, wie übrigens auch in Bauernhäusern in Dithmarschen, Nordfriesland, auf Alsen und auf Fehmarn, bei Neubauten etwa nach 1850 einen

„Saal“, woanders auch Pesel genannt. Dieser Saal, den der Autor auch aus seinem Geburtshaus in Angeln kennt, war ein relativ großer Raum, der in der Regel allein für Feste, das Erntebier beispielsweise, oder für „großen Besuch“ diente. Hier kam von Zeit zu Zeit die ganze Verwandtschaft zusammen – in vielen Familien übrigens auch noch heute.

Dazu diese kleine Episode: Man hat im Saal Kaffee getrunken, dann den üblichen Gang durch Stall und Garten gemacht und sich zum Schnacken und zu Handarbeiten in der „Fremdenstuv“, die als Damenzimmer dient, niedergelassen. Die Kinder laufen beim Spielen zwischen Fremdenstuv und Vordiele hin und her. Der Hausfrau platzt es heraus, als ihr eigenes Kind durch die Stube läuft: „I schön nich imme so kötern!“ – Ihr sollt nicht immer rein- und rauslaufen.

Und zwischen zwei Großmüttern dort entspinnt sich die folgende, sehr typische Unterhaltung: „Watt hett Christine doch wussen siet dat ick heff ehr sehn! Se kümmt na di, Emma, mit ehr lange Flechten.“ – Wie ist Christine doch groß geworden, seitdem ich sie zuletzt gesehen habe! Sie ähnelt Dir, Emma, mit ihren langen Zöpfen. Dann die Frage: „Wat hett de Professer denn secht to Chottfried mit sien krumme Been, as i sind in Kiel wäsen?“ – Was hat der Professor denn zu Gottfried mit seinen krummen Beinen gesagt, als Ihr in Kiel wart? – „Wat he sä? Ihr Sohn wird mit den krummen Beinen nie Soldat, sä he, un dat kunn ick nich so chut hemm!“ – Was er sagte? Ihr Sohn wird mit den krummen Beinen nie Soldat, und das mochte ich gar nicht hören! – „Wat sünne för de Jung un chahn imme mit de Schiens an.“ – Wie ärgerlich für den Jungen, dass er immer mit Schienen gehen muss (wobei sünne wieder dänischen Ursprungs ist und von synd kommt).

Soviel hier vorweg zu Geschichte, Eigenart und Lebensweise der (alten) Angeliter, als Einführung und Hilfe zum Kennenlernen. Aussagen und Zitate über ihr Naturell bleiben Pauschalurteile, sicherlich! Dennoch: Bei aller Vorsicht vor Verallgemeinerungen – die von bemerkenswert vielen Autoren vorgenommene Beschreibung Angelns und seiner Bewohner stimmt so weitgehend überein, dass sich daraus ein Bild fertigen lässt, das zumindest in den Grundzügen als allgemeingültig gelten kann. Viele Parallelen lassen sich ziehen, und zwar bis in die Gegenwart.

Dieser „Visitenkarte“ folgt nunmehr die ausführlichere Beschreibung.

Stille und Beschaulichkeit an der Schlei bei Boknis

Durch die Weichseleiszeit geformt

Schutt aus Skandinavien

„Eis und Gletscher, Schmelzwasser und Meeresbrandung sind die gestaltenden Kräfte, die Schleswig-Holstein geschaffen haben. Ohne die Eiszeit, die Teile von Schleswig-Holstein noch vor 15 000 Jahren fest im Griff hatte, gäbe es Schleswig-Holstein gar nicht. Skandinavisches Eis hat mehrfach jene Mengen an Gestein und Erdreich zu uns gebracht, die verhindern, daß Schleswig-Holstein von den nacheiszeitlich gestiegenen Fluten der angrenzenden Meere überschwemmt wurde. Ohne eiszeitlichen Materialtransport würden an Stelle von Hügelland, Geest und Marsch nur wenige Inseln des präglazialen Untergrundes die Wellentäler und Wellenkämme einer vereinigten Nord- und Ostsee durchstoßen. Durch die sinkenden Temperaturen in den Eiszeiten wurde das nordeuropäische Eis in eine Wanderung nach Süden versetzt, wo es aus dem mitgeschleppten Material die Moränenlandschaften, aus dem Schmelzwasser die Sander Schleswig-Holsteins aufbaute und den Sockel für die spätere Marschenbildung lieferte."

Diese prägnant zusammengefasste Darstellung des Kieler Geologen Kurt-Dietmar Schmidtke erklärt den erdgeschichtlichen Werdegang der Cimbrischen Halbinsel und damit Schleswig-Holsteins und Angelns in seinen Grundzügen. Angeln verdankt seine Entstehung also einem wechselvollen eiszeitlichen und nacheiszeitlichen Prozess. Die beiden letzten für die Flächengestalt Schleswig-Holsteins wichtigen Eiszeiten, die Saale-Eiszeit und die Weichsel-Eiszeit, begannen vor etwa 200 000 bzw. 80 000 Jahren. Damit ist die Oberfläche Schleswig-Holsteins, erdgeschichtlich betrachtet, so jung, dass ihre Entstehung gerade die letzten fünf Sekunden eines 24stündigen Tages – der angenommenen Maßeinheit für die gesamte Erdgeschichte – ausmachen würde.

Angeln liegt im Bereich der jüngsten, der Weichsel-Eiszeit, deren Eismassen sich in Schleswig-Holstein 300 bis 500 Meter hoch auftürmten und damit der vier- bis sechsfachen Höhe des Marine-Ehrenmals in Laboe bei Kiel entsprachen. Sie führten Gesteinsschuttmengen mit, die in Skandinavien und am Grund der heutigen Ostsee abgeschliffen oder im Vorrücken zerrieben wurden und dann am tauenden Eisende als Endmoränen liegen blieben. Eine solche Endmoräne, genau genommen eine Schub- oder Stauchendmoräne, die speziell durch Druck des Eismassivs entsteht, sind beispielsweise die Fröruper Berge an der Westgrenze der Landschaft Angeln.

Als es dann etwa um 20 000 v.Chr. wieder wärmer zu werden begann und das Eis langsam zurückschmolz, blieben die hohen Schuttmassen aus Skandinavien als Grundmoränen liegen. Daraus entstand der Boden

In den Fröruper Bergen, einer abwechslungsreichen Endmoränenlandschaft an Angelns Westgrenze

Der Langsee in der Gemeinde Süderfahrenstedt ist der größte See in Angeln und Teil eines eiszeitlichen Tunneltals

Angelns. Der Druck der mächtigen Eisschicht führte außerdem dazu, dass der unter ihr aufgetaute Grundmoränenschutt stellenweise in Gletscherspalten hineinquoll, sie ausfüllte und so die für Angeln typischen kuppigen Landschaften entstehen ließ. Und durch Tiefenschurf „pflügte" der mächtige Flensburger Fördegletscher die Höhen um das Fördeende hoch. In gleicher Weise warf der Schleigletscher die Hesterberg-Höhen in Schleswig auf.

Das unter dem Eis in „Tunneltälern" ablaufende Schmelzwasser wiederum schuf Hohlformen. Durch Auffüllen dieser Hohlformen mit Schmelzwasser sind Teile der Schlei und der Flensburger Förde sowie viele Seen und andere Gewässer in Angeln entstanden. Ein typisches Beispiel für seine Entstehung in einer eiszeitlichen Schmelzwasserrinne ist der Langsee bei Süderfahrenstedt, in dessen Tunneltal sich nach Nordwesten hin das Idstedter Gletschertor und der Idstedter See anschließen. Hier im Abflussgebiet am Eisrand, wo sich Kies und Sand ablagerten, im so genannten Luusangeln (Läuseangeln), beginnt die flache mittelschleswigsche Sandergeest mit ihren leichten, nährstoffarmen Böden.

Hohlformen, die heute mit Wasser gefüllt sind, wurden auch durch das Toteis gebildet, das im Untergrund vieler Senken lagerte. Weil das Eis mit Schutt zugedeckt war, konnte es erst bei stärkerem Temperaturanstieg schmelzen. Es bildeten sich auf diese Weise unzählige kleine Seen und Wasserlöcher ohne Abfluss. Manche wuchsen in der Nacheiszeit vom Rande her zu und wurden Moore. Diese abflusslosen Senken waren lange Zeit ein Ärgernis für die Landwirtschaft, die sie in Wiesen umwandeln wollte; denn sie ließen sich schwer entwässern. Anders wurde das erst mit dem Einsatz der Dränage. Heute ist angesichts veränderter agrarpolitischer Voraussetzungen und ökologischer Daten wieder eine Rückentwicklung hin zum ursprünglichen Zustand im Gange.

Landschaft mit Rückgrat

Das Zurücktauen des Eises ging nicht kontinuierlich vor sich. Es gab Kälterückfälle und damit Stillstand und auch wieder ein „kurzzeitiges" Vorrücken des Eises. Seine Gletscher hinterließen im Grundmorä-

Gute Aussicht auf Angelns höchste Erhebung, den 70 Meter hohen Scheersberg mit Bismarckturm und Jugendhof

nenland Endmoränen, oft mehrere Endmoränenzüge hintereinander. Auf diese Weise ist der Höhenzug entstanden, der sich vom heutigen Hürup in einem Bogen über Quern mit dem markanten, 71 Meter hohen Scheersberg bis in die Gegend von Kappeln hinzieht und das „Rückgrat" Angelns bildet. Vor diesen Gletscherzungen im rückwärtigen Grundmoränenland sind beim Abschmelzen viele so genannte Binnensander entstanden, Kieslager, die heute abgebaut werden. Diese Sandschüttungen sind naheliegend deutlich kleiner als die großen Sanderflächen am Eisrand, die die Geestlandschaft gestaltet haben.

Die gegen Ende der letzten Eiszeit gestiegenen Temperaturen sorgten schließlich dafür, dass der Abschmelzprozess weitgehend störungsfrei verlaufen konnte. Das bewegungslos gewordene Eis taute ab und ließ den eingebundenen Gesteinsschutt ausschmelzen. Durch Vereinigung dieses frei gewordenen Materials mit dem Grundmoränenschutt, den das Eis von Skandinavien mitgeschleppt hatte, entstanden, flach abgesetzt, sandige, kiesige und tonige Böden und gröbere Geschiebe in bunter Mischung. Wichtig ist, dass diesen Böden die Ausspülung erspart blieb. Dem Kalkreichtum des Geschiebemergels verdankt die so gebildete flache Grundmoräne ihre für weite Bereiche Angelns durchweg hohe landbauliche Ertragskraft.

Schließlich hatte sich das Eis so weit zurückgezogen, dass nur noch der Gletscher der Flensburger Förde und das Eis des Ostseetroges den nördlichen und den östlichen Rand Angelns bedeckten. Noch lange floss jedoch das Schmelz- und Oberflächenwasser von ganz Angeln allein nach Westen und Südwesten ab, wie heute noch mit der Treene und ihren Quell- und Nebenflüssen. Erst als die westliche Ostsee eisfrei geworden war und der Beltstrom die Gewässer Angelns gleichsam anzog, entstanden nach Nordosten fließende Bäche und Auen auf der Halbinsel. Nahe der Ostküste liegt daher die Wasserscheide.

Wie das Eis der Oberfläche und den Küsten Angelns ihre Form gegeben hat, so arbeitet die Natur seit Jahrtausenden an dieser Landschaft. Nach Abtauen des Eises bildete sich bald eine Vegetationsdecke, die weitere morphologische Veränderungen bremste. Es stellte sich eine tundraartige Pflanzendecke ein mit Zwergbirken, Polarweiden, Moosen und anderen Pflanzen. Aus zunächst einzeln stehenden Bäumen wurden zusammenhängende Birkenwälder. Dazu gesellten sich etwa ab 10 000 v.Chr. Kiefern und ab 7000 v.Chr. Haselsträucher. Dann folgten der Eichenmischwald, Ulmen und Erlen. Die Buche trat erst vor 3000 Jahren auf und begann vor allem auf den Lehmböden die Eiche mehr und mehr zu verdrängen. Die Sandinseln an und in den Talungen blieben großenteils waldfrei. Nadelwälder sind dort erst durch Menschenhand geschaffen worden.

Die leichten Böden waren zunächst die bevorzugten Siedlungsgebiete der vorgeschichtlichen Bewohner unseres Landes. Als der größte Teil von ihnen im 5. Jahrhundert n.Chr. abzog, bedeckte bald viel Wald die Landschaft Angeln. Die im ersten nachchristlichen Jahrtausend eingewanderten jütischen Siedler begannen dann, den Wald zu roden und den Boden für den Ackerbau zu nutzen.

Steilküsten, Kliffs und stattliche Buchenwälder

Etwa seit 4000 Jahren ist die Küste der Ostsee ständigen Veränderungen ausgesetzt. Die seitdem wichtigsten landschaftsgestaltenden Kräfte sind der Wind und als Folge davon Brandung und Strömung des Meeres. Der Mensch, auf heutigem schleswig-holsteinischen Terrain schon vor 120 000 Jahren als Neandertaler beheimatet und später um 20 000 v.Chr., also nach der Weichsel-Eiszeit, dort als nomadisierender Homo sapiens lebend, hat damals noch kaum in die Natur eingegriffen. Erst seit etwa tausend Jahren versuchen Menschen, sich an den Niederungsküsten durch Bau von Deichen vor Hochwasser zu schützen. Und zum Schutz der Steilufer dienen Buhnenbauten und andere Maßnahmen.

Wo jetzt die Förden sind, jagten die Altsteinzeitmenschen noch in Eichen-, Linden- und Erlenwäldern Hirsche und Rentiere, und sie fingen dort Fische in den Süßwasserseen. Dabei begegneten ihnen bereits Großsäuger wie das wollhaarige Nashorn, der gewaltige Mammut, auch Moschusochsen, Wölfe, Wildpferde und der Eisfuchs.

Mit dem nacheiszeitlichen Meeresspiegelanstieg und zeitweisen Landsenkungen wurde auch die Flensburger Förde mit Wasser gefüllt. Zugleich begann durch Wellenschlag und Brandung, durch Niederschläge und Quellwasser der Raubbau am Eiszeitschutt. Es entstanden Steilküsten und Kliffs, die Meter um Meter zurückverlegt wurden und werden. Nach neuesten Untersuchungen beträgt der Rückgang der Steilufer an der Ostseeküste ca. 30 cm pro Jahr. Das abgetragene Material, insbesondere Sand und Kies, wird an der Küste entlang verfrachtet und lagert sich in den benachbarten Flachküstenbereichen ab. Da der Tidenhub der Ostsee nur 10 cm beträgt, sind hier allerdings die Gezeiten wesentlich weniger spürbar als an der Nordsee, gerade auch bei Sturmfluten. Dennoch darf ihre Kraft an der Ostseeküste nicht unterschätzt werden.

Heute ist die Flensburger Förde, die etwa 30 Kilometer ins Landesinnere hineinreicht und eine Wassertiefe zwischen acht und 22 Metern aufweist, ein für moderne Seeschiffe geeigneter Naturhafen. Wegen des geringen Tidenhubs der Ostsee bereitet er keine Wasserstandsprobleme. Und er bleibt, abgesehen von sehr strengen Wintern, das ganze Jahr hindurch befahrbar, was insbesondere der Förde-Flotte und den vielen Passagieren zugute kommt, die in jeder Jahreszeit von ihr angezogen werden zu Fahrten in die dänische Inselwelt.

Die Grenze nach Dänemark verläuft in der Mitte der nur ca. zwei Kilometer breiten Innenförde. Von dort präsentieren sich ihre Ufer – vom Dampfer oder vom Segelboot betrachtet – im vollen Reichtum einer norddeutschen Küstenlandschaft, wie sie von den Gletschern der letzten Eiszeit geprägt wurde: Flach- und Steilküsten wechseln sich ab, dahinter knickumsäumte Äcker, Wiesen und stattliche Buchenwälder. Die Wanderwege zu beiden Seiten der Förde steigen und fallen, ideal für erholungssuchende Spaziergänger. Auf dem Kurs Richtung Ostsee gleiten die Schiffe vorbei an der ehrwürdigen, einer Ordensritterburg ähnelnden Marineschule, am beliebten Seeheilbad Glücksburg mit „Deutschlands schönstem Wasserschloss“ und der weltberühmten Hanseatischen Yachtschule. Und am Nordufer beim dänischen Kollund präsentiert sich das baulich so geschmackvoll in die Landschaft gesetzte, mediterranes Flair verbreitende Hotel „Fakkelgaarden“, von wo der Blick über die dänischen Ochseninseln hinüber nach Glücksburg schweift.

Dort, wo die Halbinsel Holnis Außen- und Innenförde trennt, muss der Skipper auf Untiefen achten.

Steilküste bei Holnis. Dieser von drei Seiten umspülte Nordzipfel Angelns ist ein besonders reizvoller Teil der Flensburger Fördenküste

Die Fahrrinne ist stark eingeengt. Sobald die Doppeltürme des dänischen Broager ins Sichtfeld gelangen, erweitert sich das Fahrwasser zur Außenförde, und für die Schifffahrt gibt es keine ernsten Hindernisse mehr. Die Fahrt geht zur Geltinger Bucht, die durch die Halbinsel Birk gegen die freie Ostsee geschützt ist. Zwischen Birknack im Süden und der Alsener Halbinsel Kegnæs im Norden mündet die Förde in etwa sieben Kilometern Breite in die westliche Ostsee. In der Mitte zwischen den Halbinseln ragt der „Kalkgrund" bis zu zwei Metern unter NN empor. Hier mahnt der Flensburger Leuchtturm den Schiffer erneut zur Vorsicht. Von Birknack bis Schleimünde wird Angeln dann auf etwa 16 Kilometern von der westlichen Ostsee, der Beltsee, umspült.

Geltinger Birk durch „Charlotte" berühmt

Weit springt vor der Untiefe des Kalkgrundes mit dem Leuchtturm Flensburg die Geltinger Birk in die Außenförde vor. Mit der von Habernis, Norgaardholz, Steinberghaff bis Birknack sich schwingenden Küstenlinie schließt sie das Halbrund der Geltinger Bucht. Nach Danckwerths Landesbeschreibung und dem berühmten Kartenwerk von Johannes Mejer bildete noch um 1650 die Insel „Pegerholt", die auch Pyteroe und schließlich Beveroe, zu deutsch Biberinsel, genannt wurde, den Abschluss der Bucht. Über das Entstehen von Strandwällen und Sandhaken, für die die Steilküsten bei Falshöft das Material lieferten, ist durch die Strömungen schließlich die Verlandung eingetreten und damit die Verbindung zur Insel Beveroe hergestellt worden.

Bei der Strandwallbildung wurde zwischen den Haken der Insel Beveroe und der ehemaligen Küste (Nieby Kliff) ein Strandsee gebildet, das ca. 260 Hektar umfassende Große Noor. Es wurde 1824 durch einen Damm von Goldhöft nach Beveroe, auf dem heute eine Straße verläuft, abgeschnitten und als Wiesengebiet trockengelegt. Da die Sielentwässerung dafür nicht ausreichte, musste das tiefgelegene Moorland durch Windwassermühlen vom Wasser freigehalten werden. Von diesen Schöpfwerken steht heute nur noch die 1830 nach holländischem Vorbild erbaute, vor einigen Jahren wieder in guten Zustand

Die Windmühle „Charlotte" von 1826, einst kombinierte Entwässerungs- und Kornmühle, begrüßt den Besucher zum Rundgang auf dem Birk-Wanderweg

gebrachte Mühle „Charlotte". Sie ist heute ein berühmtes, viel besuchtes und fotografiertes Wahrzeichen am Eingang zur Birk. Mit einer Wasserschnecke hat Charlotte einmal große Wassermengen aus dem Noor in die Bucht gepumpt, und auch einmal Korn gemahlen.

Darüber hinaus haben menschliche Eingriffe an der Eigenart der Birk wenig verändert. Schon der erste Deichbau an der schleswig-holsteinischen Ostseeküste 1580, mit dem Teile der Birk für die landwirtschaftliche Nutzung abgedämmt werden sollten, schlug fehl. Auch später gab es bei ähnlichen Bemühungen immer wieder Rückschläge. Daher ist das Dreieck der Birk im Wesentlichen durch natürliche Entwicklungen zusammengewachsen. Heute breitet sich hier ein weites Gebiet aus, dessen Boden, abgesehen vom Lehmboden bei Beveroe, moorig, sandig oder sumpfig ist. Diese Vielseitigkeit der Bodenverhältnisse hat die Ausbildung einer Pflanzenwelt unterschiedlichster Arten begünstigt. Strandhafer und Strandnelken, Salzkraut und Meerkohl, Eibisch und seltene Farnarten sind nur wenige der Pflanzen, denen der Wanderer hier begegnet. Und vom Deich aus erlebt er den Wechsel von Sumpf, Moor und Küstenheide, von Wiesen, Feldern und windgeschorenem Wald.

Die Unberührtheit, vor allem die Menschenleere und die Wassernähe, haben die Geltinger Birk außerdem zu einem idealen Nist- und Ruheplatz vieler Vogelarten gemacht, besonders für die alljährlich im Frühjahr und im Herbst durchziehenden Vogelschwärme. In die flachen und nahrungsreichen Gewässer fallen im Winter Singschwäne, Ringelgänse und Enten aller Art ein. Bereits 1935 wurde die Geltinger Birk unter Naturschutz gestellt. Seit Herbst 1978 steht am Nordwestrand von Beveroe eine Vogelwärterhütte. Hier kann sich der Besucher über alle Besonderheiten und Vorgänge in diesem ungewöhnlichen Naturschutzgebiet informieren.

Die Grenzen Angelns bestehen zu mehr als 100 Kilometern aus Küsten. Über lange Strecken weisen sie hohe Kliffs und Steilufer auf, so bei Jürgensby, Holnis, Bockholmwik, Langballigholz, Westerholz, Osterholz, Dollerupholz, Habernis, Steinberghaff und Falshöft. Von der Spitze der breiten Strandwallebene Birknack, die langsam weiter nordwärts wächst, folgt nach Süden die freie Meeresküste Angelns bis sie, in zwei großen Bögen verlaufend, fast ungegliedert in Schleimünde endet.

Schleimünde – Inselwelt mit grosser Vergangenheit

Das Schleimündungsgebiet und seine Entstehung ist ein besonders interessantes Kapitel der Morphologie Angelns, noch voller Geheimnisse und daher in jüngster Zeit erneut Gegenstand von Forschungen Kieler Wissenschaftler, die hier gezielte Taucheinsätze vornehmen. Denn möglicherweise lag im Schleimündungsgebiet einmal ein befestigter Kontrollpunkt oder ein Schutzhafen der Wikinger im Vorfeld des Handelszentrums Haithabu. Was ist derzeit Stand der morphologischen Forschung?

Als gesichert gilt, dass der Landbereich dort früher viel weiter hinausreichte. So ist die heutige Mündungsdurchfahrt, soweit bekannt, bereits die dritte. Die erste soll dort gewesen sein, wo jetzt das Wormshöfter Noor liegt. Hier hatte sich an der Ostsee im

Schleimünde mit Haken und Nehrungen. Das Bild verdeutlicht, warum die Durchfahrt zur freien Ostsee immer wieder versandete

Laufe der Jahrhunderte ein Strandwall gebildet, der schließlich den Ausgang der Schlei versperrte und die vorgelagerte Insel Oehe, benannt nach dem dänischen ø = Insel, landfest machte. Heute ist dies eine Halbinsel von ca. 250 Hektar, ein Gebiet, das in Urkunden des 13. und 14. Jahrhunderts auch „insula Gaath“ genannt wird.

Professor Gadso Coopmans, einem politischen Flüchtling aus Holland, der das Gut Oehe 1796 erworben hatte, gelang es, die bis dahin mehr oder weniger gescheiterten Bemühungen um Trockenlegung und Landgewinnung zum Erfolg zu führen. Er errichtete eine holländische Mühle zum Abpumpen des Schleiwassers und gewann so ca. 98 Hektar wertvolles, zur Milchproduktion bestens geeignetes Wiesenland, das den Namen „Oeher Butterfass“ bekam. 1835 brach dann der seewärtige Deich bei Drecht. Die Wiesen wurden überschwemmt und hatten als Salzwiesen fortan wenig Wert. Erst später, als der Seedeich und der Wormshöfter Damm verstärkt worden waren und schließlich 1922/23 ein elektrisch betriebenes Pumpwerk eingesetzt wurde, konnten die Wiesen zeitweise gut bewirtschaftet werden. Allerdings verursachte das Hochwasser der Ostsee immer wieder Überflutungen und Rückschläge.

Die zweite Schleimündung lag vermutlich zwischen Oehe und der heutigen Lotseninsel, also weiter südlich. Mit diesem Mündungsgebiet, in der Jomwikingsage Slesmynna oder Slesdora genannt, verbinden sich viele Ereignisse. Schon 974 wurden hier von einem Jarl Hakon Befestigungen angelegt. Laut König Waldemars Erdbuch von 1231 gab es damals zwei kleine Siedlungen auf Angelner Seite, nämlich Mynnaesby – noch heute nennt man diese Stelle „dat Minnlock“ oder „de Minn“ – und Slaesmynnae südlich der Mündung, damals beides Handelsorte. Mit dem Niedergang Haithabus verloren sie an Bedeutung und sind später wahrscheinlich in Sturmfluten untergegangen. In frühen Berichten ist auch von einer Schlacht an dieser Stelle zwischen Kaiser Otto dem Großen (936-973) und König Harald Blauzahn (958-987) die Rede.

Knud Laward, von 1115 bis 1131 der erste Herzog von Schleswig, soll an der Schleimündung eine Burg mit Rundturm, die Gammelborg, errichtet haben. Bei

Maasholm am flachen Schleihaff, Angelns viel besuchter Fischerei- und Yachthafen

Untersuchungen unter Wasser fanden sich Fundamente, denen jetzt das besondere Interesse der Wissenschaft gilt. Es gibt Mutmaßungen, wonach es sich auch um einen runden Kirchturm gehandelt haben könnte, ähnlich den Türmen von Oeversee, Kosel und Süderstapel. Dänemark hat in strategisch vergleichbarer Lage ähnliche runde Türme aufzuweisen. Verbreitet ist die Auffassung, dass das Bauwerk zur Sicherung des Schlei-Handelsweges durch die Ostsee diente, insbesondere zur Verteidigung gegen die Wenden. Das Schleswiger Stadtrecht, das nach dem so genannten Schleibrief größtenteils für die Schleigewässer zuständig war, enthält auch Hinweise auf die Erhebung von Zöllen an der Schleimündung.

In den Kriegen um Schleswig in den Jahren 1410 bis 1433 ließ Graf Gerhard der Große, um die Durchfahrt gegen Feinde zu sperren, mehrere Schiffe versenken, von denen man noch 1966 Wrackteile fand. Die so blockierte Schleimündung begünstigte die Versandung der Fahrrinne. Als die Briggs und Schoner aus Schleswig, Arnis und Kappeln „dat Lock" schließlich nur noch unter größten Schwierigkeiten passieren konnten, musste eine künstliche Durchfahrt geschaffen werden.

Wegen der starken Sandablagerungen bildete die – heute 111 Hektar große – Lotseninsel lange Zeit schon ein ständiges Hemmnis für den freien Lauf des Schleiwassers in die Ostsee. Da sich außerdem bereits seit 2000 v.Chr. zwei Strandwälle gegenüberliegend von Angeln und von Schwansen aus gebildet hatten, musste schließlich eine dritte, die heutige Durchfahrstelle geschaffen werden. Sie entstand in den Jahren von 1781bis 1796 mit vereinten Kräften der Fischer aus Arnis, Kappeln und Maasholm. Wegen fortgesetzter Versandung war 1842 und dann erneut 1872 eine Verbreiterung nötig, in dem Jahr, als auch der 28 Meter hohe Leuchtturm von Schleimünde errichtet wurde.

Bereits seit 1927 steht das Gebiet Oehe-Schleimünde unter Naturschutz, ein Areal, das nach Erweiterungen heute knapp 400 Hektar umfasst. Hauptinitiator war Hartwig von Hedemann-Heespen, Deutsch-Nienhof (1882-1960), der seit 1919 unermüdlich den „Verein Jordsand zur Begründung von Vogelfreistätten an den deutschen Küsten" förderte. Seit 1926 betreut der Verein Jordsand das Naturschutzgebiet mit einem ganzjährig anwesenden Vogelwart. Es ist heute Brut- und Nahrungsschutzgebiet vieler Seevögel und zugleich Kreuzungspunkt zweier Leitlinien des Vogelzuges, der Ostseeküste und der Schlei.

Die Schlei – eine lange Geschichte

Anders als die Flensburger Förde wurde der größte Teil der Schlei, die Angeln im Süden begrenzt und über 40 Kilometer weit ins Moränenland hineinreicht, nicht nachträglich durch eine Gletscherzunge ausgehöhlt. Sie ist daher flach geblieben, fast überall weniger als fünf Meter tief, und ähnelt einer Seenkette, auf lange Strecken auch einem Fluss, vor allem dort, wo der Wind eine starke Strömung verursacht. Die Bezeichnung Förde für die Schlei ist daher umstritten.

Ein Fluss war die Schlei wohl tatsächlich noch, als sich die Ostsee in den ersten Entwicklungsstadien befand. Mit dem Steigen des Wasserstandes in der Nacheiszeit wurden Teile des Schleigebietes mit Seewasser geflutet, und es bildete sich bald die Verbindung aller Teile mit der Ostsee. Dabei dürfte sich das Wasser bei Missunde einen Durchbruch nach Ost und Nordost geschaffen haben; es entstand die mit 135 Metern nur schmale Enge. Die weiter in östlicher Richtung folgende Schleirinne zwischen Missunde und Arnis wird als subglaziale Schmelzwasserrinne gedeutet. Sie ist demnach in der Grundmoräne ausgewaschen worden. Zwischen Arnis und Rabelsund schließlich mussten sperrende Moränen-Querriegel erst vom überlaufenden Wasser „durchgesägt" werden, bis das Wasser der inneren Schlei in das flache Haff und von dort in die Ostsee münden konnte.

Abtragung und Ablagerungen wie an den offenen Küsten sind in der Schlei kaum erfolgt, da sie ein eher ruhiges Binnengewässer darstellt. Doch wirken sich Sturmfluten der Ostsee, wie die Silvesterflut 1978/79, aber auch schon kräftige Ostwinde bis ins innere Bekken bei Schleswig aus. Das Nordufer der Schlei weist besonders viele Nebenbecken auf. Dazu zählen das Brodersbyer, das Gunnebyer, das Lindauer, das Gödersbyer und das schon beschriebene Wormshöfter Noor. Steilufer erheben sich an der Halbinsel Burg gegenüber von Missunde.

Wegen der geringen Tiefe ist die Schiffbarkeit der Schlei begrenzt. Doch solange die Schiffe klein waren und einen geringen Tiefgang hatten, war sie der naturgegebene Transitweg. So reichte die Schleitiefe in der frühen Blütezeit Haithabus völlig aus, um auf den hochbordigen, aber flachkieligen Wikingerbooten über den Treene-Weg von der Nordsee herangeschaffte Waren zum Mare Balticum, der Ostsee, und dann weiter nach Russland oder in andere Himmelsrichtungen bis nach Arabien zu transportieren. Haithabu und Schleswig waren vermutlich sogar 500 Jahre, von etwa 800 bis 1300, die wichtigsten Häfen auf der Cimbrischen Halbinsel, wobei man auch Hollingstedt als Treenehafen dazurechnen muss. Denn auf der nur 16 Kilometer breiten Landverbindung zwischen diesem „Nordseehafen" und Haithabu/Schleswig wurden große Gütermengen herangebracht.

Im 18. und 19. Jahrhundert gab es zeitweise eine rege Schifffahrt auf der Schlei. In den Häfen Schleswig, Arnis, Kappeln und Maasholm erhöhte sich zwischen 1730 und 1830 die Zahl der Schiffe, in erster Linie Lastensegler, ganz erheblich. Die Napoleonischen Kriege von 1803 bis 1815 brachten dann einen starken Rückschlag für die Schleihäfen, da viele Schiffe zerstört oder gekapert wurden. Doch in den vierziger Jahren ging es wieder aufwärts. In Kappeln sowie Arnis,

Früher Abend am Wormshöfter Noor

In Missunde an der engsten und vermutlich ältesten Fährstelle der Schlei

Maasholm und Steinberghaff waren 1842 schon insgesamt 157 Schiffe beheimatet, dreimal so viele wie in Kiel und auch mehr als in Flensburg mit 142 Schiffen. Mit diesem blühenden Handel war es allerdings nach der Loslösung von Dänemark 1864 vorbei.

Außerdem bereitete die Konkurrenz der Dampfschiffe Kappeln und Arnis größte wirtschaftliche Probleme. Einen Linienverkehr mit Dampfschiffen, der auch der Postbeförderung diente, gab es ab 1865. Er lag zunächst in privater Hand, ging aber mit der zunehmend schwierigen Lage der Reeder im Jahre 1905 an den Kreis Schleswig über. Aber auch der Kreis hatte damit wenig Freude; das jährliche Defizit überstieg seine Möglichkeiten.

Heute beschränkt sich der Schiffsverkehr auf wenige Motorschiffe und Ausflugsdampfer, auch wegen weiterer Versandung der inneren Schlei. Dafür ist sie mit der ständig wechselnden Uferkulisse welliger Hänge, gelber Raps- und wogender Kornfelder, mit den vielen kleinen Buchten zu einem der beliebtesten Urlaubs- und Segelreviere im Norden geworden.

Über Fähren und Brücken

Die Schlei trennt die Halbinseln Angeln und Schwansen auf beträchtlicher Länge. Sie zu umfahren, ist aufwendig und zeitraubend. Das galt besonders in der Zeit, als die Verkehrsmittel noch langsam und primitiv waren. Schon frühzeitig versuchten daher die Bewohner zu beiden Seiten, einander über Fähren oder Brücken näher zu kommen. Und es gab Bootsüberfahrten an vielen Stellen der schmalen Schlei. Fischer und Bauern fanden mit dem Übersetzverkehr, für den Transport von Mensch, Tier und Gütern, ein willkommenes Zubrot. Für die Strecken von Rabelsund zum Forst Ellenberg, von Neu Boknis nach Sieseby, von Arnis nach Grödersby sowie vom Fährhaus Ulsnis zur ehemaligen Ziegelei bei Hakenhöft blieb dieser Gelegenheitsverkehr bis zum Beginn der Motorisierung in neuerer Zeit erhalten. Besonders viel genutzt wurde die Übersetzstelle bei Lindaunis, vom Großen Niss zum weiter führenden Anschlussweg nach Gut Stubbe auf Schwansen.

Im 17. Jahrhundert, als die Schlei zugleich Zollgrenze war, bedurfte diese Art des Fährverkehrs hoheitlicher Genehmigung, nämlich der Zustimmung der Gottorfer Herzöge. Neben den Zolleinnahmen sollten damit zugleich die Einkommen der angestellten Fährmänner gesichert werden. Doch dieses Fährregal wurde oft missachtet, und seine Überwachung war schwierig.

Vier Fährlinien über die Schlei haben größere Bedeutung erlangt und waren besonders privilegiert. Es sind die Fähren zwischen Missunde und Brodersby, Arnis und Sundsacker, Kappeln und Ellenberg sowie vor Schleswig zwischen Fahrdorf und dem St.-Johannis-Kloster.

Vermutlich am längsten besteht die Missunder Fähre. Sie war zunächst ein bootsähnlicher Fährprahm. Erste schriftliche Nachrichten darüber stammen aus dem Jahr 1471. Von Ende des 16. bis Anfang des 18. Jahrhunderts galt die Fährstelle zugleich als „Versorgungsposten" für Personen, die dem herzoglichen Hof treu gedient hatten. Außer dem Fährhaus mit Fahrzeugen gehörte dazu eine kleine Landwirtschaft. Die Fährmänner als Pächter sowie Eigentümer und Oberaufsicht wechselten im Lauf der Jahre mehrfach. Doch der Fährbetrieb wurde dadurch wenig beeinflusst, auch nicht während der deutsch-dänischen Auseinandersetzungen Mitte des 19. Jahrhunderts, als sich an der Schleienge feindliche Befestigungen gegenüber lagen. Mit zunehmendem Verkehrsaufkommen in neuerer Zeit wurde die inzwischen an ein Führungsseil gelegte Missunder Fähre durch eine Motorfähre ersetzt. Diese gehörte vor 1945 dem Land Preußen, danach der Bundesrepublik Deutschland bzw. dem Land Schleswig-Holstein.

Auf der Strecke Arnis-Sundsacker verkehrte von 1826 bis 1975 ebenfalls ein einfacher Fährprahm, der später wie die Missunder Fähre an einem durch die Schlei verlegten Seil mit eingekerbten Ziehhölzern über das Wasser gezogen wurde – oft durch freiwillige Mithilfe der Fährbenutzer. Die Initiative zur Einrichtung der Fähre kam von der General-Postdirektion. Der Fährbetrieb war hier ebenfalls kombiniert mit einer Gastwirtschaft, um der Fährfamilie die Existenz zu erleichtern. Mitte der siebziger Jahre des vorvorigen Jahrhunderts erwarb die Stadt Arnis mit Hilfe des Landes eine große Motorfähre. Allerdings ist die Strecke Arnis-Sundsacker wegen abseitiger Lage nie so stark genutzt worden wie die bei Missunde.

Die Fähre Kappeln-Ellenberg bestand 1667 als Gottorfer Eigentum in Verbindung mit dem Besitz des Gutes Ellenberg, ist aber bereits 1641 im ältesten Grundriss von Kappeln, im „Schleiatlas" von Joh. Mejer, eingezeichnet. Die verschiedenen Besitzer von Ellenberg – von Ahlefeld, von Dewitz, von Warnstedt, Herzog Carl von Schleswig-Holstein – bezogen aus dem Fährbetrieb ansehnliche Pachten, wehrten sich daher gegen Versuche der General-Postdirektion, die Konzession zu übernehmen. Ein Prozess vor dem Schleswig-Holsteinischen Obergericht endete damit, dass die Fähre ab Oktober 1810 für königliche Rechnung verpachtet wurde. Die Ellenberg-Fähre, eine reine Personenfähre, war über lange Zeit gut ausgelastet.

Die alte Klappbrücke in Kappeln führt nach Schwansen. Weil sie dem Verkehr nicht mehr gewachsen war, ist eine neue Brücke im Bau

Die Fähre bei Schleswig, die vorwiegend zur Versorgung des St. Johannisklosters diente, wurde nach Unterlagen des Landesarchivs um 1852 nur noch als Fußgängerfähre genutzt. Nach dem Bau von Damm und der Chausseebrücke über das Selker Noor 1813 wurde ihr Betrieb eingestellt.

Generell verloren die Schleifähren mit den Brückenbauten an Bedeutung. Fährenübergänge bestehen heute nur noch in Missunde und Arnis. In Kappeln führten wirtschaftliche Interessen und das wachsende Verkehrsaufkommen schon Mitte des 19. Jahrhunderts zu Überlegungen, den Fährbetrieb durch eine Brücke zu ersetzen. Die Initiative dazu ging von Kaufleuten und Gutsbesitzern aus. Sie begründeten den Bau mit der unbefriedigenden Postbeförderung und verbanden damit die Forderung, eine Eisenbahnlinie darüber hinweg zu führen. Die Brücke sollte entweder als Pfahl- und teilweiser Dammbau oder auf Pontons errichtet werden.

Gegen den Brückenbau setzte sich jedoch die Schleswiger Fischerzunft energisch zur Wehr. Interessant ist die Begründung in ihrem Gesuch an die Regierung. Darin heißt es unter anderem:
„Bekanntlich ist der Hering ein sehr scheuer Fisch, der in gewissermaßen geordneten Zügen aus dem Meer in die Buchten zieht, um zu laichen. Es ist Tatsache, daß, wenn die Heringe durch Verengerung der Ströme mittelst Dämme o. dergl. Barrieren, oder durch viel Geräusch über dem Wasser gestört und behindert werden, nicht weiterziehen, ja, nach Jahren die gewohnte Bucht ganz vermeiden."

Als dann aber nach Beginn des Deutsch-Dänischen Krieges das wohlhabende Kappeln um den Fortgang des regen Handelsverkehrs fürchtete, nahm die Stadt das Thema Brückenbau selbst in die Hand und erlangte von der Schleswigschen Regierung die Genehmigung zum Bau einer Pontonbrücke. 1867 konnte sie dem Verkehr übergeben werden. Mehrfach war die Brücke, über die ab 1889 auch die Schmalspureisenbahn der Strecke Kappeln-Eckernförde führte, Witterungseinflüssen ausgesetzt, in den Jahren 1891 und 1920 vor allem einem schweren Eisgang. Mit dieser „natürlichen" Begründung sowie – bemerkenswerterweise – mit dem Hinweis des Eckernförder Landrats auf „eine lebhafte Agitation von dänischer Seite", die nach dem verlorenen Ersten Weltkrieg „Deutschland am Ende seiner Kraft" sah, gelang es der Stadt, einen Brückenbau auf Pfeilern mit Drehvorrichtung durchzusetzen und dafür die finanzielle Beteiligung des Preußischen Staates zu erreichen. Diese Brücke wurde 1927 in Betrieb genommen. Auch sie entspricht aber nicht mehr den Anforderungen des wachsenden Verkehrs. Eine neue Klappbrücke ist im Bau.

Eine zweite Brücke führt bei Lindaunis über die Schlei. Sie wurde als reine Eisenbahnbrücke errichtet und konnte, nachdem ähnliche Einwendungen seitens der Fischerei und der Schifffahrt wie bei der Kappelner Brücke beiseite geschoben worden waren, im Dezember 1881 eingeweiht werden. Nach dem Ersten Weltkrieg war sie jedoch den Belastungen nicht mehr gewachsen. Die preußische Staatsbahn und die spätere Deutsche Reichsbahn, die die Strecke betrieben, hielten den Bau einer neuen Brücke für notwendig. Dazu besann man sich auf ein Bauwerk am Nord-Ostsee-Kanal bei Taterpfahl, das der ehemaligen Marschbahn Itzehoe-Heide gedient hatte und nicht mehr benutzt wurde. Wegen Geldmangels, aber auch wegen unterschiedlicher Vorstellungen darüber, ob und wie der zunehmende Straßenverkehr mit diesem Übergang kombiniert werden könne, gelangten die Pläne zunächst auf die lange Bank. Die aufkommende Inflation tat ein Übriges zur Erschwerung dieses Projekts, da die Kosten den in Aussicht gestellten Finanzmitteln immer wieder davon liefen.

Zu den energischen Befürwortern einer kombinierten Lösung mit Hilfe der Rampenbrücke aus Taterpfahl gehörten der Eckernförder Landrat sowie der Getreidehändler und Gutsbesitzer Kruse auf Gut Stubbe in Schwansen, der sich an der Finanzierung beteiligen wollte. Mit ihrer Unterstützung konnte schließlich das Bauwerk errichtet und im Juni 1926 als kombinierte Straßen- und Eisenbahnbrücke für den Verkehr freigegeben werden. Dieser wird bis heute von einem Brükkenwärter geregelt. Mit einer Schranke sorgt er dafür, dass die Schienen beim Passieren der Züge frei sind. Anfänglich von Kraftfahrzeugen einkassierte Brückengelder entfielen, als 1927 die Kraftfahrzeugsteuer zur Unterhaltung von Straßen und Brücken erhoben wurde. Die gesamte Anlage steht seit Dezember 1997 unter Denkmalschutz.

Frühgeschichtlicher Dreh- und Angelpunkt

Von Jägern, Sammlern und Riesengräbern

Seit wann gibt es Menschen in Angeln? Archäologen wissen, dass dort in der Altsteinzeit, die bis etwa 10 000 v.Chr. dauerte, Rentier- und Elchjäger lebten. Funde von Geweih- und Steingeräten geben dafür Anhaltspunkte. Deutlich vermehrt kommen Funde aus der Mittleren Steinzeit, also aus der Zeit zwischen 1000 und 4300 v.Chr. vor. Das waren Gerätschaften von Jägern, Fischern und Sammlern, die man u.a. an der Flensburger Förde und im Satrupholmer Moor fand: ungeschliffene Steinbeile und kleinere Geräte aus Flintstein, angefertigt aus dem von Skandinavien hergeschleppten Eiszeit-Material. Dort fanden sich auch spitzbödige Gefäße, die schon in die Jungsteinzeit überleiten.

Um diese Zeit, von 3500 bis 1500 v.Chr., war Angeln in Gebieten zwischen umfangreichen Waldflächen

Schmuckanhänger (Goldberlock) vom Scheersberg in der Gemeinde Quern (100 n. Chr.)

Römischer Militärorden, ein Opferfund aus dem Thorsberger Moor bei Süderbrarup (etwa 200 n. Chr.)

bereits relativ dicht besiedelt. Die Menschen hatten sich unabhängig gemacht von Wild- und Fischbeständen. Sie waren sesshaft geworden und züchteten Rind, Schwein, Schaf und Ziege, ihren eigenen Haustierbestand. Sie bauten Kulturpflanzen an: Gerste und mehrere Weizenarten. Ihre Lebensweise und die Bewirtschaftungsart, bald auch arbeitsteilig strukturiert, hat ihren Ursprung im Vorderen Orient, von wo sie im Verlauf des 5. Jahrhunderts auf die Cimbrische Halbinsel vorgedrungen sein soll. Die Menschen finden jetzt Zeit, sich schöner einzurichten und zu kleiden, ihre Geräte zu verbessern. Mit dem Schleifstein schaffen sie viele Übergangsformen von Beilen, solche mit spitzovalem oder rechtwinkligem Querschnitt. Und sie versehen ihre Keramiken mit Ornamenten, wie u.a. Gefäße aus dem Moor bei Rüde zeigen – Ausdruck eines erwachenden Kulturbewusstseins.

Die Jungsteinzeit zeigt auch ganz neue Grabsitten, deren Ausgang von der Iberischen Halbinsel, vielleicht auch von England vermutet wird. Es werden auf der Cimbrischen Halbinsel Riesenstein- oder Megalithgräber erbaut. Diese monumentalen Grabtypen spiegeln die menschliche Auffassung vom Leben nach dem Tode wider: Die Lebenden bauen ihren Toten Wohnungen für alle Ewigkeit. Das um 3200 v.Chr. errichtete jungsteinzeitliche Ganggrab bei Idstedt, die „Idstedter Räuberhöhle", ist das südlichste Beispiel für diese Art von Hügelgrab. Die noch begehbare Kammer besteht aus neun Tragsteinen und drei großen Decksteinen. Im 19. Jahrhundert waren solche Hünengräber in Angeln noch in großer Zahl vorhanden; es gab einmal mehr als 800. Die meisten dieser Grabstätten fielen jedoch dem Spaten, dem Pflug und der Ackerkultur zum Opfer.

Aus zunächst kleinen Grabkammern ohne Eingang mit wenigen Tragsteinen und nur einem Deckstein, so genannten Dolmen, entwickeln sich im Laufe der Zeit immer größere, meistens für Sippen vornehmer Herkunft gedachte Grabgewölbe mit mehreren Decksteinen. Ein kleineres, aber gut erhaltenes und viel besuchtes Megalithgrab dieser Art ist der so genannte Poppostein bei Stenderup-Poppholz im westlichen Angeln. Der Sage nach soll Bischof Poppo 966 n.Chr. hier an der Helligbek-Au, was

Die „Idstedter Räuberhöhle", südlichstes Beispiel eines jungsteinzeitlichen Ganggrabes

Der Popppostein bei Helligbek, benannt nach Bischof Poppo, der hier König Harald Blauzahn getauft haben soll

heiliger Bach heißt, viele noch heidnisch denkende Menschen, darunter den dänischen König Harald Blauzahn, getauft haben.

Zu den größeren so genannten Hünenbetten oder Langbetten mit mehreren Steinkammern und einer ovalen oder auch rechteckigen Steinsetzung als Begrenzung des Grabhügels gehört das „Pinnesgrab" im Rehberger Gehege südlich von Satrup, früher auch Pen Grab genannt. Pen ist wahrscheinlich keltischen Ursprungs und bedeutet Anführer. Die im Schutz des Forstes liegende wallartige Erhöhung von 33 Metern Länge und 7,5 Metern Breite, für nahe wohnende Kinder lange Zeit ein beliebter Spielplatz, wies innerhalb der Steinumfassung zwei Grabkammern auf, die aber schon lange zerstört sind. Denn diese Grabmonumente, gedacht als Nachahmungen irdischer Wohnungen, enthielten reiche Beigaben, alle möglichen Geräte, Waffen, Schmuck und Tongefäße, und die waren begehrt. Weitere Hünenbetten, allerdings in schlechtem Zustand, finden sich zu beiden Seiten der Bundesstraße 76 in der Höhe von Sankelmark/Munkwolstrup. Während diese riesigen Gräber vermutlich einzelnen wohlhabenden Geschlechtern oder Familien hoher Abstammung vorbehalten waren, wurde der gewöhnliche Mann in der Jungsteinzeit weiter in flacher Erde beigesetzt. Einzelgräber fand man in der Nähe von Flensburg. Sie enthielten als Beigaben Bernsteinperlen, geschliffene Steinäxte und Gefäße, die wegen ihrer Schnurornamentik dem Kulturkreis der Schnurkeramiker zugerechnet werden. Da diese Gräber nur 30 bis 40 Zentimeter unter der Erdoberfläche lagen, sind sie schnell verschwunden und wurden nur zufällig entdeckt.

Bronze aus Brundisium

Viele Jahrtausende hat der Mensch ohne das Wissen um die Metalle gelebt. Steine, vor allem Feuersteine, waren neben Knochen und Holz die wichtigsten Rohmaterialien für Gebrauchsgeräte und Waffen. Etwa um 1800 v.Chr. beginnt man im Gebiet um die westliche Ostsee, eingeführtes Metall zu verarbeiten und Schmuck anzufertigen. Die Kenntnis kam auf dem alten Kulturweg aus dem Mittelmeerraum ins nördliche Europa. In Ägypten hatte die Bronzezeit schon um etwa 3000 v.Chr. begonnen. Bronze, eine Legierung aus Zinn und Kupfer, benannt nach der süditalienischen Stadt Brindisi, früher Brundisium, wurde zur Grundlage eines eigenen Kulturkreises, der auch Angeln mit einbezog. Aus der mykenischen Kultur entlehnte der nordische Kreis die Schlingband- und Spiralornamentik und verzierte damit Schwertgriffe und -scheiden, Äxte und Rasiermesser, Gürtelscheiben und Armringe.

Enge Handelsverbindungen bestanden mit Süd- und Südosteuropa sowie mit Britannien. Zinn, Kupfer und Gold wurden vielleicht gegen Bernstein und Felle getauscht. Die Menschen der Bronzezeit kannten bereits Wagen mit Scheiben- und Speichenrädern, sie bearbeiteten den Boden mit Hakenpflügen, säten Weizen und Gerste und hatten schon alle heute gehaltenen Haustiere.

Die Funde aus dieser Zeit lassen auf Kulthandlungen schließen. Die Sonne wurde als Lebensspenderin verehrt und in Bronzefiguren dargestellt, wie der berühmte, von einem Pferd gezogene Sonnenwagen von Trundholm auf der dänischen Insel Seeland mit Sonnenscheibe und dünnem Goldbelag. Solche Figuren dürften für rituelle Feste gedient haben. Viele Bronzefunde aus Dänemark und

Spitzbodengefäß der Ellerbek-Gruppe

Kern- und Scheibenbeile der mittleren Steinzeit aus dem Sartrupholmer Moor

Schleswig-Holstein ähneln sich. Ein nördlich der heutigen Grenze gefundener Klappstuhl aus Eschenholz, der dem Grab eines damals hoch geachteten Mannes entnommen ist, lässt andererseits eindeutig seinen Ursprung in den Mittelmeerländern erkennen. Stühle dieser Art mit Tucheinspannung sind heute noch gebräuchlich.

In der älteren Bronzezeit wurden die Toten in ausgehöhlten, mächtigen Eichenstämmen beerdigt, manchmal in Hügeln, die schon in der Jungsteinzeit benutzt worden waren. Meistens wurden die Toten zu ebener Erde bestattet, wobei über die Baumsärge Rollsteine und ein großer Erdhügel geschüttet wurde. Die nicht selten bis zu acht Metern hohen Hügel sind manchmal auch aus Gras- oder Heidesoden aufgetürmt worden. In Angeln fand man solche Gräber beispielsweise in Torsballig und südlich von Oeversee bei Frörup. Weithin bekannt ist der große spätbronzezeitliche Grabhügel am Thorsberger Moor bei Süderbrarup, wo eine Siedlung vermutet wird, die die ganze Bronzezeit hindurch bestanden hat.

In der mittleren Bronzezeit um 1200 v.Chr., als mit der Leichenverbrennung begonnen wurde, setzte sich allmählich der Brauch durch, die sterblichen Überreste in Urnen beizusetzen. Diese kamen mit einer Steinschutzpackung in flache Grabhügel, meistens in Gruppen auf Gräberfelder. Die Zeit der Urnenfriedhöfe dauerte bis in die Wikingerzeit.

Um etwa 600 v.Chr. kannten die Nordeuropäer bereits ein anderes Metall, wiederum dank ihrer Verbindung nach Süden: das Eisen. Die Ägypter hatten es sich schon im Laufe des 12. Jahrhunderts nutzbar gemacht. Etwa 600 Jahre später waren dann aus der hoch entwickelten La-Tène-Kultur der Kelten, die sich von ihrer Kernregion in der Schweiz und am Rhein über große Teile Mitteleuropas ausbreiteten, Gegenstände aus Eisen auch nach Schleswig-Holstein gelangt.

Eisen bringt den Fortschritt

Die Kelten wussten, wie Eisen aus Raseneisenerz, auch Brauneisen genannt, gewonnen wird. Es bildet sich auf sandigen Böden, wenn eisenhaltiges Wasser über lange Zeit dort einsickert. Reste von Schlacken und von Brennöfen, also von Verhüttungsstätten, sind an vielen Stellen auch auf der Cimbrischen Halbinsel gefunden worden, vor allem auf der sandigen Geest, aber auch in Angeln, so bei Süderschmedeby, Havetoft und im Gebiet um den Langsee. In Klappholz fanden sich nahe einem Erzlager allein acht Verhüttungsstellen. Seit dieser Zeit der Erzverhüttung spricht man von der vorrömischen Eisenzeit in Angeln. Sie wird bis zum Jahre Null gerechnet.

Etwa ab 100 v.Chr., gegen Ende der vorrömischen Eisenzeit, ist nach vorangegangener, wohl klimabedingter Abwanderung von Menschen aus diesem Raum eine auffällige Zuwanderung zu beobachten. Die Ursache liegt vermutlich darin, dass mit der Eisengewinnung die Landwirtschaft, die Haupterwerbsquelle und Existenzgrundlage der Menschen im agrarischen Norden, sich aus der Krise befreien konnte, in die sie durch zu starke Inanspruchnahme der Böden hinein geraten war. Jetzt konnten die Pflüge mit eisernen Pflugscharen versehen und so die Möglichkeit geschaffen werden, größere Flächen von Wald- oder von Heideböden unter den Pflug zu nehmen und die Anbaufläche zu erweitern.

Es gab auch schon Bauernhäuser. Bei Ausgrabungen unweit nördlich der heutigen Grenze zwischen Angeln und dem benachbarten dänischen Jütland stieß man auf Hausreste. Diese lassen darauf schließen, dass es in den Behausungen einen Westteil gab, in dem die Familie wohnte, und einen Ostteil, in dem Ställe untergebracht waren, eine Aufteilung also, die sich noch Jahrhunderte lang in der Jütischen und Angelner Bauernhausarchitektur erhalten hat. Es konnten 20, manchmal sogar bis zu 30 Kühe gehalten werden. Demnach waren nicht mehr nur Weide-, sondern schon Stallhaltung und -fütterung üblich. Für die Jauche der Tiere hatten die Bauern Abflussrinnen in der Stallmitte angelegt. Da man davon ausgehen kann, dass sich die Verhältnisse in Angeln von denen im südlichen Dänemark kaum unterschieden – das heutige Angeln war nur ein Teil des ganzen anglischen Siedlungsgebietes –, dürfte es auch hier solche Fortschritte in der Landwirtschaft gegeben haben. Eisenscharpflüge halfen, tierische und menschliche Exkremente in die Erde zu bringen. Das führte zu besseren Erträgen. Die Ackerländereien wurden schon damals vermutlich gemeinschaftlich bewirtschaftet, während die Gebäude Eigentum der einzelnen Familien waren.

Die Bauern waren zugleich Krieger und mit Waffen ausgerüstet. Auf der Halbinsel Alsen ist aus dieser Zeit bei Ausgrabungen im Moor ein 13 Meter langes Boot, das „Hjortspringboot", zum Vorschein gekommen, das 169 Speere, 10 Eisenschwerter und eine Menge von Schilden und Ringpanzern geladen hatte. Hier stieß man auch auf Skelette von Opfertieren. Bei vielen der gefundenen Gerätschaften war der Einfluss der keltischen Kultur, die sich besonders in der Kunst der Eisenbearbeitung ausdrückt, unverkennbar.

Im Blickfeld der Antike

Mit dem Beginn der Zuwanderungswelle im letzten Jahrhundert vor Christi Geburt tritt Angeln so stark in den Blickpunkt der Vorgeschichte Schleswig-Holsteins, dass die Zeit von 100 v.Chr. bis etwa 500 n.Chr. als besondere Epoche, als die Anglische Frühzeit, herausgehoben werden kann. Sie ist deutlich begrenzt durch eine Zeit der Siedlungsleere vorher und nachher. Das Geschehen in der Anglischen Frühzeit konzentriert sich auf das Gebiet um das heutige Süderbrarup. Die Grabfelder von Steinfeld sowie von Süder- und Norderbrarup und die ältesten Opfergaben aus dem dort gelegenen Thorsberger Moor gelten als Beweis dafür, dass hier die Wiederbesiedlung Angelns durch den germanischen Stamm dieses Namens einsetzte. Sie dauerte also etwa sechs Jahrhunderte. Dann begann die Auswanderung nach Britannien, und von da an, ab 500 n.Chr., blieb Angeln für fast drei Jahrhunderte siedlungsleer, „desertus" wie der Kirchenhistoriker Beda Venerabilis um 730 n.Chr. schreibt.

Die Angeln waren nach Norden bis zur Halbinsel Sundewitt und nach Südwesten bis an die Eider verbreitet. Sie rodeten Wälder und konnten seit der Erfindung des eisernen Pfluges auch schwerere Böden besser bearbeiten. Bedeutende Funde sowie die Tatsache, dass die Jütische Halbinsel und damit auch das große Siedlungsgebiet der Angeln schon während der vorrömischen Eisenzeit ins Blickfeld antiker Beobachter und Autoren trat, haben entscheidend beigetragen zu einem ziemlich abgerundeten Bild dieses Raumes, seiner Wirtschaft, Kultur und Religion in damaliger Zeit. Angeln ist nach den Worten des Vor- und Frühgeschichtlers Herbert Jankuhn nicht nur eine der archäologisch „bestuntersuchten Landschaften Mittel- und Nordeuropas", auf diese Landschaft und ihre Bewohner beziehen sich auch mehrere frühgeschichtliche Quellen, nämlich römische und angelsächsische Schriftsteller, die anglische Dichtung sowie Runen.

In der Ethnographie des römischen Geschichtsschreibers Tacitus über Germanien aus dem Jahr 98 n.Chr. taucht der Name „Anglii" zum ersten Mal auf, allerdings ohne genaue Lokalisierung. Beda Venerabilis, 200 Jahre nach dem Auszug der Angeln und Sachsen nach Britannien geboren und ein besonders zuverlässiger Chronist, siedelt seine Vorfahren, die Bewohner der von ihm „Angulus" genannten Landschaft, in dem Gebiet an, das zwischen den Siedlungsräumen der Sachsen und Jüten lag. Schon vor dem Auszug nach England soll es dort anglische Dichtung gegeben haben, stabreimende Langverse, die die Angeln im Gedächtnis mit hinüber nahmen. Erstmals aufgeschrieben fand man die Verse in einer Handschrift des angelsächsischen Epos von Beowulf aus dem 10. Jahrhundert, ferner in der Widsithdichtung sowie in den angelsächsischen Königsgenealogien.

In der Widsithdichtung berichtet der Sänger Widsith, das ist der „Weitgefahrene", über die Fürsten und Länder, die er besucht hat. Hier taucht Offa als Angelnherrscher auf: „Offa herrschte über Angeln, Alewith über die Dänen ... Offa eroberte als erster der Männer, noch (fast) als Knabe, das größte der Königreiche. Kein ihm Gleichaltriger zeigte größere Heldentaten." Und im Beowulflied heißt es: „Denn Offa war durch Schlachten und Geschenke der schwertkühne Mann, weit bewundert. Er wahrte klug das alte Erbreich." Saxo Grammaticus, der altdänische Geschichtsschreiber, Verfasser der Gesta Danorum und Sammler germanischer Sagen, hat die Offa-Erzählungen zu einer Wikingsaga umgestaltet. Dort ist Offa der Sohn des erblindeten Angelnkönigs Wermund. Letzterer wird vom König der Sachsen aufgefordert, sein Reich an ihn abzutreten. Tue er das nicht, solle sich Offa dem Zweikampf mit seinem Sohn und einem weiteren Fechter der Sachsen stellen. Aus einem im Grenzgebiet ausgetragenen Kampf geht Offa als Sieger hervor. Er wird König der Angeln und ein gefeierter Held.

In der Landschaft Angeln selbst gibt es auch Schriftzeugen jener Zeit, als Runeninschriften. Auf einem Ortband, dem Beschlag an der Spitze einer Schwertscheide, die im Thorsberger Moor gefunden wurde, steht in Runen: „Erbbesitz – Wulthuthew, der Nichtschlecht-Berühmte". Wulthuthew, was der Knecht heißt, war offenbar der Besitzer des Schwertes. Weitere, allerdings schwer deutbare Runen finden sich auf einem Schwertbuckel und auf Schwertbeschlägen aus Thorsberger Moorfunden.

Götterverehrung im Thorsberg-Moor

Die nur vom Vogelgesang belebte Stille am kleinen Waldsee täuscht. Wenn er reden könnte, er hätte viel zu erzählen. Denn er liegt mitten im berühmten Thorsberger Moor, das sich so friedlich hinstreckt nördlich von Süderbrarup. Hier herrschte schon vor mehr als zwei Jahrtausenden munteres Leben und Treiben. Der Beweis: Kein Ort weit und breit im Norden ist an Funden aus vor- und frühgeschichtlicher

Einer der kostbarsten Funde im Thorsberg-Moor: Gesichtsmaske eines römischen Paradehelms

Der stille Waldsee im Thorsberger Moor bei Süderbrarup ist eine der großartigsten Opferfundstellen Nordeuropas

Zeit so reich. 100 Fundorte verzeichnen hier die Archäologen, darunter 40 Grabhügel und Steingräber, 15 Urnenfelder und mehrere Siedlungsstellen. Die Wissenschaft ist sich heute weitgehend darin einig, dass dies das zentrale Stammesheiligtum der Angeln, ihr religiöser Mittelpunkt war. Kein Opfer war ihnen zu groß, kein Schmuckstück zu wertvoll, wenn es darum ging, den Göttern zu huldigen.

So verwundert es nicht, dass ein wahres Grabungsfieber ausbrach, als Wissenschaftler dort 1858 die ersten Kostbarkeiten zu Tage förderten. Von weither kamen die „Goldgräber" nach Süderbrarup. Sogar der dänische König Frederik VII. ließ es sich nicht nehmen, dabei zu sein, nachdem sich herausgestellt hatte, dass das Thorsberger Moor einer der großartigsten Fundplätze Nordeuropas war. Und er plädierte dafür, die Grabungen in großem Umfang fortzusetzen. Auf wenigen hundert Quadratmetern verstreut bargen die Archäologen rund 2500 Fundstücke der Stein-, Bronze- und Eisenzeit, die jüngsten Teile aus den Jahren bis 400 n.Chr. Darunter waren Gegenstände von fürstlichem Luxus, wie der silberne Maskenhelm, der heute auf Schloss Gottorf zu bewundern ist. Mehrere Museen teilen sich jetzt die Thorsberg-Schätze. Sie geben auch Anhaltspunkte dafür, dass die Angeln Handelsverbindungen zum römischen Weltreich unterhielten.

Aus der Epoche danach – etwa mit der germanischen Völkerwanderung beginnend – gibt es dann kaum noch nennenswerte Funde in Angeln. Diese Fundleere, die mit einem Aufhören der Opfergaben auch im Thorsberger Moor verbunden ist, entspricht der von Beda beschriebenen Entleerung Angelns. Die Halbinsel wird erst wieder stärker bevölkert, als im 9. Jahrhundert von Norden her jütische Stämme vordringen, die sich vorzugsweise auf den leichteren Böden der Räume um Süderbrarup, Sörup, Satrup, nördlich von Schleswig, südlich von Flensburg und südwestlich der Geltinger Bucht sowie beiderseits von Autälern, so an der Oxbek, Füsing- und Bondenau, ansiedeln.

Aufbruch nach Britannien

Schon im 4. Jahrhundert n.Chr. sind Menschen auf der Jütischen Halbinsel in den Sog der germanischen Völkerwanderung geraten, für die Landnot, Klimawechsel, Missernten oder Überfälle fremder Stämme als Ursachen angenommen werden. Die Tatsache, dass jetzt kaum noch kontinuierlich einzelne Gaben geopfert wurden, sondern seltenere große Opferhandlungen an Bedeutung gewannen, wie beispielsweise die Versenkung des Ruderschiffes von Nydam am Westufer des Alsensunds mit einer Menge Waffen an Bord, könnte als ein letzter Versuch gedeutet werden, die Götter zu beschwören, dass sie die allgemeine Not abwehren sollten.

Alle Götterbeschwörungen aber waren offenbar vergeblich. Nicht nur aus dem Land der Angeln, auch aus anderen Gebieten der Cimbrischen Halbinsel begab sich die Bevölkerung mit Ausnahme weniger „Fußkranker" auf Wanderschaft.

Die ersten Angeln haben sich vermutlich 449 n.Chr. in Booten auf die Reise begeben, die dem Gottorfer, im Jahr 320 n.Chr. in Klinkerbauweise zusammengefügten Nydam-Schiff ähnlich waren. Ihnen folgten bald Sachsen und Jüten. Die Landnahme in Britannien lässt sich durch Urnengräber, Keramik, Waffen und Schmuck gut belegen. So sind typische Fundstücke des 5. Jahrhunderts aus Angeln, wie kreuzförmige Fibeln oder Gefäßformen aus Süderbraruper Urnenfeldern, später im anglischen Gebiet Britanniens aufgetaucht.

Die Nachhaltigkeit der Besiedlung jenseits des heutigen Ärmelkanals ist auch an den Ortsnamen abzulesen, wobei allerdings nicht immer klar zu erkennen ist, ob die Namen der angelsächsischen oder der späteren dänisch-skandinavischen Invasion zuzuordnen sind. In der Grafschaft East Riding östlich von York haben britische Forscher 140 angelsächsische Ortsnamen mit den Endungen -ingas und -ham, dagegen 232 dänisch-skandinavische mit -by und -thorp festgestellt. In Ostengland gibt es den Fluss Slea und die Stadt Sleaford, die Furt durch den Slea-Fluss, ein Fluss von derselben Bedeutung wie die Schlei. Und erwähnt seien erneut als die eindrucksvollsten Zeugnisse der anglisch-englischen Verbindungen die beiden in Bauart, Form und Größe sehr ähnlichen Langschiffe von Nydam und Sutton Hoo.

Handel und Wandel in Haithabu

Sliasvich, Sliesthorp oder Haithabu, diese Namen sind in fränkischen Annalen und isländischen Sagas, in einer angelsächsischen Chronik und arabischen Berichten zu lesen, aber auch kurz und knapp auf zwei Runensteinen an Ort und Stelle. Haithabu, der „Ort an der Heide", war ein Brennpunkt des europäischen Geschehens. Die Voraussetzungen dafür waren günstig: Seine geografische und politische Konstellation war für einen Handels- und Siedlungsplatz damals ideal. Denn dies war die engste Stelle der Cimbrischen Halbinsel. Hier näherten sich Nord- und Ostsee auf eine kurze Distanz, solange nämlich die Treene noch von der Nordsee her bis Hollingstedt schiffbar war. Und in östlicher Nähe endete die Schlei, der viel genutzte Transitweg für Transporte in die Ostsee mit den damals flachkieligen Schiffen oder Wikingerbooten. Von Nord nach Süd oder umgekehrt kreuzte diese Stelle der alte meridionale Land- oder Heerweg, später Ochsenweg genannt, die wichtigste Wegstrecke bis ins 19. Jahrhundert – nicht nur für den Transport von Ochsen.

In diesen Verkehrsknotenpunkt also passte ein Warenumschlagplatz, an dem Kaufleute aller Herren Länder sich begegnen und ihre Geschäfte – auch den Sklavenhandel – tätigen konnten. Und weil er sich zur bedeutendsten Handels- und Produktionsmetropole in Nordeuropa entwickelte, rief dieser Ort immer wieder Eroberer auf den Plan, war er zwischen Dänen und Jüten, Sachsen und Franken, Friesen, Slawen (Abortriten) hart umkämpft.

Den strategischen Wert der Landenge zwischen Schlei und Treeneniederung erkannte frühzeitig der Dänenkönig Göttrik. Er baute eine schon vorhandene Verteidigungsanlage zum mächtigen Danewerk aus, um so den Norden der Jütischen Halbinsel abzuriegeln. Nach fränkischen Berichten soll er Haithabu mit einem Reiterheer, durch Südangeln kommend, eingenommen und seinem Reich einverleibt haben. Er war es auch, der Kaufleute aus der Siedlung Rerik an der mecklenburgischen Küste, die er zuvor zerstörte, nach Sliastorp, in das „Schleidorf", umsiedelte und den Güterimport aus europäischen Ländern ankurbelte. Aus Norwegen ließ er Schleif- und Specksteine bringen, aus Schweden Eisen, aus der Eifel Schiefer und Mühlsteine, und aus dem Schwarzwald kamen Weinfässer, die letztlich zum Auskleiden der Brunnen verwendet wurden. Historische und archäologische Zeugnisse belegen einen lebhaften Handelsverkehr über die Landenge von Hollingstedt her mit Pferd und Wagen.

So entstanden um 700 n.Chr. am Haddebyer Noor, einem Nebenarm der Schlei, an einem Wik eine Kaufmannssiedlung. Sie ist vergleichbar dem Wijk bei Dorestad an der Rheinmündung und den jüngeren

Der Hafen von Haithabu, wie ihn sich der Archäologe Kurt Schietzel vorstellt

Siedlungen Bardowik bei Lüneburg oder Brunswik (Braunschweig). Der Name der Kaufmannsniederlassung Sliastorp taucht erstmals in fränkischen Annalen des Biographen Einhard im Jahre 804 n.Chr. auf, also zur Zeit Karls des Großen.

An den unterschiedlichen Namen für Haithabu – zu den schon genannten kommen noch das Sächsische „Slesuuic" und das Dänische „Hedeby" (Siedlung an der Heide) – haben Wissenschaftler lange Zeit herumgerätselt. Waren vielleicht zwei Orte gemeint? Die Antwort: Schleswig war als kleine Siedlung zwar schon vorhanden, entwickelte sich aber erst nach der Zerstörung Haithabus am Nordufer der Schlei zu einer Stadt von Bedeutung. Allerdings musste Schleswig die Rolle als Handelsplatz bald an das aufblühende Lübeck abgeben.

Über die Einwohnerzahl der Kaufleute- und Handwerkersiedlung Haithabu, die, umgeben von einem halbkreisförmigen Befestigungswall, eine Fläche von etwa 24 Hektar einnahm, gibt es nur vage Schätzungen. Sie liegen zwischen 1000 für das 10. Jahrhundert nach Jankuhn, somit dem damaligen Köln vergleichbar, und 2000 zur Blütezeit nach Meinung anderer Forscher. Haithabu steht also gewissermaßen als frühmittelalterliche Stadt auf der ersten Stufe einer Stadtentwicklung, die sich über die Vor-Hansestadt Schleswig und über die Hansestadt Lübeck bis in die moderne Großstadt unserer Tage fortsetzt.

Fundgrube ohne Ende

Haithabu war und ist eine archäologische „Goldgrube", die in Nordeuropa ihresgleichen sucht. Archäologische Untersuchungen, die um 1900 begannen und als Großprojekt des Archäologischen Landesmuseums mit internationaler wissenschaftlicher Beteiligung seit den sechziger Jahren vorangetrieben wurden, brachten Licht in das Dunkel der Geschichte Haithabus. Die Funde geben Auskunft über den Alltag damals, über Kleidung sowie Produktion und Verarbeitung von Textilien, über Gebrauchsgegenstände und Handelsgüter, Schmuck, Münzen, Waffen vieler Herren Länder, über Lebens- und Essgewohnheiten der Menschen in der damaligen Zeit. Und die im Hafengelände Haithabus gefundene, wohl älteste Bronzeglocke Nordeuropas ist ein hervorragendes Zeugnis aus der Geschichte der christlichen Missionierung.

Großes Aufsehen erregt haben die schiffsarchäologischen Funde im Hafen von Haithabu. Dazu gehört das 1979 geborgene Wikinger-Langschiff von 24 Metern aus dünnen Eichenplanken sowie Spanten aus Eiche, Esche und Weide. Dies vermutlich um 1050 bei einem verheerenden Stadtbrand beschädigte und dann gesunkene schnelle Kriegsschiff ist von so eleganter Bauart, dass sich der Vergleich aufdrängt mit königlichen Prachtschiffen, die aus Norwegen bekannt sind. Und 1981 wurde in Haithabu ein Frachtsegler gefunden, der mit 21 Metern Länge und sechs Metern Breite zu den größten Schiffen aus der Wikingerzeit zählt. Während das größte bis dahin gefundene Wikinger-Schiff aus dem Roskilde-Fjord 20 Tonnen Ladung aufnehmen konnte, wurden mit diesem Segler Lasten von 60 Tonnen transportiert.

Die teilweise Rekonstruktion dieser Schiffe erfolgt in dem 1985 eröffneten, architektonisch sehr gelungenen Wikinger-Museum am Haddebyer Noor. Es besteht aus sieben zusammengestellten Häusern, die kieloben liegenden Booten ähneln. Die Anregung dafür gaben wikingerzeitliche skandinavische Bootsschuppen, von deren Aussehen man sich z.B. mit Hilfe eines aus Pommern stammenden Reliquiars eine Vorstellung machen kann. Bewusst wurde ein Platz gewählt, der in der Einheit von Land, Himmel und Wasser eindrucksvoll die Wohnstätte nachbildet, in der die Menschen dort einmal gelebt haben.

Nach Kurt Schietzel, dem langjährigen Direktor des Landesmuseums für Vor- und Frühgeschichte, gibt es an keiner anderen Stelle im Nordeuropa des frühen

In der Schiffshalle des Haithabu-Museums: Die Nachbildung des Bugs eines 1979 geborgenen Wikinger-Langschiffes

Mittelalters einen „vergleichbar großen, archäologisch zugänglichen Siedlungsraum, in dem Wohnbebauung und Gräberfelder, Höhen- und Seebefestigungen, gestaffelte Landwehren, umfangreiche Hafenanlagen sowie Zeugnisse kirchlicher und weltlicher Herrschaft vereinigt sind". Da jedoch bislang erst gut fünf Prozent der Siedlungsfläche durch Grabungen erschlossen wurden, lassen viele Funde sowie gesicherte Aussagen noch auf sich warten, so zum Beispiel genauere Angaben über die wirtschaftlichen und sozialen Strukturen oder über die politische Entwicklung Haithabus.

An die wikingerzeitliche Vergangenheit erinnern heute die Schleswiger Wikingertage, ein großes Stadt- und Volksfest, das seit 1986 jeden zweiten Sommer mit Tausenden von Besuchern gefeiert wird.

Hedeby – Angelns Hauptstadt

Haithabu gehörte einmal zum Umland des größeren Angeln und wurde auch Hedeby genannt. Nach einer Quelle des 10. Jahrhunderts ist dies der „Hauptort Angelns". In der Nähe der Schlei- und der Fördeküste haben sich schon im 9. Jahrhundert die weithin gefürchteten „Salzwasserbanditen", die Wikinger mit ihrer Sippe und ihren Sklaven niedergelassen.

Zwischen 885 und 890 übernahmen vielleicht schwedische Wikinger die Führung der Stadt. Drei Generationen von Königsdynastien – die von Olaf, Knuba und Sigtrygg – übernahmen dort nacheinander die Herrschaft. Die Namen Knuba und Sigtrygg finden sich auf einem der schon genannten beiden Runensteine von Haithabu. „Asfrid, die Tochter Odinkars, setzte diesen Stein für Sigtrygg, ihren und Knubas Sohn. Gorm ritzte die Runen," steht darauf. Gorm ist der Begründer der dänischen Herrscherdynastie von Jelling. Als König Sven Gabelbart (985-1014), der Sohn von König Harald Blauzahn (950-985), die Stadt belagerte, fiel sein Gefährte Skarthi. Ihm setzte Sven einen Runenstein bei Busdorf, dessen Original im Wikinger-Museum steht. Seine Inschrift lautet:
„König Sven setzte den Stein für Skarthi, seinen Gefolgsmann, der nach Westen gezogen war, nun aber fiel bei Haithabu."

Die Wikingertage in Schleswig – seit 1986 alle zwei Jahre – lassen die Welt der Nordmänner wieder lebendig werden

Ihre Siedlungen nannten die Wikinger nach Namen von Männern, die in der Dorfgemeinschaft eine besondere Rolle spielten. Deren Namen wurde die Endsilbe -by (sprich: -bü), was soviel wie Wohnort oder Dorf heißt, hinzugefügt. Alle by-Orte mit Personennamen, zum Beispiel Brodersby, Ketelsby oder die jenseits der Schlei bei Sieseby sich häufenden by-Dörfer, sind vermutlich Gründungen aus dem 9. und 10. Jahrhundert. Einige liegen auch in der Gegend um Boren und Taarstedt sowie im Quellgebiet der Bondenau und südlich von Flensburg. Die von den Wikingern am Rande der Feldmark oder im Wald angelegten Siedlungen enden meistens auf -torp, was neuer Ort bedeutet. Daraus ist auch -rup oder -trup geworden.

Die Wikinger hinterließen ihre Spuren auch in Quern und Süderbrarup, wo man reich ausgestattete Reitergräber fand. Für die weltweiten Beziehungen der in Angeln beheimateten Wikinger spricht der bei Gremmerup im Siedlungsgebiet von Husby gefundene bedeutendste Münzschatz in diesem Raum mit 314 Münzen, die alle in Haithabu geprägt worden sind und heute im Königlichen Münzkabinett in Kopenhagen aufbewahrt werden. Auf Gut Oehe bei Kappeln fand man arabische Münzen aus jener Zeit.

Schwieriges Feld für Missionare

Neben Hamburg war Haithabu Ausgangspunkt der ersten Christianisierungsversuche in Richtung Norden. Doch während die nach England emigrierten Angeln

Der Runenstein von Busdorf, ein Gedenkstein für den gefallenen Krieger Skarthi.

schon gegen Ende des 6. Jahrhunderts den christlichen Glauben angenommen haben sollen, verehrten die wenigen von ihnen, die zurückgeblieben waren, noch lange die Gottheit Nerthus, nach Tacitus eine Art Fruchtbarkeitsgöttin. Für die verbliebenen Bewohner der Urheimat stand die Christianisierung noch in weiter Ferne.

Erst zweieinhalb Jahrhunderte später setzen intensivere Missionsbemühungen ein. Als Begründer der Nordischen Mission gilt Bischof Ansgar (801-865), der auch der erste Erzbischof des Missionssprengels Hamburg war. Doch seine missionarischen Erfolge im Norden bleiben gering und auf die Handelsplätze Haithabu und Ripen sowie Birka in Schweden beschränkt. Ansgar errichtete, wohl 849, die erste christliche Kirche bei Haithabu, vermutlich eine Holzkirche, deren genauer Standort aber unbekannt ist. Erst mit der Taufe König Harald Blauzahns durch den vom deutschen Kaiser Otto I. (936-973) als Missionar ausgesandten Poppo im Jahr 965 bei Helligbek kann vom Beginn des Christentums auf der Cimbrischen Halbinsel gesprochen werden, worauf auch die Inschrift auf dem berühmten Runenstein von Jelling in Dänemark hindeutet.

Unter den sächsischen Kaisern erfolgt der Ausbau des Erzbistums Hamburg-Bremen zu einem geistlichen und weltlichen Machtzentrum. Reichs- und Kircheninteresse gehen jetzt Hand in Hand. In diesem Sinne übt der von Otto I. zum Erzbischof von Hamburg-Bremen erhobene Adaldag (937-988) großen Einfluss aus. Schließlich gründet Otto 947/948 das Bistum Schleswig. Aber nach zeitgenössischen Berichten sind die meisten Einwohner Haithabus auch um diese Zeit noch Heiden. Denn auf der Kirchenversammlung im Jahre 1000 in Gandersheim klagt der Schleswiger Bischof, er habe eigentlich keinen Sitz, weil sein Bistum verwüstet und die Kirche verlassen sei.

Der mächtige Adalbert, seit 1043 Erzbischof der Kirche von Hamburg-Bremen, bringt die Mission im Norden deutlich voran, unter anderem nach erfolgreichen Verhandlungen mit König Sven Estridsen (ca. 1020-1074); diese betrafen auch den Raum Angeln. Dennoch gilt die anglische Halbinsel als eine der letzten Regionen in diesem Raum zwischen Nord- und Ostsee, in denen das Christentum Fuß fasste. Besonders im religiösen Zentrum Süderbrarup hatten sich nach der Wiederbesiedlung seit Ende der Eisenzeit die kultischen Praktiken so sehr stabilisiert, dass der neue Glaube nur langsam die alten germanischen Religionsvorstellungen verdrängen konnte.

Erste Zeugen der Christianisierung waren auch in Angeln die Holzkirchen. Als sich dann zunehmend politische Interessen mit der Ausbreitung des Christentums verbanden, gab es eine architektonische Zäsur: Es setzte sich, „von oben" verordnet, der Steinbau durch und damit die Verwendung von Feldsteinen und eines grundsätzlich neuen Baumaterials, von Ziegeln, die in diesem Gebiet erstmals beim Bau des Danewerks verwendet worden waren. Nach der neuen Bautechnik, die in die Zeit der romanischen Stilperiode fällt, sind allein zwischen 1150 und 1250 im Angelner Raum fast 40 Kirchen entstanden. Auch mit dem Bau des Schleswiger Doms wurde begonnen.

Um Haithabu gab es bis Mitte des 11. Jahrhunderts immer wieder harte Kämpfe. Im Jahr 1066 kam dann mit der Erstürmung durch die Wenden das Ende des großen Handelszentrums; es wurde dem Erdboden gleichgemacht. Die letzten Einwohner siedelten auf das Nordufer der Schlei über, wo die Entwicklung der Stadt Schleswig ihren Anfang nahm. Hier fand auch der Bischof wieder eine Wirkungsstätte. Für Angeln begann das Mittelalter.

Die Kirche in Tolk gehört zu den romanischen Feldsteinkirchen, die Angeln, das „Land der vielen Kirchen", am häufigsten aufzuweisen hat

Im Spannungsfeld weltlicher und kirchlicher Macht

Schleswig – hart umkämpftes Grenzland

König Gorm der Alte von Dänemark hatte bis etwa 950 n.Chr., dem Ende seiner etwa fünfzigjährigen Regierungszeit, viele kleine und selbstständige Reiche unterworfen. Damit gilt er als Begründer des dänischen Gesamtreiches, der „ältesten Königsdynastie der Welt", die letztlich bis zu der heute regierenden Königin Margrethe II. reicht und an die der bekannte Runenstein im dänischen Jelling erinnert. Seit damals stand auch Angeln unter dänischer Herrschaft. Um den immer wieder sengend und plündernd durch die Küstenländer an Nord- und Ostsee ziehenden Wenden Paroli zu bieten, wurde 1115 für das schleswigsche Gebiet ein Jarl, ein königlicher Statthalter, eingesetzt. Das war Knud Laward, der Neffe des Dänenkönigs Niels. Er residierte in Schleswig, erbaute sich auf der Möweninsel die Jürgensburg und errichtete an besonders gefährdeten Stellen der Schlei von Schleswig über Missunde bis zur Schleimündung Befestigungen gegen die Wenden. Mit der Einsetzung Knud Lawards, einer starken Persönlichkeit, wird dieser südliche Teil Dänemarks zu einem Territorium mit Sonderstatus innerhalb des Reiches und bekommt den Namen Schleswig, allerdings ohne dass seine Grenzen bereits fest umrissen sind. Jarl Knud legte den Grund für mehr Selbständigkeit des Schleswiger Landesteils.

Knud Laward (1115-1131), Herzog der Dänen, aber am Kaiserhof Lothars von Supplinburg in Deutschland erzogen, sorgte über einige Jahrzehnte für Ruhe in seinem Herrschaftsgebiet, das sich von der Schlei bis an die Eider erstreckte sowie den größten Teil des Idstedtsyssels mit Angeln umfasste. Er zog Handwerker und Kaufleute ins Land. Die Stadt Schleswig konnte aufblühen, und auch Flensburg begann sich zu entwickeln. Unter Knud Laward erhielt das Herzogtum erste Grundlagen staatlicher Ordnung, und er förderte das kirchliche Leben. Er war auch Ältermann der einflussreichen St. Knudsgilde, der Schutz- und Trutzbrüderschaft Schleswiger Kaufleute. Um so größer war der Schock, als er 1131 von Verschwörern unter seinem Vetter Magnus ermordet wurde, weil König Niels ihn verdächtigte, nach dem Königsthron zu trachten.

Mit Knuds Tod gelang es dem dänischen Königtum, für etwa ein Jahrhundert die Macht weiter nach Süden hin auszudehnen, und zwar vor allem dadurch, dass Knuds Sohn Waldemar I. (1157-1182) mit der Hilfe seines Jugendfreundes Absalon, des streitbaren Bischofs von Roskilde und Gründers von Kopenha-

Die Waldemarsmauer aus dem 12. Jahrhundert ist eines der ältesten Ziegelbauwerke im Norden und Teil des bis zu sieben Meter hohen Danewerk-Hauptwalls

gen, die Wenden endgültig besiegte. Um sich dem Expansionsstreben des Sachsenherzogs Heinrichs des Löwen zu widersetzen, verstärkte Waldemar das Danewerk durch eine mächtige, sechs bis sieben Meter hohe Mauer. Die „Waldemarsmauer" gilt als eines der ältesten Backsteinbauwerke im Norden und hat sich in Resten bis heute erhalten. Waldemar II. (1202-1241), der Sieger genannt, führte Dänemark dann auf den Gipfel der Macht. Er eroberte Holstein und dehnte seine Herrschaft über große Teile der Ostseeländer aus. Diese zerbrach erst 1227 in der verlorenen Schlacht von Bornhöved.

Mit dem Ausgang dieser Schlacht sowie mit dem Tod der Söhne Waldemars, der Könige Erich (1241-1250) und Abel (1250-1252), verschoben sich erneut die Kräfteverhältnisse. Jetzt war es der Süden, der seinen Einfluss nach Norden ausdehnte. Eine entscheidende Voraussetzung dafür und zugleich für das Eindringen des holsteinischen Adels in das Herzogtum Schleswig waren die Verpfändungen umfangreicher herzoglicher und königlicher Besitzungen an die Holsteiner Grafen. So rief Mechthilde, die Witwe von König Abel und Tochter Adolfs IV. von Holstein, nach dem Tod ihres Mannes ihre Brüder, die Holsteiner Grafen Gerhard I. und Johann I., zur Hilfe gegen ihren Schwager Christoph I. (1252-1259). Dafür verpfändete sie ihnen ihren gesamten Grundbesitz zwischen Schlei und Eider einschließlich des Königsgutes. Und da die Brüder die Besitzungen weitergaben an holsteinische Edelleute, war die Ausgangsbasis geschaffen auch für den Erwerb von Grundbesitz in Angeln.

Das Vordringen der Holsteiner über Eider und Schlei war zugleich der Auslöser für einen hartnäckigen Kampf um das Herzogtum Schleswig zwischen den dänischen Königen und den Holsteiner Grafen. Er dauerte zwei Jahrhunderte, führte aber im Ergebnis zu einer engen Verbindung zwischen Holstein und Schleswig, zum Vertrag von Ripen im Jahre 1460.

Angeln hundert Jahre Kriegsschauplatz

Bei den Kämpfen um das Herzogtum und die Städte Schleswig und Flensburg war Angeln wiederholt Raubzügen feindlicher Heere ausgesetzt. Die Halbinsel muss man sich in jener Zeit als waldreich, aber schon relativ stark bevölkert vorstellen. In den Wäldern hausten noch Bären, Wildschweine und Wölfe, worauf Dorfnamen hindeuten wie Ulegraff oder Ulekuhl, die vom dänischen ulvegrav und ulvekule abgeleitet sind, was Wolfsgrab und -grube bedeutet. Aber Angeln war auch Grenzland. Nicht die Eider, sondern die Schlei und die nahe Landenge zwischen Selker Noor und Treene-Niederung bildeten die eigentliche Grenze, da hier das Land leichter zu verteidigen war als an der langen und krümmungsreichen Eider.

Besonders heftig wurde das Ringen um Schleswig nach dem Mord am Holsteiner Grafen Gerhard III., dem Großen (1292-1340), aus der Rendsburger Linie der Schauenburger. Als Quittung für sein deutliches Streben nach Vorherrschaft über das dänische Reich ermordete der Ritter Niels Ebbesen den übermächtigen „fremden Herrn“ beim Versuch, einen Aufstand in Jütland niederzuschlagen, in den Augen vieler Dänen eine Befreiungstat.

Es war das Ziel der dänischen Könige, die Königsgewalt und die Macht an der Südgrenze des Reiches zurückzugewinnen. Darum bemüht sich zunächst König Waldemar IV. Atterdag (1340-1375). Er zieht plündernd durch Angeln, belagert die Borneburg bei Boren und besetzt Flensburg. Nach einem erfolglosen Krieg gegen die Hansestädte muss er sich aber 1370 im Frieden von Stralsund ihrem Diktat beugen. Seine Tochter, die mächtige und listenreiche Königin Margrethe I. (1387-1412), als Ehefrau des Königs Haakon von Norwegen früh verwitwet, führt den Kampf um Schleswig weiter. Durch das bewährte Mittel der Pfandschaften gelingt es ihr, Schleswig als Teilfürstentum wieder enger an die Krone zu binden. Sie bekommt Harden, Güter, Schlösser und Städte, so auch die Burg Grödersby an der Schlei, als Pfand. Auch schafft sie es, durch Belehnungen einflussreiche ostanglische Edelleute wie Erich Krummendiek auf Rundhof, Klaus von der Wisch auf Gelting und Reimer von Sehestedt auf Buckhagen von der herzog-lichen auf die königliche Seite zu ziehen und damit wesentliche Teile des Adels, auch in Südjütland, zu gewinnen.

König Erich von Pommern, den Margrethe als Erben der drei Reiche des Nordens, nämlich Dänemark, Norwegen, Schweden, hatte krönen lassen – ein Enkel ihrer Schwester -, sieht in der Wiedergewinnung Schleswigs seine Lebensaufgabe. Er beginnt 1410 einen offenen Krieg um das Herzogtum mit einem Angriff auf Flensburg. Dort legt er die Festung Duburg an. Dann rückt er in Schleswig ein, kann aber die Burg Gottorf nicht erobern. An der Schlei errichtet er bei Missunde die Königsburg und eine weitere Burg bei Wellspang am Langsee. Bald aber wendet sich das Blatt. König Erich muss, von herzoglichen Truppen verfolgt, seine Festungen aufgeben und verliert schließlich 1431 Flensburg und die Duburg als letztes dänisches Bollwerk. Nach drei Jahren Waffenstillstand muss er 1435 im Frieden von Vordingborg dem Holsteiner Grafen Adolf VIII. den Besitz des Herzogtums Schleswig zuerkennen, und Erichs Nachfolger, König Christoph III. (1439-1448), belehnt schließlich 1440 den Holsteiner erblich und unbeschränkt mit dem gesamten Herzogtum.

Die Duburg, Darstellung auf dem Beyerschen Epitaph in der Flensburger Marienkirche. Die Burg wurde 1719 abgerissen

Da Adolf VIII. ohne Erben starb (1459), war das von den Schauenburgern angestrebte Ziel der Trennung Schleswigs von Dänemark und der Vereinigung der Herzogtümer unter dem gleichen Herrscher zunächst noch in Frage gestellt. Offen blieb damit auch die Forderung der holsteinischen Ritterschaft, die gelobt hatte, nur „einen Herrn über beide Lande" zu dulden, vor allem, weil sie, verwandtschaftlich eng verflochten und zum Schwurverband zusammengeschlossen, zahlreich im Herzogtum Schleswig ansässig geworden war.

Erst als die schleswigschen und holsteinischen Räte, gebildet von den Bischöfen von Schleswig und Lübeck sowie zehn Adligen, 1460 in Ripen König Christian I. von Oldenburg, den Neffen des verstorbenen Adolf VIII., zum Herzog von Schleswig und Grafen von Holstein gewählt hatten und zwar unter der Bedingung, „dat se bliven ewich tosamende ungedelt", waren die beiden Landesteile unter dem gleichen Herrscher, der ihnen auch ein hohes Maß an Autonomie zugestanden hatte, vereinigt. Schleswig blieb als deutsches Lehen für den Einfluss von Süden her offen, aber durch monarchische Personalunion eng verbunden mit Dänemark, ein Zusammenhalt, der gut 400 Jahre währte – bis 1864.

Festebauern, Bonden und Adelsmacht

Die Zuwanderung nach Angeln, die mit den Wikingern begann, setzte sich bis etwa zur Mitte des 14. Jahrhunderts verstärkt fort. Die Neusiedler waren überwiegend Jüten. Sie kamen von Norden entlang der alten Heerstraße über die Geest. Da die leichteren Böden schon besiedelt waren, ließen sie sich auf noch zu rodenden Waldböden nieder. So entstanden die Dörfer, deren Namen auf -lund, -skov, -rott, -twedt endeten, herzuleiten von altdänischen Wörtern für Roden. Über 150 Ortsnamen soll es um 1100 in Angeln gegeben haben, ein Indiz für eine schon relativ dichte Besiedlung.

Nach und nach wurden auch die schweren Böden Ostangelns in Kultur genommen, wo die silva geltinga, das Waldgebiet zwischen Geltinger Bucht und unterer Schlei, das Land noch weitgehend bedeckte. Dies war überwiegend Königsbesitz, und dort galt: „Was niemandem gehört, ist des Königs". Dabei unterschied man königliches Haus- oder Patrimonialgut, das in der Königsfamilie vererbt werden konnte, und Krongut, das dem jeweiligen Inhaber der Krone gehörte. Patrimonialgut war hauptsächlich als Streubesitz in Südostangeln verbreitet, und Krongut gab es als mehr geschlossenen Besitz um Gelting herum und im Schleimündungsgebiet.

König Waldemar II. hat das Krongut und die Einkünfte daraus in seinem Erdbuch von 1231 verzeichnen lassen. Die Bauern auf diesem Königsland waren so genannte Festebauern. Wer im Festeverhältnis stand, für dessen Ländereien galt laut Festebrief – die Bezeichnung ist von festmachen abgeleitet –, dass er nicht befugt war, „ohne Unsere ausdrückliche Consens davon etwas zu verkaufen, zu vertauschen, zu verpfänden oder zu verpachten; alles bei Verlust der Feste". Für die Nutzung des Landes, das nicht ihr Eigentum war, mussten die Festebauern bestimmte Abgaben sowie Hand- und Spanndienste leisten. Diese Pflichten galten auch, wenn sie auf Königslehen saßen, also auf Land, das an Ritter und Edelleute, Klöster, Kirchen oder den Bischof übergegangen war.

Soweit sich Angelns Boden nicht im Königsbesitz befand, und das war der größte Teil, gehörte er freien Bauern, den Bonden, vom dänischen Wort boende, der Wohnende, abgeleitet. Man spricht auch von Bohlsleuten, denn ihr Land war ein Bohl, später – wie in Holstein – auch in Schleswig eine Hufe. Und davon wiederum kommt die später übliche Bezeichnung Hufner. Zu den Pflichten der (freien) Bonden gehörte neben geringen Abgaben die Landesverteidigung, die „Heerfolge", auch Leding genannt. Das war wegen des damit verbundenen Rossdienstes eine zunehmend schwerer werdende Last, da in den Kriegen des Mittelalters die Reiterei immer mehr Gewicht bekam. Viele Bonden konnten diese Belastung, zu der eine kostspielige Rüstung gehörte, wirtschaftlich nicht durchhalten. Es gab auch Bonden, die königliche Privilegien genossen. Die Frigemaend unter ihnen, die freien Männer, zum Beispiel waren frei von Steuern.

Für den Wehrdienst mussten, zumal nach Aufhebung der allgemeinen Wehrpflicht, zusätzlich Freiwillige angeworben werden. Die fanden sich in der wohlhabenden Oberklasse und in den Kreisen, die den Krieg auch zum Beutemachen nutzen oder Ruhm erwerben

Zufahrt zum klassisch schönen Herrenhaus Lundsgaard, das der Ritter Conrad von der Wisch 1779 erbauen ließ

wollten. Damit entwickelten sich das Ritterwesen und der niedere Adelsstand. Für ihre Dienste wurden die Ritter mit Land entlohnt, und zwar entweder mit Königsland oder mit eroberten Ländereien belehnt. So entstanden auch in Angeln große, geschlossene, häufig befestigte Güter, deren Besitzer, Heermannen, Herrenmannen oder Großmannen genannt, größere Machtbefugnisse erwarben. Ihre Höfe waren frei von öffentlichen Lasten nach dem Motto: Sie tun genug für die Gesellschaft, denn sie halten ihren Hals für den König und den Frieden des Landes hin.

Diese Edelhof- oder Gutsbesitzer bildeten gemeinsam mit einigen freien Bauern im 13. und 14. Jahrhundert den eingesessenen jütischen und anglischen Adel. Er legte seine Besitzungen vorzugsweise außerhalb des Dorfes an und fügte dem Hofnamen gern die vom dänischen Wort für Hof abgeleitete Endsilbe -gaard hinzu, wie bei Lundsgaard, Rüggesgaard oder Norgaard. Der anglische Adel benannte sich nicht wie der holsteinische nach der Lage des Wohnortes oder des Stammsitzes, setzte also nicht das Wörtchen „von“ vor den Namen. Man ging schlicht patronymisch vor, hängte als Sohn üblicherweise dem Tauf-Vornamen des Vaters die Silbe -sen an, so dass zum Beispiel aus Thomas' Sohn Tamsen wurde. So gesehen gab es namentlich keinen Unterschied zwischen Adligen und anderen Bewohnern.

Die Edelhöfe in Angeln entstanden vor allem dort, wo Verteidigungsaufgaben wahrzunehmen waren, an der Fördeküste und an der Schlei. Nach der Einwanderung des holsteinischen Adels ab Ende des 13. Jahrhunderts verschmolz der anglische Adel vielfach durch Heirat mit dem holsteinischen oder wanderte nach Jütland aus. Auch sanken Adlige durch Verarmung in die Schicht der einfachen Bauern zurück. Um 1500 gab es nur noch wenige Angehörige des anglischen Adels.

Der holsteinische Adel ließ sich vorwiegend im östlichen Teil auf den schweren Böden nieder, in dem Gebiet des später so genannten I. Angler Güterdistrikts, der verwaltungsmäßig noch bis 1928 bestanden hat. Es waren die bekannten, heute ausgestorbenen Geschlechter der Lembeck, Krummendiek, Sehestedt, von der Herberge, von der Wisch, von Pogwisch, aber auch die noch lebenden der Rantzau,

Rumohr, Ahlefeldt. So zeichnet sich schon im Mittelalter das Bild der Siedlungsverteilung ab, das lange Zeit bestimmend war: in östlichen Teilen Großgrundbesitz, im übrigen Angeln Bauernland mit durchschnittlichen Besitzgrößen von 30 bis 50 und mehr Hektar.

Nach damaligem Recht durften Edelleute soviel Land als Eigenbesitz erwerben, wie es ihnen ihr Vermögen erlaubte. Da sie keine Wehrabgaben zu entrichten hatten, kauften einige Geschlechter Land in großem Umfang überall in Dörfern Ost- und Mittelangelns, und dort ließen sie Festebauern, auch freie Bauern, gegen Entgelt als Pächter wirtschaften. So entstanden zwischen den alten Siedlungsplätzen in geschlossenen Dörfern lockere Streusiedlungen, wobei den holsteinischen Adligen ein großer Anteil nicht nur an der Besiedlung, sondern ebenso an der Rodung und Kultivierung Angelns zugeschrieben wird. Im 17. Jahrhundert wurden aus ihren Besitzungen im Osten der Halbinsel mächtige kapitalistisch betriebene Wirtschaftshöfe, die nicht selten als Wasserburgen errichtet waren.

Im 18. Jahrhundert trat dann eine Rückbildung dieses Siedlungstyps ein. Die Blütezeit der Gutswirtschaft war vorbei. Viele Güter hatten sich hoch verschuldet, auch weil sich der Betrieb mit den am Wirtschaftsergebnis desinteressierten leibeigenen Bauern nicht mehr rentierte. Es musste Land verkauft werden. Viele Güter wurden parzelliert, wobei das Stammgut bestehen blieb und aus den Parzellen Einzelhöfe entstanden, die heute weiten Teilen der Kulturlandschaft Angelns das Gepräge geben.

Hintergrund dieser so genannten Parzellierung war insbesondere der Wunsch der Kopenhagener Regierung, die Staatsfinanzen aufzubessern. Daher betrieb sie eine Parzellierung und Privatisierung größeren Ausmaßes, vor allem durch Teilen und Niederlegen der königlichen Domänen. Für diese Aufgabe rief sie 1768 die Schleswig-Holsteinische Landkommission in Gottorf ins Leben, die zugleich im Sinne der volkswirtschaftlich angestrebten Bevölkerungsvermehrung möglichst viele, intensiv bewirtschaftete Familienstellen errichten sollte.

Zu den ältesten Adelshöfen in Angeln gehört Gelting, eine von breitem Wassergraben umgebene Dreiflügelanlage mit den typischen holländischen Schiebefenstern

In Angeln hatte die Güterparzellierung schon 1749 ihren Anfang genommen, als das Gut Schwensby in drei Teile zerlegt wurde. Es folgten die Domänen Satrupholm (1770) und Mohrkirchen (1779). Dann wurden Teilbereiche von Glücksburg und Gut Lindau sowie die Höfe Unewatt und Nübel aufgeteilt und als Parzellen verkauft. Der Übergang von der gemeinschaftlichen zur individuellen Felderbewirtschaftung zeichnete sich also schon ab, wie diese Vorgänge erkennen lassen.

Die unglückliche Leibeigenschaft

Herzog Friedrich I. von Gottorf war 1523 mit maßgeblicher Unterstützung von Adel und Gutsherrschaft gegen den als bauernfreundlich geltenden Christian II. zum König gewählt worden. Zum Dank dafür bestätigte und erweiterte er im „Privileg von 1524" die der Ritterschaft bisher schon eingeräumten Vergünstigungen. Durch diese Verordnung, wonach „Prälaten und Ritterschaft Hals und Hand oder das höchste Gericht über ihre Untersassen und Diener haben sollten ohne der Fürsten Einmischung" und „die Bonden und Lansten kein Gericht oder Gewalt über die Prälaten und Ritter haben sollten", vervollkommnete er die Macht der Gutsherren und der Geistlichkeit. Die den Grundherren nunmehr zugesprochene Hals- und Handgerichtsbarkeit sollte sich für sie in der Folge als wichtiges Zwangsmittel zur Schaffung von Leibeigenen, mit anderen Worten zur Sicherung der nötigen Arbeitskräfte für ihre eigene Wirtschaft erweisen.

Leibeigenschaft bedeutete persönliche Unfreiheit in Abhängigkeit vom Gutsherrn, Fronverpflichtungen wie Hand- und Spanndienste und Arbeitsleistungen vielerlei Art, Verbot der freien Mobilität (Schollenband) sowie Besitzlosigkeit an Hof und Land. Durch diese rechtlich-soziale, aber auch durch finanzielle und oft geistige Überlegenheit wurden die Adelsherren und Gutsbesitzer außerdem in die Lage versetzt, ihre Landflächen zu vergrößern und ihre Betriebe auszuweiten. So nahmen sie eigenmächtig ihre Besitzanteile aus der Gemengelage der damals in dörflichen Markgenossenschaften bebauten Ländereien heraus, entzogen sich damit dem „Flurzwang" der gemeinsamen Bewirtschaftung und schufen sich durch Kauf oder Tausch möglichst arrondierte Flächen. Ihre Ländereien koppelten sie weitflächig ein, auch durch Inanspruchnahme der Gemeinen Weide. Im übrigen nutzten sie jede Gelegenheit, wüst gefallene, also verlassene Hufen ihrem Gutsareal zuzuschlagen. Das kam bei Seuchen und in Kriegen häufig vor. Sie übernahmen aber auch schlecht bewirtschaftete Bauernstellen, was der Inhaber manchmal als Erleichterung empfand. Nur zu oft war die Landaufgabe durch die abhängigen Bauern aber die Folge unerträglicher Frondienste, die bei Vergrößerung des Hoffeldes der Güter nur noch härter wurden. Den Dienstpflichtigen fehlte dann die Zeit, die eigene Hufe ordnungsgemäß zu bewirtschaften.

Schließlich erfolgte auch ein ganz bewusstes Bauernlegen: Der Grundherr zog fremde Hufenanteile einfach ein, wenn sie ihm im Wege waren oder wenn darauf ein seiner Meinung nach aufsässiger Untertäniger saß. Da der Gutsherr ja zugleich Gerichtsherr war, standen den gutsuntergehörigen Bauern Rechtsmittel dagegen nicht zur Verfügung. Sie wurden auf die Weise vertrieben, zum landarmen Kätner oder zum landlosen Insten.

Schon Landesinspektor Friedrich-Wilhelm Otte hat diese Missstände der unglücklichen Leibeigenschaft, wie er sagt, in seinen „Bemerkungen über Angeln" 1791 unverhohlen kritisiert. Auf seiner Wanderung durch das zum Gut Roest gehörende Dorf Mehlby bei Kappeln begegneten ihm „unverkennbare Spuren der Armut und ein hoher Grad von Unreinlichkeit" in den „elenden Wohnungen" der leibeigenen Bewohner, berichtet er. Auf sein näheres Befragen hörte er „laute Klagen der Unzufriedenheit und des Mißmutes" von einer Hufnersfrau, die ihm versicherte, dass diese Hufe ohne Nebenverdienst durch Fuhren nach Kappeln nicht würde existieren können.

Nach der Gutsverfassung begann die Dienstpflicht des Leibeigenen schon mit dem 6. Lebensjahr als Gänse- und Schafjunge. Etwa mit dem 10. Lebensjahr wurde er Kleinjunge, mit 15 Jahren Großjunge und musste bei kleinem Verdienst bereits Feldarbeit leisten. Wollte er heiraten, war die Zustimmung des Gutsherrn erforderlich. So hatte der leibeigene Böttcher Gerth T. des Gutes Roest die Tochter Catharina eines Kappelner Bürgers geschwängert und wollte sie heiraten. Auf untertäniges Bitten des Leibeigenen ließ sich Kammerherr H. A. Rumohr auf Roest erweichen, der Heirat unter der Bedingung zuzustimmen, dass auch Catharina sich und ihre Erben zu Leibeigenen

Die ausgedehnte Hofanlage des Gutes Roest. Ihm galt in der Zeit der Leibeigenschaft das besondere Interesse von Landesinspektor Otte bei seiner Angeln-Wanderung

des Gutes erkläre, was dann per Handschlag sowie schriftlich geschah.

Auch litten die gutsuntertänigen Bauern sehr unter der 1687 eingeführten Kontribution, einer Art Grundsteuer für die Kriegskasse in Rendsburg, von der die Gutsbesitzer zumindest mit ihren naheliegenden Hofländereien befreit waren. Die Kontribution, die nach Pflügen berechnet wurde, das heißt nach der Größe einer Feldmark, für deren Bearbeitung ein Pflug nötig war, variierte in der Höhe je nach der politischen Lage. Sie stieg zum Beispiel nach dem Nordischen Krieg von drei auf 12 Reichstaler und erreichte im 18. Jahrhundert 27 Reichstaler pro Pflug Landes, was auf schweren Böden etwa 50 bis 60 Hektar entsprach. Die Gutsbesitzer andererseits waren von Zöllen für die von ihnen exportierten Produkte befreit und hatten keine Stempelsteuer zu entrichten. In ihrem ganzen Bezirk, auch auf den Ländereien der Bauern, hatten sie ferner das Jagd- und Fischereirecht. Zudem fielen ihnen, da sie volle Gerichtsbarkeit besaßen, die auf Grund von Urteilen zu zahlenden Brüchen und Sporteln zu.

Pioniere der Holländerei

Bei aller Kritik am oft rücksichtslosen Verhalten der Angelner Gutswirtschaft ist andererseits unverkennbar, dass sie den agrarischen Fortschritt befördert hat, und dies letztlich zum Nutzen der gesamten Landwirtschaft Angelns. Die Güter forcierten die Schweinemast, zunächst in den Waldungen, und zwar nicht allein mit eigenen, sondern auch mit fremden Schweinen, für die ein Mastgeld kassiert wurde, auf Basis der Vertragsmast, wie man heute sagen würde. Das Gut Rundhof soll auf die Weise bis zu 1500 Tiere jährlich gemästet haben. Da die Erträge aus der Schweinemast wegen unterschiedlichen Anfalls von Eicheln und Bucheckern stark schwankten, nahmen einige Güter im 17. Jahrhundert die Ochsenmast auf, auch durch Magerviehzukauf. Soweit der Platz auf dem eigenen Hof nicht ausreichte, wurde das Vieh im Winter bei den abhängigen und bei freien Bauern gegen Bezahlung zur Fütterung eingestellt, im Frühjahr auf die Weide getrieben und im Herbst als Mastvieh verkauft. Als neuen Zweig begründeten einige Güter auch die Teichwirtschaft.

Bereits von etwa 1630 an begannen die Großgrundbesitzer neben Getreideanbau und Ochsenmast eine umfangreiche Milchwirtschaft aufzubauen, und zwar vorwiegend im Wege der so genannten Holländerei: Der gesamte Rindviehbestand wurde an Holländer verpachtet, die aus Glaubensgründen – als Reformierte, Mennoniten und Wiedertäufer – aus der Heimat vertrieben worden waren und auf diesem Gebiet als Fachleute galten. Später spezialisierten sich auch Nicht-Holländer auf diese Tätigkeit; man nannte sie aber weiterhin Holländer. Sie arbeiteten durchweg auf eigene Rechnung, und einige von ihnen erwirtschafteten einen so guten Verdienst, dass sie selbst Güter pachteten.

In Angeln entstanden so die ersten Holländereien, meistens etwas abseits vom Gutshof errichtete Gebäude, in denen der Holländer, seine Ehefrau und/oder so genannte Meierinnen Milch zu Butter und Käse verarbeiteten. Rundhof betrieb schon 1593 mit etwa 70 bis 80 Milchkühen erfolgreich Butterei und Käserei und verfügte über große Magermilchmengen für die Schweinemast. 1725 hatte Rundhof bereits 300 Kühe. Allerdings lagen die Milchleistungen der Kühe mit zwei bis drei Litern pro Tag noch weit unter den heutigen.

Bis zu einem Viertel der Landfläche Angelns war Ende des 17. Jahrhunderts wohl in Händen adliger Güter. Zu den ältesten Adelshöfen im I. Angler Güterdistrikt zählen Gelting, Rundhof, Roest und Buckhagen. Alte Adelshöfe sind auch Lindau an der Schlei, Lundsgaard und Satrupholm. Aus Teilen ihres umfangreichen Grundbesitzes oder durch Bauernlegen wurden wiederum Meierhöfe gebildet, also unabhängig vom Haupthof bewirtschaftete – oft an Gutsverwalter – zeitverpachtete Höfe. Beispiele sind Dollrott (zu Satrupholm), Toestorf (zu Roest), Drült (zu Rundhof) oder Nottfeld (zu Lindau). Außerdem gab es noch Kanzleigüter, die ihrem Status nach mit wenigen Privilegien ausgestattet waren, und zwar Grumbyhof, Tolkschuby und Winning, für kurze Zeit auch Loithof.

Wüstungen und die Spur des Schwarzen Todes

Leibeigenschaft und Bauernlegen sind auch Ursache dafür, dass seit dem Mittelalter in Angeln nicht nur einzelne Höfe, sondern ganze Dörfer verschwanden und der Siedlungsausbau stellenweise zum Stillstand kam. Zwar ist die Forschung über das Folgeproblem, die so genannte Wüstung, noch lückenhaft; doch einige Beispiele dafür aus dem 16. Jahrhundert sind authentisch. Danach gelten im Bereich der Güter Buckhagen, Dollrott, Düttebüll, Gelting, Oehe und Toestorf eine ganze Reihe von Hufen unzweifelhaft als gelegt oder „wüst gefallen“. Das ist den Zehntregistern zu entnehmen, in denen die Abgaben der Bauern verzeichnet sind.

Hauseingang einer alten, in Fachwerk erbauten Katenstelle in Lindau

Doch in zeitgenössischen Berichten ist schon früher, bereits im 14. Jahrhundert, immer wieder von „wuste veltmarken" und „vorstorvede dorpere" die Rede. Für die Wüstungsperioden gibt es also noch andere Gründe. Zu Beginn des 14. Jahrhunderts, vor allem zwischen 1314 und 1317, herrschte in weiten Teilen Europas Hungersnot, möglicherweise klimatisch bedingt oder die Folge einer tiefen wirtschaftlichen Depression. Auch blieben für die Bevölkerungsdichte die kriegerischen Auseinandersetzungen an vielen Orten nicht ohne einschneidende Konsequenzen.

Bei der Verödung großer Gebiete der Cimbrischen Halbinsel und ebenso Angelns scheint außerdem der Schwarze Tod mitgespielt zu haben, eine stark ansteckende Lungen- oder Beulenpest, die in den vierziger Jahren des 14. Jahrhunderts viele unterernährte Menschen dahinraffte. In Angeln werden aus dieser Zeit ungefähr 50 Ortswüstungen gezählt. Im damaligen Dänemark ist nach Berichten dänischer Historiker fast die halbe Bevölkerung an dieser Pestart zugrunde gegangen. Und es soll große Schwierigkeiten bereitet haben, die wüst gefallenen Ländereien später wieder mit Bauern zu besetzen. Zur Abhilfe wurde damals die Einführung einer Art Schollenpflicht erörtert.

Dieser ersten Wüstungsperiode sollte jedoch noch eine zweite im 17. Jahrhundert folgen mit umfangreichen Orts- und Kulturlandwüstungen. Ursache waren der 30jährige Krieg und die mit dem Kriegselend erneut eingeschleppte Pest, die die Bevölkerung erheblich dezimierten. Viele Bauern wurden in den Ruin getrieben. In den östlichen Teilen Angelns nutzte der Adel erneut die Chance, sich verlassene Höfe und wüst liegende Ländereien anzueignen. Dies trug weiter zur Entwicklung der Gutswirtschaft und der damit verbundenen Landkonzentration in weniger Händen, zur Bildung großer, zusammenhängender Felder bei. Allerdings sind auch Verlagerungen von Dörfern festzustellen. In der zweiten Hälfte des 18. Jahrhunderts tritt dann, wie geschildert, insbesondere durch die von Regierungsseite geförderten Parzellierungen eine Rückbildung der Gutswirtschaft ein, und zwar mit abnehmender Intensität von Westen nach Osten.

Insgesamt gesehen steht beim Vergleich mit der Bevölkerungsdichte im 12. Jahrhundert dieser Entsiedlung ein Positivsaldo der Besiedlung gegenüber. Denn seitdem sind die großen zusammenhängenden Waldungen zwischen den Siedlungskammern vielerorts verschwunden, und an zahlreichen Stellen stehen neue Bauernhäuser, in Fachwerk erbaut, auch Katenstellen, in denen nachgeborene Bauernsöhne mit ihren Familien leben. Zudem finden sich neue Wirtschaftsgebäude, damals noch in Holz mit Bohlenfüllung. Und immer mehr Kirchen bestimmen das Siedlungsbild der Dörfer. Die größeren Orte liegen in Süd- und Nordangeln, die kleineren im Westen. Angeln gilt von nun an als dicht besiedeltes Bauernland.

„Mit dem Recht das Land aufbauen"

Im Schleswigschen hat das von König Waldemar II. kodifizierte Jütische Recht – anders als im Ursprungsland Dänemark, wo es 1683 vom Dänischen Recht Christians V. abgelöst wurde – bis zur Einführung des Bürgerlichen Gesetzbuches im Jahr 1900 Geltung behalten. Diese Tatsache führen Historiker und Juristen auf seine Wirklichkeitsnähe und seinen hohen Anspruch zurück. Das Jütische Recht hatte daher im Norden weite Verbreitung gefunden. „Mit dem Recht soll man das Land aufbauen" oder – auf dänisch – „Med Lov skal Land bygges" hieß es recht anspruchsvoll schon im Gesetzesprolog. Viele praxisnahe Paragraphen dieses umfassenden Gesetzes regelten das ländliche Leben im Einzelnen. So waren darin beispielsweise Strafen festgesetzt für das Abpflügen von Ackerstreifen des Nachbarn, eine Bestimmung, die durch das System der Markgenossenschaften notwendig, mit seinem Ende dann aber hinfällig wurde.

Anders als die Rechtsetzung war die Verwaltung im Schleswigschen noch bis ins 19. Jahrhundert verworren und kompliziert. H.N.A. Jensen, der sie erlebt hat, vergleicht sie in seinem Angelnbuch mit einem „Narrenrock, aus lauter bunten Lappen zusammengesetzt". Auf einer Viertel Quadratmeile in der Gegend zwischen Steinberg und Esgrus hatte er nicht weniger als zehn Jurisdiktionen entdeckt. Wegen der Buntscheckigkeit, wie sie sich in der Gottorfer Zeit bot, kann die Verwaltung Angelns hier nur in den Grundzügen aufgezeigt werden.

Als unterste Gebietskörperschaft der Rechtsprechung und Verwaltung galt die Markgenossenschaft.

Da man sich diese selbst geschaffen hatte, war sie nicht eingebunden in die Verwaltungs- und Rechtsorganisation. Unterste rechtliche Einheit war vielmehr die Harde. Das Alter der Hardeneinteilung ist zwar ungeklärt; bekannt ist aber, dass Angeln ursprünglich aus vier Harden bestand: der Husbyharde im Nordwesten, der Uggelharde im Mittelwesten, der Struxdorfharde in der südlichen Mitte Angelns und der Schliesharde im Süden an der Schlei. Hinzu kam um 1200 die Nieharde im Osten, die, wie der vom Plattdeutschen „nie" (neu) abgeleitete Name sagt, neubesiedeltes Gebiet umfasste. Mit Ausnahme der Nieharde waren alle anderen Harden in sogenannte Trinte oder Viertel eingeteilt.

An der Spitze der Harde stand der Hardesvogt, dessen Amt vermutlich hervorgegangen ist aus dem des dänischen Ombudsmand, der vom König aus der Reihe der Herrenmannen, der Leute, die bei ihm eine Sonderstellung inne hatten, ernannt wurde. Der Hardesvogt, anfangs ein Bauer, im späten 17. Jahrhundert ein studierter Jurist, gewann im Laufe der Zeit immer mehr Einfluss auf die Rechtspflege in der Harde, war alleiniger Richter, Polizeiherr und Hebungsbeamter für die Steuern.

Die Harde war zugleich Gerichtsbezirk. Rechtsetzung und Rechtsprechung lagen bei der Gesamtheit der freien Männer, die auf dem – abseits vom Dorf, oft bei der Kirche gelegenen – Thingplatz oder Dingplatz zusammenkamen. Die genaue Lage der Thingplätze der fünf Angelner Harden ist noch heute bekannt. Innerhalb der Nieharde hatte das ursprüngliche Gebiet der Krone – das waren die Kirchspiele Gelting und Kappeln – ein besonderes Gericht, das Birkgericht mit einem Birkvogt an der Spitze. Mit diesem Sonderrecht hängt es möglicherweise zusammen, dass sich hier später die Leibeigenschaft durchsetzen ließ.

Am Hardesthing konnten alle freien Bauern teilnehmen. Aber nur Vertreter der unabhängigen Bauern, der Bonden, durften Recht sprechen. Daher auch der Name Bondengericht. Je nach Verhandlungsgegenstand wurden entweder 12 „Herredsnævn" (Hardesernannte) oder die vom Hardesvogt für das jeweilige Thing ernannten Neffninge (Geschworene) oder die acht vom König auf Lebenszeit ernannten „Sand- oder Wahrmänner" herangezogen. Diese Wahrmänner bildeten ein Schwurkollegium, das die vorliegenden Tatbestände zu untersuchen und dann durch Eid über Unschuld, Schuld oder Verbrechen zu entscheiden hatte.

Ursprünglich unterstanden alle Einwohner der Harde dem Thing und der Verwaltung des Hardesvogts. Nach und nach aber wurden die Harden von anderen Grundhoheits- und Jurisdiktionsgebieten durchsetzt. Denn es ging immer mehr Grundeigentum in hardenfremde Hände über, an das Domkapitel, den

Kummerhy, religiöses Zentrum, bronzezeitliche Grabstätte und vermutlich auch Thingplatz, westlich des Thorsberger Moores gelegen

Mein Angeln.

In Deutschlands hohem Norden, bespült vom Ostseestrand,
Da liegt das teure Ländchen, wo meine Wiege stand.
Es ist seit alten Zeiten bekannt und hochgeehrt,
Und ist mir auf der Erde kein Fleck so lieb und wert.
O Heimat, o Heimat, wie lieb ich dich,
Wie lieb ich dich mein Angeln, wie lieb ich Heimat dich.

Nicht hohe, stolze Berge, nicht Schluchten schauerlich,
Nicht eines Gießbachs Schaume zeigt hier dem Auge sich.
Doch reiche Saatenfelder und lieblich grüne Au'n
Und Hügel, Busch und Wälder sind überall zu schau'n.
O Heimat, o Heimat, wie schön bist du,
Wie schön bist du mein Angeln, wie schön bist Heimat du.

Wie freundlich deine Dörfer mit ihren Schluchten hier,
Darüber ragt der Schersberg in seinem Prachtrevier.
Und an der Landesküste die blaue See mir blinkt.
Und liebliche Gestade nach drüben Grüße winkt.
:,: O Heimat, o Heimat, wie schön etc. :,:

Ja, schön bist du mein Angeln, doch was dich schöner macht,
Das ist, daß fromme Sitte und deutsche Treu' hier wacht.
Das du in schweren Zeiten das Kleinod dir bewahrt.
Das unsere Väter zierte, die rechte deutsche Art.
:,: O Heimat, o Heimat, wie schön etc. :,:

Stets lieb bleibt mir das Ländchen, wo Liebe mich erzog;
Es soll mein Angeln leben, es lebe dreimal hoch,
O guter Vater droben, sei du der Heimat Hort
Und segne sie mit Frieden, mit Wohlfahrt fort und fort.
O Heimat, o Heimat, dich schütze Gott,
Gott schütze dich mein Angeln, die Heimat schütze Gott.

Schmidt.

Das Wappen von Angeln, das Heraldiker heute für das „Richtige“ halten.

Vom Angeln-Lied gibt es – je nach Region – mehrere, wahrscheinlich vier Versionen. In dieser Fassung wird es vorzugsweise in Mittelangeln gesungen

Bischof, an Äbte oder adlige Grundherren, die seit 1524 eigene Rechtshoheit besaßen und damit auch eigene Gerichte für ihre Unterhörigen hatten. Häufig begaben sich freie Bauern in Schutz und Abhängigkeit von Adligen und Gutsherren, um sich dann von ihnen vor dem Thing vertreten zu lassen.

Auch solche Gebiete wurden später als Harden bezeichnet, die aus ihrer bisherigen Grundherrschaft, etwa eines Klosters, gelöst und in die Verwaltung des Herzogtums Schleswig übernommen wurden. So entstanden 1702 die Füsingharde, die bald darauf mit der Schliesharde vereinigt wurde, 1771 die Satrupharde, 1777 die Mohrkirchharde, 1779 die Munkbrarupharde und 1853 die Kappelner Harde.

Jeder Hardesvogt hatte sein eigenes Siegel. Daraus wurden vielfach die Hardessymbole, und danach hat ein unbekannter Maler das – 1847 in Kiel auf einer Versammlung der deutschen Land- und Forstwirte zum ersten Mal gezeigte – Angelner Wappen geschaffen. Dieses Wappen hat, wenngleich es nach Ansicht der Heraldiker nicht korrekt ist, einen hohen Bekanntheitsgrad erreicht. Es zeigt neun Felder. Acht davon symbolisieren die Harden; die Uggelharde fehlt. Die Hardenwappen gruppieren sich um das mittlere Feld mit zwei blauen Löwen auf goldenem Grund, das den I. Angler Güterdistrikt repräsentiert, also die Güter im Osten der Landschaft, die nicht der Hardengerichtsbarkeit unterstanden.

Die Wappenanordnung zeigt in der oberen Reihe die Symbole für die Husby-, die Munkbrarup- und die Nieharde. In der zweiten Reihe folgen links vom Mittelfeld die Schlies- und rechts die Struxdorfharde. Die dritte Reihe schließlich zeigt die Satrup-, die Mohrkirch- und die Füsingharde. Das Symbol der Husbyharde ist umstritten. Das Wappen von 1847 zeigt noch ein pfeildurchbohrtes Herz. Nachdem man jedoch in den 1930er Jahren ein Husbyer Hardessiegel mit dem Wappenbild eines Profanbaues aus früherer Zeit gefunden hat, gilt das Haussymbol als das „Richtige".

Den Harden übergeordnete Verwaltungsgebiete in Angeln waren die Syssel. Über diesen Namen und sein Alter gibt es nur Vermutungen. Wie bei der Harde mag die Entstehung der Syssel mit dem Wehrpflichtwesen, der altnordischen Ledingspflicht, zu tun gehabt haben, wonach der dänische Herrscher aus bestimmten Gebieten ein festes Aufgebot von Kriegern und Schiffen verlangen konnte. Südjütland wies drei Syssel auf, unter anderem den Idstedt-Syssel, zu dem Angeln gehörte. Dieser erstreckte sich quer durchs Land, von der Ostsee- bis zur Nordseeküste. Allerdings erlangten die Syssel als Verwaltungs- und Gerichtsbezirke kaum Bedeutung. Zur wichtigsten Aufsichtsbehörde über die Lokalverwaltung einschließlich Rechtsprechung und Finanzwirtschaft entwickelten sich die Ämter. Das Amt Flensburg umfasste die Nordhälfte Angelns, das Amt Gottorf den südlichen Teil.

An der Spitze eines Amtes stand der Amtmann. Er gehörte zu den gut bezahlten Oberbeamten, obgleich er im Wesentlichen nur repräsentative Aufgaben zu erfüllen hatte. Im Mittelalter waren die Amtmänner ausschließlich Angehörige des Adels. Bei ihnen lag die Oberleitung in allen Verwaltungsangelegenheiten. Sie konnten auch im Thing den Vorsitz bekommen, hatten allerdings im Unterschied zu den Hardesvögten kein Stimmrecht.

Schleswiger Dom Sankt Petri, das 112 Meter hohe Wahrzeichen der Stadt. 1894 wurde der Turm eingeweiht, seitdem aber verändert.

Die kleine Kirche in Uelsby, im 13. Jahrhundert etwas abseits vom Dorf in stiller Lage erbaut

Was lange währt – Christianisierung und Kirchspielorganisation

Den Christianisierungsversuchen war im Norden zunächst wenig Erfolg beschieden. Zwar gilt Bischof Ansgar, der Begründer der Nordischen Mission im 9. Jahrhundert, als eine ihrer wegweisenden Persönlichkeiten; doch beschränkte sich sein Wirken im Wesentlichen auf einige Handelszentren, unter ihnen Schleswig. An Angeln gingen auch nach der ersten Jahrtausendwende die Missionsbemühungen des mächtigen Erzbischofs Adalbert von Hamburg-Bremen weitgehend vorbei, obgleich die anglische Halbinsel organisatorisch bereits zum Bistum Schleswig gehörte, wo vermutlich am Südufer der Schlei die erste, für Angeln zuständige hölzerne Pfarr- und Bischofskirche errichtet worden war. Genauso wenig änderte sich, als Schleswig gegen Ende des 11. Jahrhunderts dem Erzbistum Lund im dänischen Schonen unterstellt wurde.

Erst die erfolgreiche Expansionspolitik Knuds IV. und Waldemars II. und die dann etwa Mitte des 12. Jahrhunderts begonnene wirtschaftliche Blütezeit für das dänische Reich ermöglichte, wie der Kirchenhistoriker Lorenz Hein nachweist, die Entfaltung von Herzogtum und Bistum, die sich bei der Christianisierung gegenseitig stützten. Diese Friedensperiode bot günstige Voraussetzungen für den Aufbau einer Pfarrorganisation in Angeln. Denn die konnte nur mit der Hilfe und den Mitteln des Königs gelingen, und schon Waldemar I. hatte das Bistum Schleswig und die dazu gehörenden Kirchspiele mit großen Landschenkungen beglückt.

So war nach 1150 das Bistum Schleswig weitgehend organisiert und hatte so gute Einnahmen, dass mit Kirchenbauten begonnen werden konnte. Schon eingeleitet war die Bauperiode mit der Errichtung eines Doms aus Stein am Nordufer der Schlei, vermutlich in der Zeit von Bischof Alberus (1122-1135), der auch Kirchspiele in Angeln gegründet haben soll. In Quellen aus dem Jahr 1134 wird eine Kathedralkirche urkundlich erwähnt. Nach ihrer Fertigstellung bildeten sich Kirchspiele mit Pfarrkirchen im Mittelpunkt. Damals reichte die Diözese Schleswig noch bis in den Westteil des heutigen Nordschleswig, nach Alsen und bis zur Insel Ærø.

Und was Angeln betrifft, so passt der Satz: „Was lange währt, wird endlich gut." Nachdem lange nichts geschehen war, ist dort dann in der erstaunlich kurzen Zeit von hundert Jahren, zwischen 1150 und 1250, die gesamte Kirchspielorganisation aufgebaut worden. Und um 1200 gab es in Angeln bereits 21 Kirchen und Kirchspiele. Darunter waren vermutlich vier Urkirchspiele, nämlich Husby, Struxdorf, Norderbrarup und Sieverstedt oder Eggebek mit ansehnlichen Kirchenbauten und einer ganzen Reihe von Tochterkirchen und kleineren Kirchspielen. Schon damals wurden häufig, wie noch heute, zwei Kirchen von einem Geistlichen betreut. Für den schnellen Aufbau der Pfarrorganisation war von großem Vorteil, dass man sich an die vorhandene Verwaltungseinteilung in Harden anlehnte. Zügig folgte zwischen 1200 und 1250 der Bau weiterer 17 Kirchen.

Die Entstehung so vieler Gotteshäuser in relativ kurzem Zeitraum wird auf die Attraktivität Angelns als Hinterland der Handels- und Bischofsstadt Schleswig zurückgeführt und die daher rührende starke Wirtschafts- und Siedlungstätigkeit. Sie machte den Ausbau der Pfarrorganisation zu einem dringenden Erfordernis. Auch Flensburg, hervorgegangen aus dem St.

Johanniskirchspiel, begann sich etwa ab 1200 zu einer Handelsstadt zu entwickeln. Als Absatzmarkt für beide Städte gewann Angeln zunehmend an Bedeutung. So erklärt es sich, dass Angeln heute, auf die Fläche bezogen, die meisten mittelalterlichen Kirchen in Schleswig-Holstein aufweist. „Steinerne Zeugen des Evangeliums von Jesus Christus, Predigten aus Stein" nennt der Kirchenhistoriker Lorenz Hein die romanischen Gotteshäuser in Angeln. Sie seien kunsthistorisch, aber auch geistesgeschichtlich ein besonderer Schatz Schleswig-Holsteins.

Strenges Regime von Bischof und Domkapitel

Angeln gehörte als eigene Propstei zum Bistum Schleswig. Der Bischof hatte seinen Wohnsitz nördlich der Stadt, dort, wo beim Gut Falkenberg noch Reste einer Burgbefestigung erkennbar sind. Wie überliefert ist, wurde die Burg zerstört, so dass sich der Bischof eine neue Residenz erbauen ließ. Sie lag an der Stelle des heutigen Schlosses Gottorf, musste aber 1268 an den Herzog abgetreten werden. Daraufhin verlegte der Bischof seinen Hauptsitz nach Schwabstedt an der Treene.

Der Bischof hatte das Recht der kirchlichen Besteuerung. Die Grundbesitzer aller Kirchspiele seiner Diözese mussten als „Kirchensteuer" den Zehnten entrichten, den zehnten Teil der Getreideernte und des neugeborenen Viehs oder dessen Wert. Diese Abgabe war dreigeteilt, ein Drittel bekam der Bischof (Bischofszehnter), ein Drittel der Kirchherr der Pfarrei (Ortspfarrer) und ein Drittel diente zur baulichen Unterhaltung der Kirche und für Neubauten.

Für die Verwaltung seiner Diözese und für die Gottesdienste zog der Bischof Geistliche heran. Diese Domherren oder Kanoniker wohnten zunächst am Dom und lebten nach den Benediktiner-Regeln des Augustinus in Gemeinschaft. Schon Ende des 12. Jahrhunderts lösten sie diese Gemeinschaft auf, verweltlichten und erwarben große Vermögen und damit immer mehr Einfluss. Um 1250 bildeten sie das „Domkapitel", einen Beirat des Bischofs. Dies war eine selbständige Korporation von zuerst acht, später 24 Domherren, die das vom Bischofsgut getrennte Vermögen und die als Präbenden bezeichneten Einnahmen unter sich aufteilten.

Bischof und Schleswiger Domkapitel besaßen umfangreiche Ländereien, die ihnen durch Schenkungen vom Herzog oder anderen Grundherren vermacht waren, die sie zum Teil aber auch käuflich erworben hatten. Zum bischöflichen Grundbesitz gehörten in Angeln das Dorf Füsing und der größte Teil von Taarstedt. Hier waren die Bohlsleute bischöfliche Festebauern. Sie unterstanden nicht dem Hardesvogt der Schliesharde, sondern der bischöflichen Vogtei Füsing. Dorthin entrichteten sie ihre Abgabe, dort hatten sie auch vor Gericht zu erscheinen, unterstanden also nicht den Hardesgerichten. Das Grundeigentum des Domkapitels in Angeln war auf vier Vogteien aufgeteilt: Ulsnis, Berend, Grödersby und Gammelbygaard. Am Ende des Mittelalters war das Domkapitel, dessen Mitglieder meist Adlige waren, vermögender und einflussreicher als der Bischof.

An der Spitze des Schleswiger Domkapitels standen drei Prälaten, die vom Kapitel gewählt wurden: der Dompropst, der Archidiakon und der Kantor. Der Propst vertrat das Kapitel nach außen und leitete die Kapitelversammlungen. Der Archidiakon war der zweithöchste Würdenträger, Inhaber der geistlichen Gerichtsbarkeit, Kanzler und Geschäftsführer des Kapitels. Ihm unterstand auch die Propstei Angeln. Der Kantor schließlich hatte die gottesdienstlichen Pflichten zu erledigen. Die eigentliche Aufgabe der Pröpste bestand darin, in regelmäßigen Visitationen darüber zu wachen, dass das kirchliche Leben sich im Rahmen des von der geistlichen Obrigkeit geforderten Gehorsams bewegte. Sie hatten Ehebruch, Meineid, Unzucht, Wucher zu bekämpfen und okkulte Praktiken wie alten Götterglauben, Geistererzählungen, heidnische Zauberformeln, Besprechen von Krankheiten und was es sonst alles gab – wohl mehr noch als in heutzutage. Sie mussten bei Nichteinhaltung kirchlicher Feiertage, Entweihung von Gotteshäusern, Unordnung in Kirchen oder auf Friedhöfen ihres Amtes walten und Schuldige bestrafen.

In diesem Zusammenhang ist auch an die Anfänge der Schleswiger Domschule zu erinnern, die etwa bei 1100 n.Chr., vielleicht schon davor liegen. Für den Priesternachwuchs, die Scholaren oder fratres majores, am Schleswiger Dom St. Peter war das Kapitel nach damaliger Ordnung gehalten, bei der Hauptkirche des Bistums eine Kathedralschule einzurichten. Die Tochter eines Drosteiverwalters hatte in einem

Testament von 1307 für diesen Zweck einiges Silbergeld hinterlassen. Um die theologische Bildung weiter zu heben, beschlossen Bischof und Domkapitel 1461, ein Lektorat zu schaffen. Dafür wurde ein Theologieprofessor eingesetzt, der einmal die Woche Vorlesungen für die Geistlichen am Dom zu halten hatte. In den Jahren nach der Reformation veränderte die Domschule ihren Charakter; sie wurde im Laufe der Zeit, insbesondere nach der Schulreform des Generalsuperintendenten Jakob G. C. Adler von 1808, zu einer reinen Gelehrtenschule.

Drei Klöster – die grossen Grundherren

Drei Klöster gab es in Angeln. Sie wurzelten ursprünglich alle im Benediktinerorden: das Rudekloster oder Rüdekloster in Nordangeln, das Schleswiger Benediktiner-Nonnenkloster St. Johannis und das Kloster Mohrkirchen. Alle verfügten über umfangreichen Grundbesitz in Angeln.

Das Rudekloster, um 1040 von Bischof Rudolf von Schleswig gegründet, weist eine bewegte Vergangenheit auf. Seinen ersten Standort hatte es als Kloster St. Michael im Gebiet der Schleswiger Michaeliskirche, und zwar als Doppelkloster. Auf einer Seite wohnten die Mönche, auf der anderen Seite die Nonnen. Aus Gründen, die der Fantasie vorbehalten bleiben, wurden die männlichen Klosterbewohner auf Veranlassung von Bischof Waldemar nach Guldholm (Güldenholm) am Langsee verlegt. Damit einher ging die Einführung der strengen Zisterzienserregeln.

Seinen endgültigen Platz erhielt das Kloster 1209 durch Umsiedlung in das Gebiet des heutigen Glücksburg/Munkbrarup. Der frühere Grundbesitz in Südwestangeln (Kahleby, Nübel, Brekling) wurde eingetauscht gegen Flächen in der Nähe des neuen Standortes im Kirchspiel Munkbrarup (munk = Mönch) und auf Broager. Hinzu kamen Streuflächen, teilweise auch außerhalb Angelns. Der Zisterzienserorden errichtete die Klostergebäude auf dem Gelände des jetzigen Schlossteiches, der erst später beim Schlossbau aufgestaut worden ist. Nach der Lage des Klosters bei Rüde bekam es vermutlich den Namen Rudekloster. Die Kirchen von Munkbrarup, Grundhof und Broager hatten den bischöflichen Zehnten an das Kloster zu entrichten. Die Mönche, für die Beten und Arbeiten (orare et laborare) zusammengehörten, verwandelten Natur- in Kulturland. Und sie waren auch hier beispielgebend für fortschrittliche Landbewirtschaftung. Von den drei Angelner Klöstern galt das Rudekloster als das wohlhabendste.

Grundlegend änderte sich die Situation, als sich der Konvent des Rudeklosters 1528 unter Abt Johannes Hildebrandt der Reformation anschloss. Zehn Jahre später wurde das Kloster säkularisiert und gelangte mit allen Besitzungen in königliche Hand. König Friedrich II. von Dänemark übereignete es seinem Bruder, dem Sonderburger Herzog Hans dem Jüngeren. Dieser erhielt so zu seinen anderen Besitzungen im nördlichen Schleswig und in Holstein ein kleines Herzogtum beiderseits der Förde, das er in den folgenden Jahren durch Erwerb der Angelner Güter Unewatt, Nübel und Norgaard abrundete, wobei er sich nicht scheute, auch Bauernstellen niederzulegen und einzuziehen. Die Klostergebäude ließ er abbrechen und baute sich zum Teil mit den Steinen des Klosters nach dem Wahlspruch „Gott gebe Glück mit Frieden" 1582 das repräsentative Glücksburger Schloss. Heute ist von den Rudeklostergebäuden nichts mehr vorhanden außer Mauerresten, die beim Ablassen des Wassers noch am Grund des Schlossteichs zu sehen sein sollen.

Das Herzogtum Glücksburg fiel 1779, nachdem es sechs Generationen lang in herzoglicher Hand gewesen war, an die dänische Krone zurück. Als Munkbrarupharde, zu der außer dem Kirchspiel Munkbrarup mit Glücksburg das Kirchspiel Neukirchen und Teile des Kirchspiels Rüllschau gehörten, wurde es dem Amt Flensburg unterstellt. Das Symbol der Munkbrarupharde ist der glühende Rost, auf dem nach der Legende St. Laurentius gemartert worden sein soll; es findet sich im Angelner Wappen wieder.

Das Johanniskloster in Schleswig ist mit seinen mittelalterlichen Anlagen, vor allem mit Kirche, Klausur und Kreuzgang, bis in die Gegenwart ziemlich unverändert geblieben und gilt heute in seiner parkähnlichen Anlage als am besten erhaltener Klosterkomplex Schleswig-Holsteins. Das Kloster wurde während der Reformation nicht säkularisiert, sondern 1527 unter Beibehaltung der alten Rechte und Privilegien in ein adliges Damenstift umgewandelt als das es noch heute fungiert. Urkundlich erwähnt wird das Kloster zum ersten Mal 1250/51. Es ist wahrscheinlich

Das St.-Johannis-Kloster Schleswig, um 1850 noch mit 6500 Hektar Land vorwiegend in Angeln, ist heute adeliges Damenstift

aus dem Nonnenkonvent des schon genannten Klosters St. Michaelis hervorgegangen, als die Mönche nach Güldenholm umziehen mussten. Vom 14. Jahrhundert an brachten viele Spender das Kloster zu Reichtum. Zentrum des Grundbesitzes in Angeln war Schaalby; dazu kamen Einzelstellen, die über Angeln verstreut waren.

Noch 1840 zählte das St. Johannis-Kloster auf seinen Landstellen 850 Untergehörige, von denen der überwiegende Teil in den Kirchspielen Kahleby, Tolk, Struxdorf und Brodersby wohnte. Nach Angaben der Priorin Henny von Schiller besaß das Kloster 6500 Hektar Land, drei Kirchspiele, 84 Bauernhöfe sowie Mühlen und 140 kleine Landstellen in Angeln und Schwansen. Erst durch das preußische Rentenablösungsgesetz von 1873 wurden aus den Untertanen unabhängige Eigentümer ihrer Höfe und Katen; damit waren sie auch von Abgabepflichten befreit. Das Nonnenkloster St. Johannis hat sich durch ein weitreichendes seelsorgerisches Wirken verdient gemacht. Heute versucht die Leitung, durch Konzerte, Lesungen, Gottesdienste und auch private Vermietungen „Leben ins Kloster zu bringen". 1994 wurde dort auch ein Bibelzentrum eingerichtet.

Das Kloster Mohrkirchen ist aus dem Edelhof Moerker der Adelsfamilie Lembeck hervorgegangen, den der Antoniterorden zu Tempzin in Mecklenburg 1391 kaufte. Der Orden errichtete umfangreiche Klostergebäude mit einer Kapelle. Davon ist jedoch heute nichts mehr erhalten. Dem Konvent angeschlossen war eine Kaland-Bruderschaft, in der Pfarrherren und Priester und einige Laien zu gegenseitigem materiellen und rechtlichen Beistand verbunden waren. Das Kloster konnte seinen Grundbesitz auf große Teile der Landschaft Angeln ausdehnen, hauptsächlich auf die Kirchspiele Böel, sein Kerngebiet, sowie auf Satrup, Sörup und Thumby. Die Kirchen in Norderbrarup und in Böel gehörten als Patronat zum Kloster. Neben gottesdienstlichen Aufgaben und der Krankenversorgung sollen die Mönche Schweinezucht und eine umfangreiche Fischzucht betrieben haben.

Als sich das Kloster 1544 auflöste und im selben Jahr erneut eine Teilung Schleswigs erfolgte, wurde es herzogliche Domäne und sein Gebiet fortan vom Amt Mohrkirchen verwaltet. 1779 erhielten die Mohrkirchener Festebauern ihre Unabhängigkeit, das Domänenland wurde parzelliert und verkauft. Seitdem ist das Amt Mohrkirchen die Harde mit dem Symbol des Antoniterkreuzes, und sie wurde von nun an zusam-

Franziskanermönche errichteten 1234 das nach ihrer Kuttenfarbe so genannte Graukloster, das Schleswig heute für die Stadtverwaltung nutzt. Bürgermeister Klaus Nielsky: „Es ist das einzige Kloster, in dem jede Zelle verkabelt ist."

men mit der Satrupharde, dem ehemaligen Gebiet der Domäne Satrupholm, verwaltet.

Außer diesen Feld- oder Herrenklöstern gab es in Schleswig und Flensburg Bettelklöster. Sie durften nicht viel Grundbesitz erwerben, hatten aber durch Schenkungen dennoch umfangreiche Ländereien in Angeln. Beide Städte beherbergten auch Franziskanerklöster, deren Gebäude und Landbesitz bei der Auflösung Heiligen-Geist-Häusern übereignet wurden, die zur Aufnahme Aussätziger oder erkrankter Fremder gestiftet worden waren. Das 1234 in Schleswig errichtete Kloster, Graukloster genannt wegen der grauen Mönchskutten der Franziskaner, ist nach Restaurierungsarbeiten im Rahmen der Altstadtsanierung als ein architektonisches Kleinod erhalten geblieben. Es wird in einer gelungenen Synthese von Alt und Neu als städtisches Verwaltungsgebäude genutzt.

Im Zeichen der Reformation

Die Anfänge reformatorischer Bewegungen in Dänemark und Schleswig-Holstein fallen in die Zeit von König Friedrich I., bis 1523 Herzog von Gottorf. Obgleich er Anhänger des spätmittelalterlichen Reformkatholizismus war, bemühte er sich dennoch, die nötigen Reformen zu verwirklichen, ohne dem überlieferten Kirchenwesen Schaden zuzufügen. Insbesondere forderte er die Kirche auf, Missbräuche abzustellen. Dafür lieferte zum Beispiel der „tolle Friedrich", ein ungelehrter, aus einem Kloster entwichener Mönch, den Anlass: Der versuchte in Schleswig mit demonstrativen Gewaltaktionen und Happenings, wie man heute sagt, die Menschen für die neue Lehre zu gewinnen, schreckte sie aber eher ab. Daher wurde ihm das Auftreten im Dom verboten.

Mehr missionarischen Erfolg hatte Marquard Schuldorp, ein bei Luther in Wittenberg geschulter und außerordentlich fleißiger Prediger, den Herzog Friedrich 1527 aus Kiel nach Schleswig geholt hatte. Schuldorp starb jedoch bereits zwei Jahre später. In Flensburg wirkte derweil an St. Nicolai (seit 1526) der lutherische Pastor Gerhard Slevert, der später in Nordangeln auch als Visitator (Superintendent) eingesetzt war. Für Südangeln war Reinhard Westerholt, Nachfolger von Schuldorp, als Superintendent tätig. Er gilt als der eigentliche Reformator Schleswigs. Westerholt trat erfolgreich dem teilweise noch papistisch eingestellten Domkapitel entgegen und ebenso dem Adel, der durch die Reformation seine Pfründen gefährdet sah.

Von der Reformation im historischen Sinne spricht man nach Hans Christian Knuth, derzeit Bischof für Schleswig, „wenn mit Zulassung oder auf Befehl der Obrigkeit die lateinische Messe abgeschafft, der Laienkelch eingeführt und die Verbindung zum Papst aufgegeben worden ist". In diesem Sinne war der Schlussstein des Reformationswerkes gesetzt, als

König Christian III., der Sohn Friedrichs I., die neue Kirchenordnung am 9. März 1542 auf dem Landtag in Rendsburg, auch gegenüber der Ritterschaft, durchgesetzt hatte. Die Kirchenordnung war sieben Jahre zuvor unter Mitwirkung des Luthermitarbeiters Johann Bugenhagen für Dänemark, Norwegen und die Herzogtümer erlassen worden. Für Christian III., der 1532/33 Statthalter in den Herzogtümern gewesen war, bedeutete die Reformation eine wirkliche Herzensangelegenheit.

Auch das Volk begrüßte jetzt die Reformation, besonders nach den Erfahrungen mit den Auswüchsen beim Ablasshandel. Und in seltener Einmütigkeit standen Volk und Obrigkeit zusammen. Den Klöstern, die sich zunächst hartnäckig gegen die Reformation wehrten, wurde auferlegt, alle päpstlichen Zeremonien abzuschaffen und den evangelischen Gottesdienst einzuführen. Die dazu eingesetzten Kommissare konnten bald vermelden, dass sich die Klöster willig ihren Anordnungen fügten. Und sie mussten es sich gefallen lassen, dass die neue Kirchenordnung schließlich zu ihrer Auflösung führte.

Nach der Reformation der Sprachwechsel

Mit der Reformation kamen nicht nur eine veränderte Kirchenlehre und -ordnung nach Angeln, sondern, wie aufgezeigt, auch ein Wandel in der Verwaltungs- und Rechtspflegeorganisation. Und wenn Bischof Knuth feststellt, dass „letztlich die Predigt des Evangeliums über eine geschichtliche Wende entschied", dann ist damit auch der geistig-kulturelle Einfluss vom Süden her einbezogen, der sich besonders deutlich in der Sprache wiederfindet. Die Lehre des deutschen Reformators erfasste ganz Europa, und damit verbreitete sich die deutsche Sprache auch im Herzogtum Schleswig, und zwar auf dem Umweg über das Niederdeutsche oder Plattdeutsche, was im wesentlichen dasselbe ist. Die neue Kirchenordnung von 1542 war niederdeutsch/plattdeutsch abgefasst, in der Kirche wurde auf Platt gepredigt, und plattdeutsch waren auch Liturgie und Gesang.

Angeln hatte damals eine eigene Sprache, eine südjütische Mundart, das Angel- oder Plattdänische. Dies war die Umgangssprache in der bäuerlichen Bevölkerung und in der Landarbeiterschaft. Auf angeldänisch wurden auch die Verhandlungen in den Thinggerichten der Angelner Harden und ebenso in den Egerschops der Markgenossenschaften geführt. Ihre Ergebnisprotokolle haben die Angelner jedoch auf Platt niedergeschrieben. Daraus folgt, dass ihre Volkssprache keine Schriftsprache war. Und sie ist es zu keiner Zeit gewesen.

Als sich nun das Niederdeutsche nach Norden ausbreitete, war dies für die Angelnbewohner eine besondere, für viele von ihnen eine fremde Sprache. Dies führte naheliegend zu Verständigungsschwierigkeiten und Irritationen. In der Stadt, wo die Bauern auf den Märkten ihre Produkte anboten und wo sie in den Läden einkauften, sprachen die Leute nicht angeldänisch, sondern niederdeutsch. Junge Mädchen vom Lande, die in der Stadt ihre Dienste anboten, verstanden ihre Herrschaften nicht.

Und da die meisten Prediger, die Luthers Lehre in Angeln verkündeten, nicht aus dem Herzogtum, sondern aus dem niederdeutschen Sprachraum stammten, wo sie an deutschen Universitäten studiert hatten, konnten sie weder dänisch noch südjütisch verstehen, geschweige denn sprechen. Sie wollten diese Sprache auch gar nicht lernen, da sie nach ihrem Empfinden „eine widerliche, übelklingende, höchst unästhetische Mundart" war. Die ältesten Kirchenbücher sind ebenfalls niederdeutsch verfasst, und es gibt keine Bibel in angeldänischer Mundart. Das Niederdeutsche war schließlich auch die Sprache der damals höherstehenden Klassen, des Adels und der Gutsherren, der Kaufleute, insbesondere aber der Verwaltung und der Gerichte sowie der Städte.

In weiten Teilen Angelns hatte es die neue niederdeutsche Sprache dennoch lange Zeit schwer, Fuß zu fassen. Das Angeldänische reichte für den Alltag in der Familie und im Dorf. Wie Kirchenrechnungen zeigen, hielt es sich auf einigen Sprachinseln im Norden der Halbinsel noch weit bis ins 19. Jahrhundert. Doch mit der stärkeren Ausbreitung von Schrift und Druck, mit wachsendem Bildungsdrang, unter dem Einfluss von Schule, Kirche, Verwaltung sowie schließlich auch der Städte Flensburg und Schleswig war die grundlegende Wende zum Niederdeutschen nicht mehr aufzuhalten. Zweckmäßigkeitserwägungen, die Aussicht auf ein besseres Fortkommen, veranlassten den größten Teil der Bevölkerung Angelns bald nach 1800, die alte dänisch-jütische Mundart gegen die plattdeutsche Sprache zu vertauschen. Die alte Generation war oft noch einsprachig plattdänisch, die jüngere schon zweisprachig.

So ist das Angeldänische bereits weithin am Absterben, als König Friedrich VI. 1810 versucht, die reichsdänische Sprache in Gottesdienst und Schule, in der Verwaltung und bei Gericht einzuführen oder wiederzubeleben. Es bleibt beim Versuch. Kopenhagen tritt – wohl auf Drängen der Deutschen Kanzlei – von diesem Vorhaben zurück, nachdem sich durch Befragung der Pröpste, Pastoren und Amtmänner herausgestellt hat, dass unter Predigern und Lehrern kaum jemand des Reichsdänischen mächtig ist und man durch zwangsweise Einführung nur den Widerstand provozieren würde.

Verhältnismäßig früh, schon in der ersten Hälfte des 17. Jahrhunderts, hatte sich im Schleswigschen neben der niederdeutschen auch die hochdeutsche Schriftsprache verbreitet, zunächst wieder in den Kirchen und in den Kanzleien, nach und nach auch in den Schulen. Mancher empfand das Vordringen der hochdeutschen Schriftsprache auch als Herabsetzung des Plattdeutschen zum Dialekt, so dass sich in einigen Gegenden ein regelrechter Widerstand gegen das Hochdeutsche aufbaute. Dann aber erschien, herausgegeben von Adam Olearius, dem Hofbibliothekar Herzog Friedrichs III., ein bedeutendes Kirchenbuch in hochdeutscher Sprache, nachdem bereits, wie er schreibt, die meisten Geistlichen sich ohnehin in Predigt und Altardienst aufs Hochdeutsche umgestellt hätten. Das ist der Durchbruch: Von nun an findet das geistige Leben seinen Ausdruck überwiegend in der Hochsprache Martin Luthers.

Mit dem Teufel im Bund

Mit der Kirchenordnung von 1542 galt die Reformation auch im Herzogtum Schleswig als weitgehend verwirklicht. Es mag überraschen, dass dies Ereignis zusammenfällt mit einer Zeit, in der in Europa die lange Reihe der Hexenverfolgungen gerade begonnen hat, so auch in Schleswig-Holstein, wo ein Jahrzehnt früher der erste Hexenprozess geführt worden war. Systematische Hexenverfolgungen werden sogar noch bis Mitte des 18. Jahrhunderts betrieben, also ausgerechnet in der Epoche zwischen Reformation und Aufklärung. Der Landeshistoriker Christian Degn nennt als Ursache dieses Phänomens eine durch Religionsspaltung und Glaubenskriege verstärkte Intoleranz, insbesondere bei der orthodoxen Geistlichkeit: „Der Teufel gehörte in ihr Weltbild – auch Luther auf der Wartburg hatte gegen ihn ein Tintenfaß geschleudert."

Bis zu 500 Hexen und auch einige Hexer sollen in Schleswig-Holstein umgekommen sein, meistens auf dem Scheiterhaufen. Das sind – mit anderen Landschaften verglichen – „gar nicht so viele", meint Degn. Für die Prozesse waren im Herzogtum Schleswig die Thinggerichte der Sandmänner (Wahrmänner), im Bereich der Adligen Güter der jeweilige Gutsherr zuständig. Die Prozesse hätten sich in Schleswig-Holstein aber nicht so häufen können, wenn nicht der Adel in den Patrimonialgerichten über Leben und Tod seiner Untergehörigen hätte verfügen können.

Meistens handelte es sich um Akkusationsprozesse, nämlich solche, die durch Anklagen eines oder mehrerer Nachbarn zustande kamen. Sie weiteten sich häufig zu Inqisitionsprozessen aus. Dabei ging es um recht triviale Dinge, um Unfälle in Haus und Hof, um Habgier, um Krankheiten, Siechtum oder Seuchen bei Mensch und Tier. Wenn man sich ärgerliche Erscheinungen nicht erklären konnte, suchte man gern einen Schuldigen, meistens eine Schuldige. Und das waren dann oft Frauen aus den unteren Volksschichten oder solche, die klüger waren als ihre Zeitgenossinnen. Auch waren es Heilkundige, die mit Kräutern oder anderen Mitteln Krankheiten zu heilen versuchten.

Denn wer Krankheiten heilen konnte, geriet beim abergläubischen Volk schnell in den Verdacht, Krankheiten auch verursachen zu können. Dann war der Weg zum Vorwurf der Hexerei nicht mehr weit. Auf das Zeugnis eines oder mehrerer Ankläger hin wurde die verdächtige Person gefangen gesetzt, und was sie beim Verhör nicht freiwillig zugab, erzielte man durch „peinliches Fragen", und das bedeutete Folter mit Daumenschrauben, durch Gliederausrenken oder andere Grausamkeiten. Nicht die Wahrheit, nur ein erquältes Geständnis kam so zu Tage. Und wer an den Qualen der Folter zu Grunde ging, war laut Aktenvermerk „in der Pein gestorben". Nach der Folter lautete das Urteil meistens „Schuldig!", und hieß Feuertod auf dem Scheiterhaufen, seltener Tod durch Erhängen oder Lebendigbegraben.

Von den Hexenverbrennungen in der Zeit der Glaubenskriege des 16./17. Jahrhunderts war auch Angeln nicht ausgenommen

Aus der Urgicht, dem durch Folter erzwungenen Geständnis, entwickelten sich oft weitere Prozesse, wenn durch so genanntes Besagen Namen von angeblich Mitschuldigen bekannt wurden. Als letzter Wahrheitsbeweis galt manchmal die Wasserprobe: Die Angeklagten wurden gefesselt aufs Wasser gelegt. Gingen sie nicht unter, waren sie schuldig, versanken sie, war ihre Unschuld erwiesen.

Überall in Angeln gab es Hexenverfolgungen und -verbrennungen bedauernswerter und hilfloser Menschen. Die gebildeten Schichten beteiligten sich daran ebenso wie das einfache Volk. Um die Mitte des 17. Jahrhunderts soll es relativ viele spektakuläre Prozesse gegeben haben. Es sind jedoch nur noch wenige Akten darüber vorhanden.

In zeitgenössischem Archivmaterial wird ausführlich über die Verfahren gegen Sonje Markes berichtet, eine alte – vermutlich verwitwete – Küstersfrau aus Sterup, die angeblich beim Melken die Milch einer weißen Kuh verhext haben soll, sowie über die von Sonje belasteten vier „Komplizinnen". Für „Kirchengeschworene und Vollmächtige, samt der ganzen Gemeinde Sterup" galten sie laut Kirchspielszeugnis seit Jahren als „der Zauberei halber beschrien und berüchtigt". Es waren ungereimte und recht alberne Anklagen, die die Steruper Einwohner gegen die Frauen erhoben, zu denen sich aber keine von ihnen bekennen wollte. Doch es half alles nichts. Fanatischer Hass der Ankläger und Aberglaube der Richter verlangten, dass Sonje Markes verbrannt, und ihre Mitangeklagten dem Scharfrichter übergeben wurden.

Gerichtsakten sind vom Prozess gegen Anneke Hansen aus Grödersby aufbewahrt. Dieser stützte sich größtenteils auf Aussagen dritter Personen. Von dem als rabiat geltenden Heinrich Rumohr auf Roest mit betrieben, war das Verfahren alles andere als ein Ruhmesblatt für die Rechtsauffassung der damaligen Zeit. Dieser Prozess – aus heutiger Sicht wegen Bagatellen – endete ebenfalls für die Verurteilte mit dem Tod auf dem Scheiterhaufen.

Aktenkundig ist ebenfalls die Verbrennung der Anne Stiges, wobei sich wiederum die Rumohrs als Gerichtsherren betätigten. Anne Stiges hatte angeblich über die Ehefrau eines Claus Beckmann Unglück gebracht, was die Angeklagte heftig bestritt. Unter den fürchterlichen Torturen der Folter aber bekannte sie sich schuldig, auch zum Pakt mit Beelzebub, den sie jederzeit habe zu sich rufen können; ihr Ziegenbock sei dafür immer gesattelt gewesen.

Zu den besonders fanatischen Hexenverfolgern gehörte der als „hochgelehrt" geltende Steruper Pastor Peter Goldschmidt. In Veröffentlichungen von 1704 und 1705 zog er gegen die ihn bekämpfenden „Hexenadvokaten" zu Felde. Die gab es nämlich auch, und ebenso gab es Richter, die die Anschuldigungen als Weiberschnack abtaten und nach Kräften gegen die Hexenjagd vorgingen. Doch viel konnten sie nicht ausrichten. Zu groß war noch der Glaube an die Wirkung übernatürlicher Kräfte, an die vermeintlichen finsteren Mächte, denen man sich wehrlos ausgesetzt fühlte. Angesichts der vom Katholizismus heute noch geduldeten Praxis der Teufelsaustreibung, des Exorzismus, oder des vielfach wachsenden Mystizismus kann das gar nicht sehr überraschen.

Wieder hundert Jahre Krieg und Not

Die Reformationsjahre fielen weitgehend zusammen mit einer Zeit aufblühender Konjunktur. Diese endete etwa mit dem Beginn des 30jährigen Krieges. Bevölkerungswachstum und zunehmender Bedarf des europäischen Westens an Lebensmitteln sowie steigende Ansprüche der Menschen hatten den Angelner Bauern höhere Agrarpreise und manchem auch beachtlichen Wohlstand beschert. So war der Geldwert des Roggens, der damals stark verbreiteten Getreidefrucht, gegen Ende des 16. Jahrhunderts etwa doppelt so hoch wie zu Anfang. Auch die Preise für Veredelungsprodukte verzeichneten einen kräftigen Anstieg. Aufwendig gebaute Herren- und Bauernhäuser stammen aus dieser Zeit. Viele Bauernfamilien führten einen recht üppigen Lebensstil, der in ausschweifende Feste und in Trinkgelage auf Beerdigungen ausartete.

Die Städte des Herzogtums entwickelten sich zu Zentren und bevölkerten sich mit deutschen Einwandern, vor allem mit Kaufleuten und Handwerkern. Auch Hansekaufleute waren darunter, die sich im Zeichen steigender Kornpreise und wachsender Exportchancen für die landwirtschaftlichen Produkte des Nordens interessierten. Einige von ihnen ließen sich als Händler in Schleswig und in der Hafenstadt Flensburg nieder, die bald zur größten Handelsstadt des Gesamtstaates aufstieg.

Das politische Klima im Herzogtum ist Ende des 16. und Anfang des 17. Jahrhunderts jedoch geprägt von wachsenden Spannungen, hervorgerufen durch Selbstständigkeitsbestrebungen der Gottorfer Herzöge und den Expansionsdrang der dänischen Könige. Insbesondere zwischen den regierenden Fürsten König Christian IV. von Dänemark, seinem Sohn König Friedrich III. und dem Gottorfer Herzog Friedrich III. kommt es zu Differenzen wegen der antischwedischen Politik Kopenhagens. Derweil toben in Europa bereits heftige Machtkämpfe, die auch durch Auseinandersetzungen zwischen der katholischen Kirche und den abgespaltenen reformierten Kirchen mit verursacht wurden. Dieser Religions- und Staatenkonflikt führt schließlich zu einem der schrecklichsten Ereignisse der europäischen Geschichte, zum Ausbruch des 30jährigen Krieges im Jahr 1618, dem sich ein kriegerisches Geschehen anschließt, dessen letzter Teil, der Nordische Krieg, erst 1721 endet.

Diese fast hundert Jahre andauernde Kriegszeit bringt Totschlag, Raub, Brand, Hunger und Seuchen und wirkt sich lähmend auf die wirtschaftliche Lage aus. Von 1630 an fallen die Preise für landwirtschaftliche Produkte. Damit wächst die Verschuldung der Bauern erheblich, zumal sie mehrere schlechte Ernten, zum Teil als Folge stark verbreiteter Mehltaukrankheiten, zu verkraften haben. Es beginnt die schwerste Krise der Landwirtschaft in drei Jahrhunderten mit allen schlimmen Folgen für die deutsche Bevölkerung.

In Angeln werden viele Bauernhöfe aufgegeben. Auch eine Reihe von Großbetrieben und adligen Gütern geht Konkurs, wie Südensee, Östergaard, Lundsgaard und Rumohrsgaard. Andere, die durchhalten, eignen sich die jetzt wüst liegenden Ländereien an. Bisher freie Bauern werden zu billigen Arbeitskräften. Da es dennoch an Hilfskräften mangelt, denn die Landarbeit wird seit Jahren sehr schlecht bezahlt, dehnt die adlige Gutswirtschaft im Osten der Halbinsel die Leibeigenschaft weiter aus. Die verbleibenden Hintersassen müssen verstärkt Frondienst leisten, und entwichene Hörige werden scharf verfolgt.

Unter den Kriegshandlungen im Norden haben die Ortschaften am meisten zu leiden, die in der Nähe der Heerstraßen oder der Städte Schleswig und Flensburg liegen. In Bittschriften an die Amtsverwaltungen fordert die leidende Bevölkerung Abhilfe. So klagen die Gesamt-Kirchspiele Nübel, Fahrenstedt, Havetoft und Satrup in einer Eingabe:
„Das Heeresvolk will sich nicht allein damit begnügen, und unser Korn, Vieh und unsere gesamte Habe vollständig zu rauben, sondern sie schlagen ohne alles Erbarmen auch alte und junge Leute zu Tode, versündigen

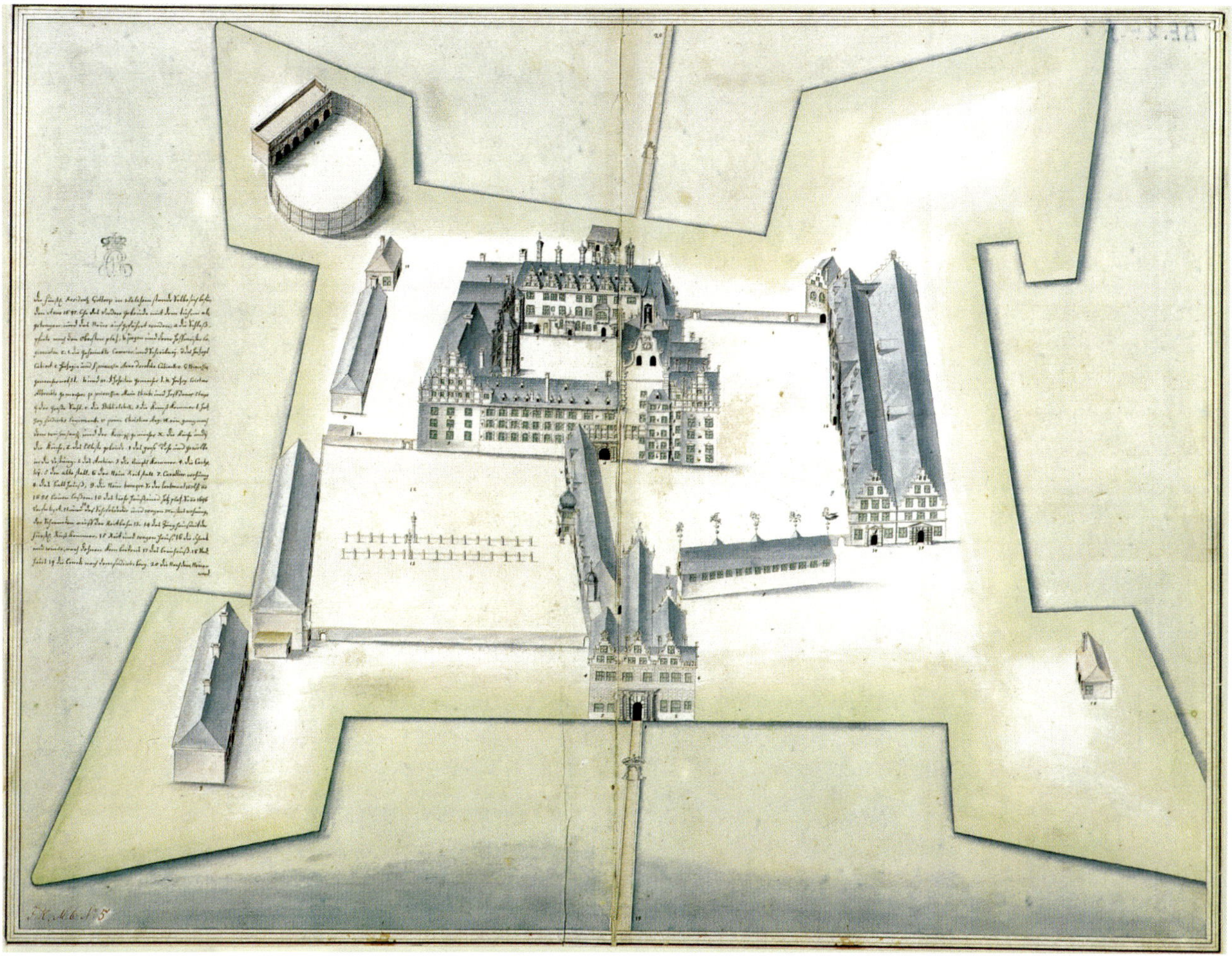

Schloss Gottorf 1697, Ansicht aus der Vogelperspektive. Eine aquarellierte Federzeichnung aus dem Reichsarchiv Kopenhagen

sich an den Frauen und plündern Kirchen und Kirchengut ... Wir wollen gerne unsere Äcker bebauen und beten, ... dass wir vor weiteren Überfällen geschützt werden. Solches vertrauen wir hiermit der Förderung durch die herzogliche Macht an, um unserer armen Frauen und Kinder willen, die sonst verderben und sterben müssen".

Die Mitte Angelns wird besonders in Mitleidenschaft gezogen, als das schwedische Heer 1643/44 plündernd durchs Land zieht, wie zeitgenössischen Berichten aus der Gegend um Böel und Sörup zu entnehmen ist. Noch schlimmer ergeht es den Angelnbewohnern im so genannten Polackenkrieg, als 1658 polnische Truppen als Verbündete Dänemarks gemeinsam mit dänischen Soldaten im Lande ihr Unwesen treiben. 1660 schließen dann zwar die Dänen und Schweden Frieden. Doch nun kommt es zum Nordischen Krieg, in dem sich König und Herzog, obgleich verwandtschaftlich eng verbunden, in die Haare geraten, der Gottorfer mit schwedischer Unterstützung und Dänemarks König mit russischer Hilfe.

Hart treffen Angeln auch die Kriegshandlungen König Friedrichs IV., bei denen er Schloss Gottorf erobert und der Bevölkerung eine übermäßige Kriegssteuerlast auflädt. 1713 zieht der König schließlich den herzoglichen Anteil von Schleswig, also das Amt Gottorf, für sich ein, und im Frieden von 1721 erkennen die Großmächte ihm den Besitz Schleswigs zu. Fortan gibt es nur noch in Holstein einen herzoglichen Anteil. Von 1773, als der Vertrag von Sarskoje Selo geschlossen wird, bis 1864 aber sind Schleswig und der größte Teil Holstein wieder ungeteilt, und zwar als selbständige Herzogtümer vereint unter demselben Herrscher, dem dänischen König, und im Gesamtstaat mit Dänemark verbunden. Der dänisch-gottorfische Dualismus ist beseitigt und ein Problem gelöst, das den Frieden Nordeuropas ständig bedrohte.

Zwischen Reform und Krise im Gesamtstaat

Deutsch-dänische Symbiose und dann die Krise

Die acht Jahrzehnte vom Ende des Nordischen Krieges bis etwa 1800 gelten als eine für Schleswig-Holstein und damit auch für Angeln glückliche Periode. Schleswiger und Dänen leben friedlich miteinander; es gibt noch keine nationalistischen Streitigkeiten. Damit sind gute Voraussetzungen gegeben für eine planvolle, die Herzogtümer und Dänemark als Einheit begreifende Politik. Schleswig ist nunmehr Teil des großen Gesamtstaates, der sich von der Elbe bis zum Nordkap erstreckt. Und dieser genießt wegen seiner Friedenspolitik und seiner großen, vom Ideengut des aufgeklärten Absolutismus beseelten Reformen, die zu Pressefreiheit, Bauernbefreiung und Abschaffung des Sklavenhandels führen, hohes Ansehen. Christian Degn: „Es ist die glücklichste Zeit einer deutsch-dänischen Symbiose".

Die damals bedeutendsten und für die dänische Außenpolitik verantwortlichen Staatsmänner in Kopenhagen sind Johann Hartwig Ernst Bernstorff (in den Jahren von 1751 bis 1770) und sein Neffe Andreas Peter Bernstorff (in den Jahren von 1773 bis 1780 und nochmals von 1784 bis 1797). Beide sind von Herkunft und Kultur Deutsche, jedoch dem dänischen König und dem Doppelstaat treu ergeben. Beide sind bemüht, die „Einheit des Ganzen und Freiheit der Teile miteinander zu verbinden" (Landeshistoriker Manfred Jessen-Klingenberg).

Der jüngere A. P. Bernstorff, der die Herzogtümer als Leiter der Deutschen Kanzlei regiert, nimmt sich der Landwirtschaft, der Industrie, des Handels und der Wissenschaften in besonderer Weise an. Mit seinem Namen sind Reformen eng verbunden, die im Sinne der geistesgeschichtlichen Epoche der Aufklärung die Voraussetzungen schaffen für einen wirtschaftlichen, sozialen und kulturellen Aufstieg. Und Bernsdorff schützt weitmöglichst das Sonderleben der deutschen Provinzen im Süden, ohne jedoch das ureigene dänische Interesse zu vernachlässigen. Geschickt versteht er es, das unverkennbare Übergewicht des deutschen Elements am dänischen

Andreas Peter Bernstorff, der große Reformer und Friedensstifter

Königshof und in der Beamtenschaft nicht zu stark hervortreten zu lassen.

Das Klima ändert sich mit Bernstorffs Tod (1797) und dem Auftreten eines radikaleren Reformers, des Deutschen Johann Friedrich Struensee. Nun mobilisiert sich der Widerstand des dänischen Adels und des Bürgertums gegen die deutsche Vorherrschaft am Hof und gegen sprachliche Überfremdung. Der Danizismus kommt zum Durchbruch.

In Schleswig-Holstein andererseits war der Unmut gegenüber der dänischen Innen- und Außenpolitik bald nach Bernstorffs Tod gewachsen. Die Außenpolitik stieß auf Kritik, weil Dänemark die von Bernstorff sorgfältig gehütete Neutralitätspolitik aufgegeben und sich nach dem Überfall der englischen Flotte auf Kopenhagen 1807 auf die Seite Napoleons geschlagen hatte. Denn das Ergebnis waren schwere territoriale und wirtschaftliche Verluste. Das Königreich verlor Norwegen und den britischen Absatzmarkt, als Napoleon die Kontinentalsperre verhängte, die unter anderem zum Verfall der Getreidepreise führte. Schon mit dem Inkorporationspatent von 1806 hatte die dänische Politik heftigen Widerstand in Schleswig-Holstein provoziert: Nach

Auflösung des deutschen Reiches hatte der dänische Kronprinz Frederik als Vertreter seines geisteskranken Vaters, Christians VII., das Herzogtum Holstein zum „untrennbaren Teil" der dänischen Monarchie erklärt.

Innenpolitisch waren es vor allem die hohen Steuern und Abgaben, die Verstimmung hervorriefen. Die 1802 eingeführte Grundsteuer lastete schwer auf den Landstellen. Mit dem dänischen Staatsbankrott 1813 waren die Herzogtümer dann voll einbezogen in die Krise des Gesamtstaates. Und die Verbitterung wuchs dort erheblich, als nach dem Staatsbankrott und der Geldentwertung die sogenannte Reichsbankhaft zur Sanierung des Währungssystems den Landbesitz in den Herzogtümern stärker heranzog als den im Königreich. Viele Guts- und Bauernbetriebe, auch in Angeln, gerieten in wirtschaftliche Bedrängnis oder in Konkurs.

Ackern in Gemeinschaft – die alte Agrarverfassung

Kollektive Bodenbewirtschaftung in Markgenossenschaften (Feldgemeinschaften) mit Flurzwang und Gemengelage, also verstreut liegenden Flurstreifen, deren Inhaber nach Losentscheidung jährlich wechselten, das waren die typischen Merkmale der Agrarverfassung seit der Zeit der ersten Ansiedlungen in Angeln. Die Markgenossenschaften bestanden aus Zusammenschlüssen von Bauern (Bohlsleuten, Bonden, Hufnern) eines Dorfes oder mehrerer Siedlungen. Flurzwang bedeutete, dass auf jedem Flurstück der in Gewanne aufgeteilten Feldmark (Gemarkung) zur selben Zeit und gemeinsam gesät, geerntet oder gepflügt werden musste. Das war nötig, weil in der Regel die einzelnen Landstücke nur über diejenigen anderer Bauern zu erreichen waren. Über alle Arbeitsgänge musste man sich also vorher einigen. Außerdem durften die einzelnen Streifen nicht eingefriedigt werden; die Grenzen waren durch Steine gekennzeichnet.

Die Galerieholländermühle „Johannis" in Bobeck in Ostangeln. Sie wurde 1869 als Kornmühle erbaut und später nach einer Renovierung als „Wohnmühle" genutzt

Eine volle Hofstelle mit entsprechenden Nutzungsrechten in der Feldgemeinschaft war ein Bohl. Die Bohlsleute bildeten gemeinsam die Egerschop, die Eigentümerschaft mit einer Selbstverwaltung, die auf dem gleichen Recht für alle beruhte. Diese Rechtsgrundsätze wurden später im Jütischen Gesetzbuch, dem Jyske Lov König Waldemars II., kodifiziert. Die Egerschop teilte das Ackerland in Schläge (Marken) ein und ließ es vermessen. Die Nutzung erfolgte gewöhnlich in Dreifelderwirtschaft. Die Egerschop bestimmte den Wechsel von Brache, Saat und Weide sowie die Art der Ansaat. Auch die Viehzahl einer Egerschop wurde gemeinsam festgelegt.

Die Dispositionsfreiheit des Einzelnen blieb unter diesen Umständen stark eingeschränkt, eine individualistische Betriebsführung war nicht möglich. Und der ständige Wechsel der Landstücke zu anderen Losinhabern minderte naheliegend das Interesse an der Gesunderhaltung der Böden. Ein bodenkultureller Verfall vieler Flurstücke war die Folge. Auch konnte der einzelne Bohlsmann nicht reagieren auf sich ändernde Preisverhältnisse, also seine Produktion nicht zum Kornanbau oder zur Viehwirtschaft hin verlagern.

Die Weiden der Markgenossenschaften blieben ungeteilt und wurden gemeinsam genutzt (Allmenden). Zur Beaufsichtigung des Viehs, ebenfalls im Gemeineigentum, war ein Dorfhirte eingesetzt. Das Jütische Recht enthielt genaue Vorschriften über die Größe des einzuhegenden Viehsammelplatzes im Dorf, der Forta, sowie über Breite und Einzäunung von Viehtriften, die durch das Ackerland führten. Verstöße dagegen und gegen ungeschriebene Gesetze ahndete die Egerschop mit Geldstrafen, der Brüche.

Dazu kamen im 17. Jahrhundert im Güterdistrikt des östlichen Landschaftsteils weitere Abhängigkeiten durch die Leibeigenschaft. Wegen der Dienstpflicht gegenüber dem Gutsherrn mussten die Festebauern oft mehr Pferde als Kühe halten, die für sie wesentlich nützlicher gewesen wären. Allerdings hatten sie gegenüber dem Gutsherrn Anspruch auf Fürsorge, auf die so genannte Konservationspflicht, die bei Ernteausfällen, Seuchen, Katastrophen und Kriegen die Versorgung mit dem Lebensnotwendigsten beinhaltete.

Reformen gegen Unfreiheit und Kollektiv

Die humanitär eingestellte Regierung des dänischen Gesamtstaates, insbesondere die von A. P. Bernstorff geführte Deutsche Kanzlei, erkannte die Mängel der überkommenen Agrarverfassung, nämlich des Wirtschaftens in Gemeinschaft, relativ frühzeitig. Auch die Unfreiheit gutsuntertäniger Bauern passte nicht mehr ins Konzept einer Regierung, die sich den Ideen der Aufklärung geöffnet hatte. Das eindringliche, von Bernstorff jedoch mit Rücksicht auf den Adel zunächst vorsichtig angegangene Ziel war eine grundlegende Agrarreform. Dazu wurde 1768 das Zentrallandwesenskollegium in Kopenhagen gegründet. Ihm war die Schleswig-Holsteinische Landkommission auf Schloss Gottorf unterstellt. Deren wichtigste Aufgaben waren die Auflösung der Feldgemeinschaften und Beseitigung der Flurzersplitterung, ferner die Aufhebung der Leibeigenschaft und damit der Hofdienste und der Schollenbindung. Durch Parzellierung und Verkauf der Domänen ging die Königliche Verwaltung bei der Reform mit guten Beispiel voran. Angestrebt waren außerdem die Umwandlung von Pachtbesitz in Eigentum sowie verschiedene Maßnahmen zur Bodenverbesserung. Die spektakulärste Maßnahme war die endgültige Aufhebung der Leibeigenschaft zum 1.1.1805.

Dieser Gedenkstein in Gelting erinnert an die Aufhebung der Leibeigenschaft

Ausgangspunkt dieser für die damalige Zeit außerordentlich weitsichtigen Agrarreform waren die physiokratischen Geistesströmungen, die in der Landwirtschaft die eigentliche Quelle nationalen Wohlstandes erblickten. Denn das gegen Ende des 18. Jahrhunderts einsetzende Bevölkerungswachstum, technische Umwälzungen, später auch die Industrialisierung sowie die Ausweitung städtischer Zentren in Europa verlangten eine erhöhte Versorgung mit Nahrungsmitteln. Der dänische Staatsverband erkannte diese Chance und machte sich den aus der Nachfragesteigerung resultierenden Agrarpreisanstieg – für die wichtigsten Produkte hatten sich die Preise von 1750 bis 1800 verdoppelt – zunutze, indem er den Aufbau einer ausfuhrorientierten Landwirtschaft förderte. Damit gehörte der dänische Gesamtstaat zu den ersten europäischen Ländern, die die liberale Agrarreformperiode einleiteten und in ihren politischen Aktivitäten die Agrarpolitik in den Vordergrund rückten.

Allerdings endete diese hoffnungsvolle Entwicklung schlagartig, als mit den Napoleonischen Kriegen der Gesamtstaat 1807 durch die Kontinentalsperre sowie den Krieg mit England seinen Hauptabnehmer für Agrarprodukte verlor und dem Staatsbankrott anheim fiel. Damit kam zunächst auch die für das Herzogtum Schleswig bedeutendste Reformperiode zum Erliegen. Denn weder die Staatsregierung noch die durch starken Preisverfall gebeutelten Bauern konnten die nötigen finanziellen Mittel für die Neuerungen aufbringen.

Erst als sich die Landwirtschaft nach 1830 von den Krisenjahren erholt hatte, konnte das Reformwerk wieder aufgenommen werden. Das war die Zeit, in der der Ökonomische Liberalismus das Wirtschaftsleben in Europa bestimmte. Der dänischen und schleswig-holsteinischen Landwirtschaft kam die liberale Handelspolitik vornehmlich Englands und Deutschlands zugute. Sie bescherte dem Königreich einen hohen Überschuss aus dem Export von Getreide und tierischen Produkten, vor allem Ochsen, und führte dazu, dass die Landpreise 1860 viermal so hoch waren wie 1825. Es begann die Zeit, über die der Chronist Reventlow-Farve 1840 feststellte: „Der Angler Bauer hat keine Ursache, den Städter als höher stehend anzusehen und tut es auch nicht. Vor ein paar Menschenaltern wurde der Angler in den Städten nicht geachtet ... Jetzt ist es anders!“ Und dies Andere schlug sich in Angeln nieder in der Vorliebe für die städtische Lebensweise sowie in einem bemerkenswerten Bildungsdrang, den man durch die Lektüre von Zeitungen und Büchern befriedigte. Sich weiterzubilden lohnte sich.

Verkoppelung mit Knicks, doch viele krumme Wege

Schon lange vor Einleitung der großen Agrarreform, bereits zu Beginn des 17. Jahrhunderts, hatten in einigen Gegenden Angelns Bohlsleute damit begonnen, in Abstimmung mit ihren Markgenossen durch Zusammenlegen gleichwertiger Flurstücke eine Art Agrarreform auf eigene Faust zu betreiben. Durch Tausch oder Kauf erwarben sie Ländereien und koppelten sie ein, indem sie sie mit einem Wall und einer lebenden Hecke, also einem Knick, umgaben. Ein königliches Mandat von 1637 untersagte jedoch solche Eigenmächtigkeiten. Dann kamen die Kriege und ein weiteres Zusammenlegen und Privatisieren unterblieb schon deswegen.

Bald nach dem Dreißigjährigen Krieg nahmen jedoch einige Pastoren, so Laurentius in Esgrus und Strauch in Quern, angeregt durch die Gutswirtschaften, diese Gedanken wieder auf und koppelten ihre Pastoratsländereien ein. Ihnen gleich taten es um die Mitte des 18. Jahrhunderts Propst Philipp Ernst Lüders, Glücksburg, und sein Schwiegersohn Pfarrer Nicolaus Oest, Neukirchen. Diese beiden Geistlichen hatten sich im Sinne moderner Landwirtschaftsberatung durch Anbauversuche mit Klee, Kartoffeln, Obst und Gemüse bereits einen Namen gemacht und in Angeln eine große Anhängerschaft gefunden.

Lüders, auch „Kartoffelpropst“ genannt, begann mit den Anbauversuchen nahe dem Glücksburger Schloss in seinem Garten, den er zu einer Pflanzenschule ausweitete. Über die Ergebnisse konnten sich die Bauern dort informieren; er versorgte sie außerdem mit dem damals begehrten holländischen und englischen Saatgut. 1762 gründete Lüders die „Dänische Acker-Academie“, in der jährlich etwa 40 Landwirte und Theologen fachlich geschult wurden. Lüders und Oest veröffentlichten viele Fachbeiträge, Lüders allein 50 landwirtschaftliche Schriften. Hervorzuheben ist die viel benutzte „Anweisung zur Einfriedigung der Ländereien“ von 1767, die aus Oests Feder stammt. Als Initiatoren grundlegender Neuerungen fanden beide größte Aufmerksamkeit weit über Angeln hinaus.

Auch eine Reihe von Markgenossenschaften wagte sich nach und nach an die Privatisierung und Verkoppelung heran, relativ frühzeitig die Dorfschaften Böel und Sörup. In anderen Dörfern wie Scholderup, Süder- und Norderbrarup sah man zwar die Vorteile der neuen Bewirtschaftungsart, konnte sich aber – ähnlich wie noch heute bei Flurbereinigungen – bei den unterschiedlichen, teilweise schlechten Bodenqualitäten und Wasserverhältnissen lange nicht über die Koppelverteilung einigen. Bonitierungsleute, Synsmänner genannt, versuchten vergeblich, den Ausgleich herbeizuführen. Über Zwistigkeiten und Streit wird aus Thumby berichtet, wo es besonders viele Kätner, also Nebenerwerbslandwirte gab, die bis dahin keinen Anteil an der Allmende gehabt hatten. Und im Gebiet des Gutes Mohrkirchen fehlte wegen der starken Beanspruchung durch die zu leistenden Hofdienste die Zeit zum Einfriedigen mit Knicks.

Diese Schwierigkeiten mögen schon andeuten, warum die Verkoppelung im Herzogtum auch nach Erlass der ersten und zweiten Verkoppelungsverordnung (1766 bzw. 1770) nur schleppend vorankam. Das Hauptproblem war die gerechte Bodenverteilung. Jedem Markgenossen musste etwas näher und etwas entfernter gelegenes Land, das sich häufig in schlechterem Kulturzustand befand, zugeteilt werden. Mancher befürchtete, für das hingegebene Land schlechteres zurückzubekommen. So blieb es nicht aus, dass zerstreut liegende, schlecht geformte Koppeln entstanden, die – zumal im hügeligen Angeln – nur auf langen und krummen Wegen zu erreichen waren. Ein weiteres Hindernis war der hohe finanzielle Einsatz an Eigenmitteln für die Einfriedigung mit relativ aufwändigen Knicks, denn die Staatsregierung in Kopenhagen weigerte sich, dafür in den Herzogtümern Beihilfen zu geben, wie sie sie im Königreich selbst gewährte.

Vielfach setzte eine sinnvolle Neuordnung der Fluren auch eine Aussiedlung der Höfe voraus. Dabei mussten die „Ausbauwilligen" von den zurückbleibenden Dorfgenossen finanziell sowie durch Hand- und Spanndienste unterstützt werden. Dazu fehlte oft die Bereitschaft. Auch schreckte man vor der mit dem Aussiedeln verbundenen „Vereinödung" im Außenfeld zurück, weil damit die Geselligkeit des dörflichen Zusammenlebens sowie Sicherheit und Geborgenheit verloren gingen. Eines der vielen Probleme bei der Gemeinheitsteilung war schließlich die notwendige Regulierung der Besitzverhältnisse an den in Staatshand befindlichen Forsten und Mooren.

Angesichts einer so einschneidenden, vor allem zeit- und geldaufwändigen Maßnahme, wie sie die Verkoppelung bedeutete, hielten sich manche Bohlsleute eben lieber an die Devise, wie sie der Amtmann von Tondern ihnen einmal verärgert-ironisch zum Vorwurf machte: „Unsere Vorfahren haben in der Communion gelebt und sich dabey wohl befunden, ergo muß sol-

Bei der Verkoppelung im Zuge der Agrarreformen des 18. Jahrhunderts entstanden als „lebende Zäune" die Knicks. Dieser steht bei Helligbek

Ausblick vom Scheersberg in Angelns Knicklandschaft

ches das beste seyn, und wir wollen es ebenso wie unsere Väter halten." Nur die günstige Preis- und Absatzlage gegen Ende des 18. Jahrhunderts hat überhaupt die Verwirklichung der Maßnahmen ermöglicht, zumal vom Staat wenig und schließlich überhaupt keine finanzielle Hilfe mehr kam.

Schon fachkundige Zeitgenossen bemängelten an der Bilanz des Verkoppelungswerks vor allem die ungenügende Konsequenz bei Zusammenlegungen, so dass in späteren Jahren bis in die Gegenwart umfangreiche Flurbereinigungen notwendig wurden. Dennoch wurde mit der Verkoppelung und Aufhebung der Feldgemeinschaften ein Markstein in der Geschichte der Boden- und Landeskultur der Herzogtümer gesetzt und eine wesentliche Voraussetzung für den wirtschaftlichen und sozialen Aufstieg des Bauerntums und damit der Dörfer geschaffen. Und in Angeln hat die Verkoppelung besonders deutliche Spuren hinterlassen: Da jede Koppel mit Wall und Knick umsäumt wurde, entstand dort ein außergewöhnlich dichtes Knicknetz, aber auch ein Netz von kurvenreichen, aufwändig zu pflegenden Wegen – beides bis zum heutigen Tage in den Grundzügen erhalten gebliebene Charakteristika dieser Landschaft.
Doch bei allem reformbedingten Fortschritt – ein Fehlschlag soll nicht unerwähnt bleiben. Das ist der weitgehend misslungene Großversuch der dänischen Regierung, auf dem schleswigschen Mittelrücken, so auch im westlichen Angeln, Kolonisten anzusiedeln. Diese schon 1760 gestartete Aktion, bei der es dem Staat in erster Linie um die Aufbesserung des Steueraufkommens ging, war so schlecht vorbereitet, dass die meisten Siedler, die überwiegend aus südwestdeutschen, von Kriegswirren heimgesuchten Gebieten kamen, bald wieder in ihre Heimat zurückkehrten oder dem Ruf Katharinas II. nach Russland folgten. Sie gaben auf wegen der trostlosen Bodenbeschaffenheit, des Mangels an bodenverbessernden Mitteln und der dafür völlig unzureichenden Erstausstattung.

Von insgesamt 4000 Planstellen für dieses frühe „Programm Nord" in Mittelschleswig blieben nur knapp 500 kleine Siedlerstellen übrig, von denen in den nächsten Jahren noch weitere aufgaben. Um so höher ist der Durchhaltewillen der Verbliebenen zu bewerten. Immerhin entstanden auf die Weise in den Kirchspielen Nübel und Havetoft die Kolonien Neuberend sowie West- und Nordscheide, bei Groß- und Kleinsolt die Siedlungen Friedrichsau, Friedrichshöh, Friedrichstal und Friedrichsmoor, benannt nach König Friedrich V. Und was von dem Unternehmen außerdem übrig blieb, ist die Kartoffel, die die süddeutschen Siedler mitbrachten. Denn was wäre aus den leichtbödigen Gegenden damals und in den folgenden Jahren geworden ohne die Kartoffel?

Milch und Butter bringen Wohlstand

Trotz aller Unvollkommenheiten, die die Agrarreformen späteren Generationen zur Aufarbeitung hinterlassen haben, ist nun die lange Zeit wirtschaftlicher Lähmung vorbei. Die Aufhebung der starren Feldgemeinschaft ermöglicht die Intensivierung der Landwirtschaft. Acker- und ehemaliges Allmendeland bekommen die nötige Pflege, werden entwässert. Die Fruchtfolge wird vielseitiger. Der Kleeanbau weitet sich aus. Die Erträge auf den Feldern und in den Ställen steigen in ungewohntem Ausmaß, besonders durch die Mergeldüngung, die in Angeln Jakob Iversen, Schwensbyhof, bahnbrechend vorantreibt. Das in den Gutsbezirken wegen der Hand- und Spanndienste ungesunde Verhältnis von Pferde- und Kuhbestand kehrt sich ins Gegenteil. Milchproduktion und Butterei erleben einen Aufschwung. Die Holsteinische Koppelwirtschaft mit ihrem geregelten Fruchtwechsel von etwa vier bis fünf Jahren Ackerfruchtanbau und dann etwa derselben Zeit Gras- und Weidelandnutzung kann sich voll entfalten. Und auch der Fiskus macht seinen Reibach: Nach Parzellierung und Aufhebung der Leibeigenschaft fließen unter anderem aus Parzellenkanon sowie Pacht- und Setzungsgeldern wesentlich mehr Reichstaler in die königliche Kasse als zuvor.

Ein Ende hat mit der Bauernbefreiung auch der Besiedlungsstillstand. Es entstehen neue Dörfer und die vorhandenen vergrößern sich durch Ansiedlung selbstständiger Kätner, Tagelöhner und Handwerker. Die Leibeigenschaft in Angeln, die in ihrer strengen Form nur auf zehn von insgesamt 26 adligen Gütern geherrscht hat, endet, als 1799 das Gut Roest und ein Jahr später Rundhof und Buckhagen einen Teil ihrer bisherigen Hofländereien parzellieren, als letzte zwar, aber immerhin noch vier Jahre, bevor Anfang 1805 die Leibeigenschaft für das ganze Herzogtum per Gesetz aufgehoben wird. Die Parzellierung der königlichen Güter und vieler Gutsländereien fördert den Wohlstand, und mit ihr geht ein starker Wechsel der Besitzer einher. Vereinzelt werden nun auch Bauern und Bürger zu Gutsherren. In Ostangeln entsteht eine neuartige Parzellierungslandschaft, und fast ganz Angeln ist jetzt reines Bauernland.

Und die darauf wirtschaftenden Bauern haben die Milch- und Viehwirtschaft, so scheint es, im Blut. Bereits seit Jahrhunderten war dies das Rückgrat der Landwirtschaft in Angeln und ihre Haupteinnahmequelle. So berichtet der Kirchenhistoriker Beda Venerabilis um 700 n.Chr., dass die nach England übergesiedelten Angelnbewohner aus der alten Heimat Rinder mitgebracht hätten. Ob das den Tatsachen entspricht oder nicht, wahr ist, dass sich dort, wo die Angelner drüben sesshaft wurden, ein namhafter Milchviehbezirk entwickelt hat. Auch in Haithabu soll es schon Hausrinder gegeben haben, deren Körpermaße und feingliedriger Knochenbau, wie Funde von Knochenresten zeigen, einem kleinen Typ entsprachen, der durchaus für den Urtyp des berühmten Angler Rindes gehalten werden könnte.

Anfang des 17. Jahrhunderts wurde dann, vor allem auf Initiative der Güter in Ostangeln, die Milchwirtschaft mit Hilfe von Holländern in größerem Rahmen und mit besonderem Erfolg betrieben. Nach diesem Vorbild verdoppelten viele Bauernbetriebe die Zahl der Kühe in wenigen Jahren. Schon Ende des 18. Jahrhunderts hatte die Angelner Butter überall in den Herzogtümern einen guten Ruf. „Beste Angler Kuhbutter", in Tonnen verpackt, war damals ein Begriff. Große Buttermengen über den Eigenbedarf hinaus gingen an den Markt. Händler fuhren von Hof zu Hof, um die Butter aufzukaufen, und über die Häfen Flensburg, Schleswig, Kappeln und vom Flecken Arnis aus ging sie in den Export, vorzugsweise nach England, das keine Zölle erhob. Auf Milch und Butter gründete sich in Angeln der Wohlstand.

Die bei der Butterproduktion anfallende Magermilch diente zur Kälber- und Schweinemast, und auf vielen Höfen war sie wichtige Futterbasis auch für die Zucht des Angler Sattelschweines, neben dem Angler Rind vor allem nach 1900 ein lebendes Markenzeichen dieser Landschaft. Aus Husby wird berichtet, dass bereits 1830 aus dem Kirchspiel 800

Angler Starken (Jungrinder) exportiert wurden. Über die Hälfte der Einnahmen flossen in den für Angeln typischen Melkbetrieben in der Größe zwischen 30 und 50 Hektar damals aus der Milch und ihrer Verarbeitung. Nach der ersten Viehzählung (1883) kamen in Angeln auf einen Quadratkilometer 70 Rinder bei einem Landesdurchschnitt von nur 55 Tieren. Auf die Einwohnerzahl bezogen, hatte Angeln sogar fast doppelt so viele Rinder aufzuweisen wie im Landesmittel. Ähnliches galt für Schweine, von denen pro Quadratkilometer 94 gehalten wurden gegenüber nur 60 Tieren im Landesdurchschnitt.

Milchproduktion und Butterei erforderten beträchtliche Investitionen. Der Wert des notwendigen Inventars für die Butterherstellung im einfachen Aufrahmungsverfahren entsprach (ohne Baukosten) um 1840 etwa dem Gegenwert von zwei Milchkühen. Für die Käserei waren Aufwendungen in Höhe des Gegenwertes von drei Kühen erforderlich. Gute Milchkühe kosteten 36-40 Reichstaler, und der Jahresbutterertrag

Das Angler Sattelschwein, wie das berühmte Rind ein Markenzeichen dieser Landschaft

lag je Kuh bei 20-22 Reichstalern, was damals fünf bis sechs Tonnen Roggen entsprach. Butter und Milchkühe waren – nach heutigen Maßstäben – gegenüber Roggen also unterbewertet.

Von Angler Rindern soll es erste spärliche Nachrichten schon vor 1800 geben. Seine Erfolgs-geschichte aber begann vor 160 Jahren, als das „original angeler race"-Zuchtprogramm beschlossen wurde

Wie stark sich die Bauern in Angeln in der Milchwirtschaft engagiert haben, auch um dem Fortschritt und dem wachsendem Konkurrenzdruck Rechnung zu tragen, wird besonders deutlich an der großen Zahl von Meiereien, die hier im Laufe der Zeit mit erheblichen Investitionen und unternehmerischem Risiko errichtet wurden. Gegen Ende des 19. Jahrhunderts schossen sie – vorwiegend auf genossenschaftlicher Grundlage – gleichsam wie Pilze aus dem Boden. Angelns Landwirtschaft, hieß es, sei „vom Milchfieber befallen". So erklärt es sich, dass im Übereifer hier und dort auch Gründungen er-folgten, die nur bedingt den strengen Anforderungen kaufmännischer und betriebswirtschaftlicher Kalkulation entsprachen. Der spätere tiefgreifende Strukturbereinigungsprozess mit vielen Härten war die unausbleibliche Folge.

„Mit Adler im Gepäck" – Reform von Schule und Kirche

Die Reformen des 18. und 19. Jahrhunderts beschränkten sich nicht auf den Agrarbereich. Auch auf kulturellem Gebiet brach eine neue Zeit an, zogen die von der Aufklärung herkommenden geistigen Strömungen im Gesamtstaat grundlegende Neuerungen nach sich. Dabei sollte ein ähnlicher Umsturz, wie er sich in Frankreich mit der Revolution nach 1789 vollzogen hatte, vermieden werden. Die Kopenhagener Regierung glaubte die Reformziele am besten dadurch zu erreichen, dass sie der Armut weiter Bevölkerungskreise, dem so genannten Pauperismus, durch Hebung des Bildungsniveaus entgegenwirkte. Der Kieler Professor und Nationalökonom August Niemann kleidete diese Forderung 1793 treffend in die Worte: „Jede Verminderung in der Zahl der Müßiggänger und Unwissenden ist ein glücklicher Fortschritt zur dauernden Sicherheit. Der arbeitsame und gebildete Mensch ist kein Störer, er ist ein Förderer der öffentlichen Ruhe."

Da mehr als drei Viertel der Menschen auf dem Lande lebten, machten sich Armut und Unwissenheit hier am deutlichsten bemerkbar. Daher hatte im Reformprogramm die Bauernbefreiung am Beginn gestanden. Es folgte, durch Andreas Peter Graf von Bernstorff initiiert, die Förderung der wirtschaftlichen Entwicklung, wofür der Bau des Schleswig-Holsteinischen Kanals 1784 sowie die Errichtung von Banken wichtige Vorbedingung waren.

Zur Hebung des Bildungsniveaus bedurfte es einer grundlegenden Schulreform. Denn der damalige Zustand des Schul- und Bildungswesens, der lediglich mit der Reformation etwas vorangekommen war, wurde den neuen aufklärerischen Zielen in keiner Weise gerecht. In Angeln hatte es im Schulwesen allerdings bereits einige Neuerungen gegeben, seitdem der in Arnis geborene Pfarrersohn Jakob Georg Christian Adler (1756-1834), der spätere Gottorfer Schlossprediger und Generalsuperintendent, für Nordangeln 1798 und für Südangeln 1804 das Schulregulativ herausgebracht hatte. 1814 schließlich gelang es ihm, als Dekret der dänischen Krone die mit seinem Namen verbundene „Allgemeine Schulordnung für die Herzogtümer" durchzusetzen.

Doch war es auch jetzt nicht einfach, dafür die Verantwortlichen zu mobilisieren. Vor allem auf dem Lande fehlte es an der nötigen Einsicht, da man auf die Kinder für Hofarbeiten und für den Ernteeinsatz nicht verzichten wollte. Der Schulunterricht war daher unregelmäßig und oft dürftig. So wird aus Kappeln über einen mangelhaften Schulbesuch der Gutskinder berichtet: Von 84 Schülern der Leibeigenen des Gutes Roest besuchten 1798 nach Angaben des Küsters O. H. Schmidt 26 die Schule überhaupt nicht. Die meisten anderen, klagt er, kämen nur selten in die Schule.

Jakob Christian Georg Adler, der große Schulreformer aus Arnis

Die 1793 als Küsterhaus gebaute, später erweiterte Dorfschule in Boren ist eines der wenigen erhaltenen, alten Schulhäuser in Angeln

Wie Küster Schmidt, der für einen Hungerlohn unterrichtete und ohne ein paar Heitscheffel Land und eine Milchkuh nicht hätte leben können, erteilten viele solche Nebenschulmeister Unterricht im „Buchstabieren, Lesen und Katechismus". Sie standen auf der sozialen Stufenleiter des Dorfes etwa bei den Insten, den landlosen Arbeitern. Noch 1817 berichtet Jakob Adler von unhaltbaren Zuständen: In den Dörfern gäbe es kaum ordentlich eingerichtete Schulen, Lehrer ließen sich als Knechte einstellen, da der kärgliche Lohn sonst nicht reichte, und Schreiben und Rechnen kämen viel zu kurz, weil die Lehrer es selbst nicht gelernt hätten.

Mit der neuen Schulordnung wurden nach und nach Lehrer eingestellt, die auf Seminaren in Kiel und Tondern fachlich vorgebildet waren und damit auf eine angemessene Besoldung Anspruch hatten. Sie waren nun nicht mehr auf Almosen von Eltern und auf den so genannten Wandeltisch, den von Familie zu Familie wechselnden Mittagstisch, angewiesen. Adler lag vor allem die Landschule am Herzen. So gelang es ihm, die Dorfschule aufzuwerten durch die Einrichtung von Distriktschulen mit Lehrerwohnungen und fest angestellten Lehrern, die von den Eltern bezahlt wurden. Außerdem unterlagen nun Jungen und Mädchen gleichermaßen dem Schulzwang. Adler erwirkte gegen anfängliche Widerstände schließlich die neunjährige Schulpflicht.

Erst mit den Adlerschen Initiativen kann sich auch die über Angelns Grenzen hinaus bekannte Schleswiger Domschule staatliche Gelehrtenschule nennen. Mit der Schulreform von 1814 gingen die Schulaufsicht und die Patronatsrechte und -pflichten endgültig vom Episkopat an den Landesfürsten über. Die Domschule war ebenso wie das Christianeum Altona der dänischen Krone unmittelbar zugeordnet.

In den Grundzügen blieb die Adlersche Schulordnung mehr als 150 Jahre gültig. Mit „Adler im Gepäck" ist die Schule im Grundsatz bis in die siebziger Jahre des vergangenen Jahrhunderts, als sich in Schleswig-Holstein wiederum neuartige pädagogische Probleme stellten, „durchaus gut gefahren" und hatte im nationalen wie im internationalen Vergleich „manchmal sogar die Nase vorn", wie der Erziehungswissenschaftler Martin Schwab resümiert.

Auch im Kirchenwesen Angelns schlugen sich die Ideen des Superintendenten Jakob Adler und damit das Gedankengut der Aufklärung nieder, wobei einigen Pastoren eine unterstützende Rolle zugeschrieben wird, insbesondere Martin Friedrich Lihme, Töstrup, und Friedrich Marquard Meyer, Sieverstedt, der in Paris selbst die 1789er Revolution miterlebt hatte. Der neue Landeskatechismus und das Allgemeine Gesangbuch von 1780 mit neuen, lehrhaften und für jedermann verständlichen Texten sowie die Abschaffung von teilweise noch aus der katholischen Zeit stammenden Feiertagen sind ein Anfang dieser Kirchenreform. Und die Armenfürsorge, die damals der Kirche oblag, bekam neue gesetzliche Grundlagen und allmählich klarere Konturen durch die Aufgeschlossenheit und Aktivität Adlers. Er war jedoch vor allem der Betreiber einer neuen Gottesdienstordnung, der Kirchenagende. Mit ihr war er allerdings kaum so erfolgreich wie mit seinen anderen Unternehmungen.

Diese aufklärerisch-rationalistische Kirchenagende, 1796 als königliches Reskript veröffentlicht, wollte den Gottesdienst „bewusster und innerlicher gestalten". Beispielsweise sollte das Vaterunser nicht so oft gesprochen werden, um es nicht zum Lippengebet herabzuwürdigen. Das Durchreichen des Klingelbeutels und das Verlesen obrigkeitlicher Anordnungen, empfand Adler, störe den Gottesdienst. Pastoren sollten auch nicht mehr das Kreuzeszeichen machen, da es von der Gemeinde als Zauberformel empfunden werden könne.

Auf die neue Gottesdienstordnung aber reagierte die Bevölkerung Angelns – wie die anderer Gegenden Schleswig-Holsteins – widerstrebend, vor allem in den Dörfern. Die Auseinandersetzungen im ganzen Lande spitzten sich zu, und es kam zum so genannten Agendenstreit. Dieser teilte viele Gemeinden in zwei Lager und brachte die Pastoren, die sich in der Staatskirche an die neuen Richtlinien halten mussten, oft in Bedrängnis. Triebfeder der Unruhe war die Sorge, mit der Agende könnten die Gebote Gottes missachtet und die überkommene Ordnung der evangelisch-lutherischen Kirche ins Wanken geraten. Das konservative, aber durchaus aufgeschlossene und geistig bewegliche Bauerntum in Angeln wollte sich keine „neue Religion von oben" aufzwingen lassen, und es fand dabei auch die Handwerkerschaft an seiner Seite. Trotz einiger erleichternder Bestimmungen musste die Agende schließlich zurückgezogen werden.

Es mag überraschen, dass ausgerechnet das Landvolk gegen die Adlersche Agende opponierte. Denn die ebenfalls von der rationalistischen Aufklärung bestimmten Agrarreformen waren doch voll akzeptiert und gerade hier im Norden relativ zügig verwirklicht worden. Die Ursache für den Widerstand in den Dörfern gegen die Agende dürfte vor allem darin liegen, dass die Bauern sich in diesem frühen Stadium mit dem eigentlichen Geist der Aufklärung, mit ihren Grundgedanken und ihren Lehren, noch nicht identifizieren mochten, was ebenso schon für die Agrarreformen galt, für die sie sich vor allem aus rein wirtschaftlich-pragmatischen Gründen öffneten. In beiden Fällen spielte auch die Vertrauenskrise der Landwirtschaft gegenüber den Kopenhagener Behörden eine Rolle, hervorgerufen vor allem durch die ihr einseitig auferlegten finanziellen Lasten im Zusammenhang mit dem dänischen Staatsbankrott. Die große Idee des Gesamtstaates hatte aber ohnehin – dies nicht zuletzt durch das Bündnis der Regierung mit Napoleon – in den Herzogtümern viel an Glaubwürdigkeit verloren.

„Liebliche Früchte" der Aufklärung und Pressefreiheit

Auf agrarischem und schulischem Gebiet hatten die Reformen vor und nach 1800 wesentliche Fortschritte herbeigeführt. Von den neuen Ideen profitierten auch das Vereins- sowie das Presse- und Zeitschriftenwesen. 1770 bereits hatte König Christian VII. die Pressezensur aufgehoben, und für ihre Realisierung sorgte – als Mitarbeiter an verbotenen Schriften schon aus Eigeninteresse – sein einflussreicher Kabinettssekretär Johann Friedrich Struensee. Schriften und Wochenblätter, die die Volksbildung heben wollten, gab es bald in großer Auswahl. Flensburg entwickelte sich zum Mittelpunkt des Zeitungswesens. Hier wurde 1788 das „Flensburgische Wochenblatt" gegründet. Es folgte ein Jahr später das „Schleswigsche Wochenblatt zur Unterhaltung und Aufklärung". 1796/97 erschien in Flensburg das als politisch radikal geltende Blatt „Der neue Mensch". In Angeln wurden die Schleswig-Holsteinischen Provinzialberichte, die der Nationalökonom August Niemann ab 1787 in Altona herausgab, viel gelesen. Niemann war es, der die einsetzenden Diskussionen über das Bauernlegen als „reifste und lieblichste Früchte unserer Pressefreiheit" bezeichnete.

Das Vereinswesen belebte sich mit der Aufklärungsbewegung vor allem durch die Gründung der patriotischen und literarischen Gesellschaften. So gab es in Flensburg 1793 zwei deutsche, eine dänische und eine französische Lesegesellschaft. Der von Christian August von Rumohr und seiner Frau auf Gut Rundhof ins Leben gerufene „Lesekonvent" gehörte zu den Subskribenten der genannten Provinzialberichte. Ab 1825 fand die Literaturvermittlung stärkeren Eingang in den Dörfern mit dem Nordangler Leseverein, der zunächst von wissbegierigen Bauern in der Absicht gegründet wurde, landwirtschaftliches Fachwissen schneller zu verbreiten, bald aber auch allgemein-wissenschaftliche und schöngeistige Literatur einbezog. In der zweiten Hälfte des 19. Jahrhunderts traten ihm auch Angehörige anderer Berufe bei. Der anfangs von 27 Bauern aus Nordangeln getragene Verein überdauerte alle Kriege und konnte 1950 auf sein 125jähriges Bestehen zurückblicken. In den folgenden Jahren verliert sich allerdings die Spur dieser für die Literatur- und Leseentwicklung einst so wichtigen Einrichtung. Seit 1957 sind keine Protokollbücher mehr auffindbar. Offiziell wurde der Verein aber nicht aufgelöst.

Die Verbreitung neuester Erkenntnisse aus Wissenschaft und Technik war auch das Ziel, das sich fortschrittliche Landwirte mit der Gründung der landwirtschaftlichen Vereine aufs Panier geschrieben hatten. Zu diesem Zweck wurde in Nordangeln 1856 der „Angler Landwirtschaftliche Verein" auf Initiative des Hufners Peter Jensen, Maasbüll/Ausacker gegründet. Der Verein war anfangs auf die rein fachlichen Fragen der Bodenbearbeitung, der Viehzucht und -veredlung und den Produktabsatz ausgerichtet sowie auf die Feld- und Hauswirtschaftseinrichtung. Die jeweiligen Vorstände, in denen immer wieder die Familie Jensen, Maasbüll, später Ausacker, eine Rolle spielte, zeigten darüber hinaus eine erstaunliche Offenheit für Neuerungen auch in anderen Bereichen. So nahm der Verein neben der Beratung in Versicherungsfragen aller Art mit Erfolg Einfluss auf den Eisenbahnbau in Angeln. Auch die Meierei Voldewraa, die am Beginn einer langen Reihe von Meiereigründungen in Angeln stand, verdankt dem Verein ihr Entstehen.

Im südlichen Angeln hatte sich schon 1837 der „Landwirtschaftliche Verein an der Schlei" konstituiert, mit dessen Hilfe die erste Landwirtschaftsschule Schleswig-Holsteins in Oersberg eingerichtet wurde und der bereits 1839 den Bau einer Eisenbahn zur wirtschaftlichen Erschließung Angelns forderte. Knapp dreißig Jahre später, 1868, gelang es – auch mit der Unterstützung des landwirtschaftlichen Vereins in Nordangeln –, durch Aktienzeichnung eine landwirtschaftliche Lehranstalt in Kappeln zu er-

In Voldewraa wurde die erste Genossenschaftsmeierei Schleswig-Holsteins gegründet. Dieser Nachbau steht im Freilichtmuseum Molfsee

richten. Die beiden frühen Angelner Vereine nahmen wiederum mit anderen landwirtschaftlichen Vereinen im Herzogtum Fühlung auf, so ebenfalls mit den wesentlich später auf der westlichen Geest entstandenen Vereinen. Dem damals schon im Holsteinischen bestehenden „Generalverein", dem Vorläufer des Schleswig-Holsteinischen Landwirtschaftlichen Generalvereins, aus dem die 1896 gegründete Landwirtschaftskammer Schleswig-Holstein hervorging, konnten sie sich jedoch erst nach der Eingliederung der Herzogtümer in den preußischen Staat anschließen.

Zur Aufgeschlossenheit und Weiterbildung der ländlichen Bevölkerung, vor allem im fachlichen Bereich, trugen auch die Schriften von weitsichtigen Männern wie Philipp Ernst Lüders, Nicolaus Oest, Friedrich-Wilhelm Otte, Albrecht Thaer, der Angeln schon 1799 „zu den cultiviertesten Distrikten des Nordens" zählte, sowie später des Agrarhistorikers Georg Hanssen wesentlich bei. Für die Fortentwicklung der Tierzucht in Angeln waren die Tierschauen ein wichtiger Beitrag. Ihre Ausbreitung geht auf Ökonomierat Petersen-Twedt zurück.

Innerstaatliche Ordnung noch antiquiert

Anders als im Vereinswesen herrschten auf dem Gebiet der Verwaltung und der Rechtspflege weit ins 19. Jahrhundert hinein im Schleswigschen noch mittelalterliche Zustände, schon deshalb, weil keine Gewaltentrennung mit verschiedenen Verantwortlichkeiten für Justiz und Verwaltung bestand. Durchgreifende Reformen wurden erst in der preußischen Zeit in Angriff genommen. Beispielsweise gab es noch die 1524 eingeführte patrimoniale Gerichtsbarkeit der Gutsherren über ihre Untertanen. Sie wurde 1805 gemildert, als die Gutsbesitzer verpflichtet wurden, Justitiare einzustellen und Gerichtstage auf den Gütern durch sie abhalten zu lassen. Und es erstaunt, dass die Folter im Herzogtum bis 1770 bestand und dann erst von König Christian VII. abgeschafft wurde mit einer Verfügung, in der es unter anderem hieß, es solle „lieber, als dass man Gefahr laufe, einen Unschuldigen zu martern, ein Schuldiger freygelassen werden". Ab 1791 hatte immerhin jeder Angeklagte Anspruch auf einen Pflichtverteidiger. Ab 1853 war für den Angler Güterdistrikt und das St. Johanniskloster in Schleswig ein Richter in Kappeln mit der Rechtspflege beauftragt. Ansätze für ein humaneres Justizwesen waren also vorhanden.

An Einzelheiten über die Verwaltung der Landschaft Angeln ist in der dänischen und Gottorfer Ära relativ wenig überliefert. Generell gilt, dass sie sehr unübersichtlich war, auch noch in der Zeit um die Wende zum 19. Jahrhundert. Seit der Besetzung des Herzogtums Schleswig durch Dänemark 1713 lagen Verwaltung und höchstrichterliche Justiz beim Obergericht in Gottorf. Ihm übergeordnet war die im 16. Jahrhundert geschaffene Schleswig-Holsteinische Kanzlei bei der Regierung in Kopenhagen. Für Finanz- und Wirtschaftsangelegenheiten war oberste Instanz die Rentekammer; außerdem hatten noch die General-Zollkammer, die General-Postdirektion und das Commerzkollegium, alle mit Sitz in Kopenhagen, in diesem Bereich Zuständigkeiten.

Nach wie vor, das heißt seit der ersten Landesteilung von 1490, gehörte Angeln keiner geschlossenen Verwaltungseinheit an, sondern zwei Ämtern, im Norden dem Amt Flensburg als königlicher Anteil und im Süden dem Amt Gottorf als herzoglicher Anteil. Beide Gebiete reichten nach Westen weit über Angeln hinaus. Grundlage der Ämter waren im Herzogtum Schleswig bekanntlich die Harden. Landgemeinden und Kreise gab es noch nicht. Den an der Amtsspitze stehenden Amtmännern unterstanden die für Verwaltungs- und Steuerangelegenheiten zuständigen Amtsverwalter oder Amtsschreiber, zu deren Hilfe Hausvögte eingesetzt waren, die unter anderem die Aufsicht führten über Wege, Brücken, amts- und landesherrliche Gebäude. Für das Feuerlösch- und Versicherungswesen waren Branddirektoren verantwortlich sowie jeweils ein Aktuar, der bei den Hardesgerichten Protokoll führte.

Das Amt Flensburg bestand aus vier Harden. Das waren 1. die Uggelharde, zu der die vier Trinte Groß- und Kleinsolt, Sieverstedt, Oeversee und – außerhalb Angelns – Jörl gehörten, 2. die Husbyharde mit den drei Trinten Adelby-Rüllschau, Hürup-Husby und Langballig-Dollerup, der die Güter Lundsgaard und Freienwill dingpflichtig waren, 3. die Nieharde mit dem Grünholzer und dem Gammelbyer Trint sowie den Gutsbezirken Südensee und Schwensby und schließlich 4. die Munkbrarupharde, die erst 1779 als Glücksburger Lehnsdistrikt dem Amt Flensburg angegliedert worden war.

Der Kay-Nebel-Saal im Schleswiger Kreishaus in seiner ursprünglichen Gestaltung. Die Fresken hat der Kappelner Maler Kay Nebel geschaffen nach dem der Saal benannt ist

Das Amt Schleswig umfasste drei Harden: 1. die Struxdorfharde, die aus den Vierteln Tolk, Fahrenstedt, Havetoft und Norderbrarup bestand sowie 2. die Schlies- und Füsingharde und 3. die Satrup- und Mohrkirchharde. Außer den beiden Ämtern gab es in Angeln noch zwei weitere Verwaltungsbezirke, den I. Angler Güterdistrikt, der 26 adlige Güter und Ländereien im Umfang von 286,5 Pflügen umfasste und einem Distriktsdeputierten unterstand, sowie das Klostergebiet St. Johannis vor Schleswig mit 15 Pflügen Land, das ein Propst verwaltete.

Der Angeln-Historiker H.N.A. Jensen spricht vom „bunten Flickenteppich", der Verwaltung und Justizwesen kennzeichne. Die Vielzahl der Jurisdiktionsbezirke und Gerichtsbarkeiten brachte es mit sich, dass zum Beispiel ein Grundeigentümer oft an zwei oder drei Obrigkeiten jeweils andere Abgaben entrichten musste. So hatte es in Husby ein Bauer wegen der unterschiedlichen Zuständigkeiten für seine Ländereien mit den Verwaltungsdienststellen des St. Johannisklosters in Schleswig, der St. Nicolai-Kirche in Flensburg und denen der adligen Güter Schwensby, Freienwill und Lundsgaard zu tun.

Ähnlich unübersichtlich, uneinheitlich, auch ungerecht, waren das Militär- sowie das Steuer- und Zollwesen. Der Großgrundbesitz genoss darin noch immer mancherlei Vorrechte. Auf Einzelheiten kann hier nicht eingegangen werden. Zu betonen ist, dass Angeln als reines Bauernland durch die Wehrpflicht als einer „persönlichen und allgemeinen Obliegenheit des Bauernstandes" besonders belastet war. Während der Erhebungszeit und nach 1854 gab es allerdings in den Herzogtümern schon die allgemeine Wehrpflicht. In diesen Jahren sind unter der dänischen Herrschaft auch Ansätze einer Verwaltungsreform zu erkennen. Grundlegende Neuerungen im gesamten Militär- und Steuerwesen sowie in der Verwaltungs- und Rechtspflegeorganisation erlebte Angeln aber erst, als Schleswig-Holstein preußische Provinz geworden war.

Buchweizen, Speck und Pferdebohnen

„Hat der Bauer Geld, hat's die ganze Welt". Diese Spruchweisheit, die heute nur noch sehr bedingt gilt, vor zweihundert Jahren hatte sie noch volle Gültigkeit. Ganze Landstriche, auch die Städte, profitierten, wenn es dem Bauernstand gut ging, wenn die Landwirtschaft, nach der damals verbreiteten Naturrechtslehre der Physiokraten die einzige wirtschaftlich produktive Klasse, sichere Einkünfte aufwies. Umgekehrt hatten ganze Landstriche zu leiden, wenn Missernten, Pflanzenkrankheiten und Tierseuchen die Einkünfte der Bauern infrage stellten, zumal sie kaum Alternativen hatten, um ihre Einnahmen auf andere Weise aufzubessern. Und in Angeln war der Bauernstand zu jener Zeit noch absolut vorherrschend. Nach der Volkszählung von 1803 nahm er etwa fünf Sechstel der Bevölkerung ein. Das Verhältnis von Städtern zu Landbewohnern betrug im ganzen Herzogtum 1 zu 5, in anderen deutschen Gegenden oft schon 1 zu 3.

Mit den Agrarreformen waren neue Daten gesetzt und damit zweifellos auch bessere Lebensbedingungen geschaffen worden für große Teile der Bevölkerung. Und wer von den Bauern in Angeln die Gunst der Stunde zu nutzen wusste oder über günstige Voraussetzungen verfügte, der gelangte, wie geschildert, zu Wohlstand und Vermögen. Doch das glückte längst nicht allen, zumal bald nach der Bauernbefreiung mit den Wirren des Napoleonischen Krieges, der Kontinentalsperre und dem Agrarpreisverfall viele Bauern in Konkurs getrieben wurden oder zu Billigpreisen Land verkaufen mussten.

Die alten oder im Zuge der Reformen neu entstandenen Katenstellen waren meistens zu klein, um eine Familie ernähren zu können. Das wenige Vieh, oft in schlechter gesundheitlicher Verfassung, und das Ackerland, das höchstens die zwei- bis dreifache Aussaat brachte, reichten kaum für das Notdürftigste. Buchweizen, Brot von Kleie, Pferdebohnen und Speck bildeten die Hauptnahrung in den Kätnerfamilien. Butter leistete man sich selten; die wurde verkauft. Dafür behalf man sich mit eingesalzener und geronnener Milch als Brotaufstrich, einer Art Quark nach heutiger Vorstellung. Die Kartoffel, die die Kolonisten eingeführt hatten, setzte sich nur langsam durch. Und die Menschen lebten in elenden Behausungen. Die Gebäude, Wohnungen wie Scheunen, waren oft in schlechtem Zustand, baufällig und verfallen. Nahrung, Wohnung und Kleidung waren also von „denkbar größter Einfachheit und Mäßigkeit“.

So blieben viele landlose Insten und Tagelöhner auch nach den Reformen noch für lange Zeit Sklaven der Arbeit und der Not, sofern sie überhaupt Lohn und Arbeit fanden. Nur wenigen gelang der Aufstieg zum Kleinbauern oder Bauern. Wie den Berichten zu entnehmen ist, die die Pastoren in Angeln ihrer Kirchenleitung zu übermitteln hatten, nahm die soziale Differenzierung in den Dörfern eher zu. Die Landarbeiter wurden weiterhin außerordentlich schlecht bezahlt. Gleichzeitig erhöhten sich die Ausgaben für die Lebenshaltung und die soziale Versorgung kräftig. Sonntagsarbeit war üblich. Die Kinder mussten viel zu früh mitarbeiten, und das ging voll auf Kosten der Gesundheit und der Schulbildung.

Beklagt wird in den zeitgenössischen Berichten einiger Pastoren auch die Häufigkeit unehelicher Schwangerschaften, die danach bei den „kleinen Leuten“ öfters zu beobachten war als bei den meist besser situierten Hufnern, wie die Bauern nun auch in Angeln genannt wurden, seitdem man den Landbesitz wie im Holsteinischen in Hufen maß. Pastor H.N.A. Jensen hat in seinem Kirchspiel Gelting in den 1830er Jahren einmal „nachgerechnet“ und kommt zu dem Ergebnis, dass dort über sieben Prozent der Geburten unehelich waren. Mit den Verstößen gegen die Enthaltsamkeit „steht es also arg genug“, folgert er. Der concubitus anticipatus (voreheliche Beischlaf), „etwas sehr (all)gemeines“, habe bei den von ihm beobachteten 65 Ehepaaren „bei 35 erweislich stattgefunden, und für die Enthaltsamkeit der übrigen 30 Paare möchte wohl niemand die Gewähr leisten“, weiß der Pastor zu berichten. Schuld seien die vielen Lustbarkeiten wie Erntebiere oder Pfingstgilden, und daran könnten auch soeben Schulentlassene teilnehmen.

Zu viele Menschen am Bettelstab

Besser als vielen Kleinbauern, Kätnern und einfachen Landarbeitern ging es in Angeln in den ersten zwei Jahrzehnten vor und nach der Bauernbefreiung auch den Landhandwerkern nicht. Sie waren oft arbeitslos und um so dringender auf Nebenerwerb angewiesen, mit einer eigenen kleinen Landwirtschaft oder bei den Bauern im Dorf. Denn mit den nötigen Gerätschaften und Betriebsmitteln, wie man heute sagt, versorgte sich die Landwirtschaft noch weitgehend selbst. Und schon damals galt: In schwierigen Zeiten wird improvisiert. Unter diesen Umständen war es nicht verwunderlich, dass die Krüge besser besucht waren, als die Kirchen, was die Geistlichkeit in ihren Berichten mit Bitternis vermerkt.

Ein Indiz für die Qualität der Lebensverhältnisse in einem Lande, für Armut und Wohlergehen, ist der Umfang der Bettelei. „Von fremden Bettlern", klagte 1785 der Pastor in Großsolt, „werden wir hier täglich überschwemmt." Mit Verboten und regelrechter Jagd auf die umherziehenden Bettlerscharen versuchten die Landesherren dem Problem beizukommen. Doch alle Maßnahmen, die oft in vorgegaukelter Aktivität bestanden, brachten nichts. Das eigentliche Übel, die Arbeitslosigkeit, wurde nicht an der Wurzel gepackt. Sie in den Griff zu bekommen, war jedoch zu damaliger Zeit ungleich schwerer als heute.

Vor der Reformation hatten sich in Angeln die Klöster, vor allem das Kloster Mohrkirchen, um Armen- und Krankenpflege gekümmert. Armenfürsorge war Sache der Kirche, blieb aber schlecht organisiert. Nach der Reformation hatte sich der Landesherr dieser Aufgabe anzunehmen. Das karitative System der Kirche aber sollte beibehalten werden. Zu diesem Zweck fasste König Christian III. 1551 in Flensburg die Vermögen des Heiligengeist-Hospitals, des St. Jürgen-Hospitals des Klosters und weiterer Stiftungen zur Heiligengeist-Stiftung zusammen. Einzelheiten zur Armenversorgung waren in der Kirchenordnung von 1542 geregelt. Dabei ging es um die Sammlung und Verteilung freiwilliger Spenden einschließlich der Einnahmen aus Klingelbeutel und Opferstock, auf die sich die Unterstützung der Armen im Wesentlichen beschränkte.

Die Notlage des größten Teils der Bevölkerung verschärfte sich mit dem spürbaren Geburtenanstieg etwa ab Beginn der achtziger Jahre des 18. Jahrhunderts, zumal Tod durch Krankheiten und Seuchen seltener wurde. Allein von 1800 bis 1840 wuchs Angelns Bevölkerung um rund 50 Prozent. Doch fanden sich keine entsprechenden Arbeitsmöglichkeiten. Und wer Arbeit bekam spürte bald, dass der Anstieg der Löhne weit hinter den allgemeinen Preissteigerungen herhinkte. Bettelei, Diebstahl und Kriminalität nahmen zu.

Da das Armutsproblem, wie die wachsende Bettelplage zeigte, mit den üblichen Methoden nicht zu lösen war, bildete man so genannte Armenkollegien, die für jeden Besitzbürger einen Beitrag festsetzten (Setzung), der dann von Armenpflegern regelmäßig eingesammelt wurde. Auch damit waren aber Armut und Bettelei nicht zu beseitigen. „Unverschämte Landstreicher, starke Müßiggänger, liederliche Hand-

Das Schleswiger Präsidentenkloster ließ Gottorfs Kanzler Adolf von Kielmansegg 1656 als Armenstift errichten

werksburschen, Betteljuden, Italiener, angebliche Sklaven aus der Türkei, Exulanten, Brandbriefeträger und dergleichen verdorbenes Gesindel", hieß es in einem landesherrlichen Reskript, belästigten die königlichen Untertanen. Diese Leute sollten deshalb härter angepackt werden. Es drohten Festungshaft und Unterbringung in Zuchthäusern oder – für Ausländer – Abschiebung über die Landesgrenze.

Die Methoden, um ungebetene Gäste loszuwerden, wurden immer rabiater. Denn der Kampf ums Dasein machte die Herzen hart: Mit so genannten Bettel- und Klopfjagden versuchte man, der zugereisten Fremden in den Dörfern habhaft zu werden, um sie dann möglichst in eine andere Armenkommune, wenigstens ins Nachbardorf zu befördern. Die eingesessenen sollten aber gegenüber fremden Armen vorgezogen werden. Daher erwarben sie nach einer bestimmten Aufenthaltsdauer im Armendistrikt einen Anspruch auf Versorgung, ein Heimatrecht. Das wiederum war für manchen Dorfoberen ein Grund, sie vorher abzuschieben. Und Bauern scheuten nicht davor zurück, Tagelöhnern oder Knechten noch vor Ablauf der Aufenthaltsfrist zu kündigen, damit sie später im Alter nicht der Allgemeinheit des Ortes zur Last fielen. Die Abgeschobenen saßen dann samt Familie auf der Straße.

Diesen üblen Praktiken der menschenfeindlichen Vertreibung versuchte die Obrigkeit, von den Ideen der Aufklärung beseelt, schließlich einen Riegel vorzuschieben. Mit verschiedenen Kanzleipatenten traf sie entsprechende Vorkehrungen. Das Anrecht auf Versorgung zum Beispiel wurde verbessert, unter anderem durch ein verlängertes Aufenthalts- oder Heimatrecht. Auch wurden Armenwohnungen gebaut. Einige Hardesvögte wehrten sich allerdings dagegen, da sie den Zuzug von Leuten fürchteten, die eines Tages für die Kommune zu teuer werden könnten. In Ausacker soll ein Bürger die Erlaubnis zum Bau eines Armenhauses auf Lebenszeit, das heißt nur unter der Bedingung erhalten haben, dass es nach seinem Tod wieder abgerissen würde. Das brachte ihm den Namen Krischan Läbenstid ein. Doch als Christian Lorenzen, wie er richtig hieß, starb, war die alte Auflage vergessen.

Über die Ergebnisse aller Maßnahmen zur Minderung der Armut, so auch über den Bau so genannter Armenkasernen und Arbeitshäuser, in denen manchmal ganze Familien nach Geschlechtern getrennt, also auseinander gerissen, untergebracht wurden, berichten in ihren Visitationsprotokollen die Pastoren. Sie hatten in der Regel die Oberaufsicht über die Institutionen des Armenwesens. Zwar schönen sie gern das Bild, verschweigen aber nicht, dass es generell um die Solidarität für die Armen schlecht bestellt sei. Nicht Edelmut, sondern Egoismus und Raffgier seien vielfach die treibende Kraft angeblichen Mitleids. Anders ausgedrückt: Wo öffentliche Mittel eingesetzt wurden, gelang es schon damals manchen Leuten, sich zu bereichern. So versuchten Pflegeeltern, aus dem Pflegegeld der in ihre Obhut gegebenen Armenkinder Gewinn zu ziehen.

Nach der Einverleibung der Herzogtümer 1867 in Preußen wurde das Heimatprinzip als Grundlage für die Armenversorgung aufgegeben. Durch das Bundesgesetz über den Unterstützungswohnsitz von 1871 erwarb man bereits nach zweijährigem statt bislang 15jährigem Aufenthalt an einem Ort den Unterstützungsanspruch, verlor ihn aber auch nach zwei Jahren Abwesenheit. Es wurden Armenverbände, so auch ein Landesarmenverband für Schleswig-Holstein, gebildet, die nun für die Armen zuständig waren. In Angeln hatte das angesichts der dortigen administrativen Zersplitterung den Vorteil, dass nicht mehr, wie bisher, das Kirchspiel eine Armenkommune bildete, sondern, der staatlichen Gliederung entsprechend, die Armenverbände nun den neuen Kreisbehörden unterstanden. Die Verwaltung des Armenwesens ging von den Kirchspielsvorstehern, den Juraten und Achtmännern, auf die Gemeindevorsteher über, wurde also der kirchlichen Aufsicht entzogen und zu einer kommunalen Angelegenheit.

Schon vor dem Anschluss Schleswig-Holsteins an Preußen und damit an das deutsche Wirtschaftsgebiet, wo die Industrialisierung längst begonnen hatte, war in Teilen des Landes eine Abwanderung der ländlichen Überbevölkerung in die städtischen Zentren zu beobachten, eine Voraussetzung wiederum für die spätere Industrialisierung. Damit verlagerte sich die Armut nach und nach vom Land in die Städte, so auch nach Flensburg, wo sie bald förmlich explodierte und ein Industrieproletariat entstehen ließ. Die abgewanderten Arbeiter, vielfach dem ländlichen Instenproletariat zuzurechnen, waren für die sozialistische Agitation besonders anfällig. Die Reaktion der preußischen Regierung, präziser gesagt Bismarcks, waren das Sozialistengesetz und zunehmende Repressalien.

Doch schuf der Staat andererseits die Sozialversicherungen, mit denen er die entwurzelten Massen integrieren wollte, was über einen längeren Zeitraum auch gelang und unter anderem daran zu erkennen ist, dass die Landarbeiter bald 70 Prozent der Rentenempfänger ausmachten. Aber das Armenproblem war noch keineswegs aus der Welt. Aus Armenkasernen und Arbeitshäusern wurden Pflegehäuser oder Fürsorgeheime. Und die gibt es noch heute.

Hilfe in der Not: Nachbarschaften und Gilden

In Angelns Güterdistrikt, wo die Leibeigenschaft nun verschwunden war, herrschten noch immer triste Verhältnisse. Deshalb waren dort – bei aller Erleichterung – die Meinungen über den Nutzen der Bauernbefreiung lange Zeit sehr geteilt. Denn mit ihr hatten die Leibeigenen ein Privileg verloren: das Recht auf Schutz durch den Gutsherrn, ihren Anspruch auf die Konservation. Für ihre wirtschaftliche und soziale Absicherung, für den Schutz von Hab und Gut und die ärztliche Versorgung waren nämlich im Zuge der Reformen keinerlei Vorkehrungen getroffen worden. Daraus ergaben sich für die folgenden Jahre schwerwiegende soziale Probleme. Viele Familien waren jetzt ohne gesicherte Existenz und fielen bald der Armenfürsorge zur Last. Das Armenwesen wurde zur Bürde der Gesellschaft.

Dort allerdings, wo die so genannten Naverschops, die Nachbarschaften der Genossen, funktionierten, hielten sich Not und Armut in Grenzen. Denn schon vor ihrer Auflösung stellten die Markgenossenschaften zugleich Interessengemeinschaften dar, deren Mitglieder in Notsituationen verpflichtet waren zur gegenseitigen Hilfe, die in Satzungen, später in Willkürbriefen oder Beliebungen geregelt wurde. Risiken wie hohe Ernte- oder Viehverluste und vor allem Brandschäden, denen die üblicherweise stroh- oder reetgedeckten Gebäude in besonderer Weise ausgesetzt waren, konnte der Einzelne nicht aus eigener Kraft bewältigen. So tat man sich zusammen zu Solidarbündnissen und griff in Notfällen dem Geschädigten mit Hand- und Spanndiensten, mit Naturalleistungen wie Viehfutter oder Baumaterial, später auch mit Geldleistungen unter die Arme. Und die Markgenossen unterstützten sich im Rahmen der Nachbarschaftshilfe oft auch bei Geburten, Hochzeiten, bei Tod und Beerdigung, sogar bei der Vorbereitung von Festlichkeiten. Jeder hatte sich im Rahmen seiner Möglichkeiten für den anderen einzusetzen.

Auf Gut Ohrfeld wurde schon relativ früh, bereits 1765, die Leibeigenschaft aufgehoben. Die selbständigen Bauern gründeten 1788 die Ohrfelder Brandgilde, die heutige Ostangler Brandgilde

In diese Zeit der Bauernbefreiung fällt die Geburtsstunde der Ostangler Brandgilde, einer Genossenschaft zur Feuerversicherung auf Gegenseitigkeit. Dass sie mitten im Güterdistrikt entsteht, ist kein Zufall. Hier hatte Henning von Rumohr auf Gut Ohrfeld seine Leibeigenen bereits 1765, zwei Jahrzehnte früher als die anderen Güter, in Freiheit entlassen. Mit der bisherigen Abhängigkeit hatten auch seine Bauern – die Kehrseite der Medaille – Schutz und Sicherheiten verloren. Und weil bei einem Brand nun nicht mehr ihr Gutsherr für den Wiederaufbau von Haus und Hof sorgte, sondern sie als Eigentümer selbst dafür verantwortlich waren, mussten andere Möglichkeiten der gegenseitigen Hilfe gefunden werden.

Nacheifernswerte Beispiele gab es schon. Denn angesichts der besonders großen Schäden bei Bränden hatten sich in Angeln seit dem 16. Jahrhundert hier und dort Brandkassen oder Brandgilden gebildet. Die frühesten waren die Kalandgilde zu Mohrkirchen von 1510 und die Brandgilde der Vogtei Ulsnis von 1614. Zu den ersten gehörten auch die Kappelner Brand- und Sterbegilde (1702) sowie die Munkwolstruper (1706) und die Grundhofer und die Dolleruper Brandgilde (beide 1744). Solche Selbsthilfeeinrichtungen waren in den Dörfern Angelns also schon relativ stark verbreitet.

1788 gründeten dann die Besitzer und zugehörigen Bewohner der Güter Ohrfeld, Töstrup, Östergaard, Norgaard und Düttebüll die Ohrfelder Brandgilde. Sie wurde wenig später in Ostangler Brandgilde umbenannt, und es schlossen sich ihr bald weitere Güter an. Die Ostangler bot ihren Mitgliedern, den Gildebrüdern, von Anbeginn einen Versicherungsschutz, der die noch heute bewährte Viererteilung in die Sparten Gebäude, Möbel, Ernte und Vieh umfasste. Aus einer Satzung aus dem Jahr 1810, die alle Einzelheiten genau regelt, geht hervor, dass an der Spitze der Ostangler zwei Branddirektoren standen, die die Aufsicht hatten über die gewählten Distriktvorsteher, denen die Schadenregulierung oblag. Nach 1900 entwickelte sich die Ostangler Brandgilde durch Aufnahme kleinerer Gilden und später auch durch räumliche Ausdehnung – zuletzt bis nach Mecklenburg-Vorpommern – sowie durch viele, der Zeit angepasste Neuerungen im Versicherungsangebot zur größten Gilde in Angeln und zu einer der modernsten Einrichtungen dieser Art in Schleswig-Holstein.

Handel, Handwerk und Gewerbe wieder im Aufwind

Die durchweg gute Ertragslage der Landwirtschaft im Zeitraum zwischen 1830 und 1864 – in Angeln ein Ergebnis der Umstellung hin zu mehr Marktorientierung nach der vorangegangenen Agrarkrise – führte zunächst vor allem im tertiären Bereich aus Handel, Verkehr und Geldwirtschaft zur Belebung. Dann folgten bald auch Handwerk und Gewerbe. Denn nun bestand Nachholbedarf in der Landwirtschaft. Nachdem schon zu Beginn des Jahrhunderts in Flensburg, Glücksburg, Schleswig und Kappeln Sparkassen vornehmlich auf privater Basis entstanden waren, bildeten sie sich auch in vielen Dörfern und Flecken Angelns. Und es boten sich Erwerbsmöglichkeiten für viele damals gängigen Berufe. Das ziemlich verelendete Landhandwerk, das lange unter der Flaute der Landwirtschaft gelitten hatte und sich zudem ständig gegen die Monopolisierungsversuche der städtischen Zünfte hatte zur Wehr setzen müssen, fand wieder Beschäftigung, wenn auch unter den schwierigen Bedingungen der beginnenden Industrialisierung.

Ein weit über Angeln hinaus bekannt gewordenes Handwerk begann sich voll zu entfalten: die Uhrmacherei. Mindestens 16 gab es davon in der Landschaft zwischen Flensburg und Schleswig bereits 1791. Zu den frühen dieser berühmten Zunft gehört der Angelner Meister Bendix Claus Fries, der in Schrixdorfstraße und später in Nottfeld bei Süderbrarup seine Werkstatt hatte und in seinem 78jährigen Leben fast 700 repräsentative Standuhren hergestellt hat, von denen sich heute noch fast vierzig in privatem oder öffentlichem Besitz befinden sollen. Vom späten 17. bis zum Ende des 19. Jahrhunderts lassen sich insgesamt etwa 70 Meister in diesem kleinen Ländchen nachweisen. Der letzte Angelner Meister, der noch selbst Uhren baute, soll der 1938 verstorbene Heinrich Agger aus Brodersby gewesen sein.

Richtige Uhrmacherdynastien bildeten sich, so die Familien Pannyson in Schleswig, Sieverts in Flensburg, Schwark in Großsolt, Hansen in Töstrup. Übertroffen werden sie alle von der Tüxen-Dynastie, Kius, die in acht Generationen bis heute ein Dutzend Uhrmacher hervorgebracht hat und aus deren Werkstatt noch 80 alte Uhren bis hin nach Nordamerika und Neuseeland existieren sollen. Im Unterschied zu den Bornholmer Uhren, die in großem Umfang in den

Eine Bodenstanduhr, die der Uhrmachermeister J. Tüxen, Schrixdorfstraße, Ende des 18. Jahrhunderts angefertigt hat

Ostseeraum exportiert wurden, hat sich der Absatz der Angelner Uhren aber überwiegend auf den engeren Heimatbereich beschränkt und auf Bauernhöfe konzentriert, auch ein Indiz für den Wohlstand in der Landwirtschaft. Vor allem hohe Standuhren fanden als attraktive Möbelstücke ihren Platz in den Eingangsdielen oder Wohnzimmern der nach dem Vorbild gutsherrschaftlicher Hofanlagen erbauten bäuerlichen Dreiseithöfe.

Aus der Reihe erfolgreicher Angelner Handwerker ragt die Fotografenfamilie Remmer heraus. Der erste, der in Angeln den Namen bekannt machte, war der Pfeifendreher Heinrich Remmer, ein Mann mit künstlerischer Ader, der bis 1900 – zuletzt in Unewatt – lebte. Sein Sohn Eduard, der als Dekorationsmaler für die repräsentativen Angelner Bauernhäuser große Anerkennung gefunden hatte, begründete die Fotografendynastie. Das von ihm gemeinsam mit seiner Frau Bertha, einer gelernten Fotografin, 1912 in Langballig gegründete Fotoatelier entwickelten beide zu einem ansehnlichen Betrieb, den 1930 ihr Sohn Asmus übernahm. Dieser spezialisierte sich auf die Heimfotografie, besuchte vorzugsweise die Bauernhöfe in Angeln und porträtierte dort die Familien. Es gab viele Jahre kaum ein Angelner Bauernhaus, in dem nicht Familienfotos auf dem Vertiko standen von Asmus Remmer, dem „Hoffotografen Angelns". Alle drei Söhne sowie eine Enkelin setzten die Tradition fort.

In der Wirtschaft Angelns im 19. Jahrhundert spielten die Ziegeleien eine herausragende Rolle. Begünstigt durch reiche Lehm- und Tonvorkommen entwickelte sich ein Schwerpunktgebiet zur Herstellung von Mauersteinen, Dachziegeln, Drainrohren und Fliesen zu beiden Seiten der Flensburger Förde und auf der Halbinsel Holnis. Egernsund, heute auf dänischem Gebiet, ist nach wie vor eine der bekanntesten, noch arbeitenden Ziegeleien aus damaliger Zeit. Auch an der Schlei und in anderen lehmreichen Orten Angelns entstanden Ziegeleibetriebe, von denen manche nicht nur für die heimische Produktion, sondern auch für den Export arbeiteten. Um die Mitte des vergangenen Jahrhunderts, auch früher oder später, sind die meisten dieser Betriebe stillgelegt worden.

Wichtigster Handels- und Schifffahrtsplatz in Angeln war bis ins Mittelalter bekanntlich Haithabu/Schleswig. Die Metropole verlor diesen Rang um die Mitte

Asmus Remmer, Angelns „Hoffotograf", griff, wie sein Vater, auch mal zu Pinel und Palette. Die Heimat und die bäuerliche Lebensart faszinierten die Remmers

Auf dem Holm in Schleswig gab es einmal über hundert Fischer. Heute ist dies eine malerische Siedlung, auf der sich viel Eigentümliches erhalten hat

des 13. Jahrhunderts an Lübeck. Lebensquell der ehemals blühenden Schleistadt blieb aber lange Zeit der Gottorfer Hof. Erst nach seiner Auflösung geriet die Stadt in eine wirtschaftliche Krise. Produktionsbetriebe konnten sich nur noch schwer behaupten. So musste eine gut entwickelte Fayence-Manufaktur 1814 ihren Betrieb einstellen. Der Stadt der Beamten und des Militärs wurde damals Mangel an Unternehmergeist nachgesagt. Erst in der preußischen Ära beginnt Schleswig langsam wieder aufzublühen, zunächst in enger Wechselbeziehung zu Angeln und seiner Landwirtschaft: Die große Dampf-Getreidemühle Sahr & Kähler wird errichtet, ferner die Export-Schlachterei Gebrüder Rasch, die einen umfangreichen Bacon-Versand nach England betreibt. Darüber hinaus entstehen zwei Lederfabriken, einige Gerbereien, die Nagelsche Eisengießerei sowie Druckereien und Bierbrauereien. Auch die Schleischifffahrt und die Frachtschifffahrt der Firma Horn kommen in Gang, wenngleich der Bau der Angelner Bahn nach Kappeln bald zu einer ernsthaften Konkurrenz wird.

Von einigem Gewicht war stets die Fischerei in Schleswig, die vom Holm aus betrieben wurde und von der dieser Stadtteil einigermaßen gut leben konnte, nachdem Mitte des 18. Jahrhunderts durch entsprechende Anordnungen der recht ausgedehnten Klein- oder Nebenerwerbsfischerei und der damit verbundenen Überfischung der Schlei ein Riegel vorgeschoben worden war. Während 1765 auf dem Holm 40 Fischer lebten, stieg deren Zahl bis 1868 auf 93 und 1896 sogar auf 102 Berufsfischer an. Seitdem ist die Mitgliederzahl der Ende des 18. Jahrhunderts gegründeten Fischerzunft am Holm auf heute noch 15 Mitglieder zurückgegangen. – In Schleswig bildete sich 1828 auch der erste Gewerbeverein in den Herzogtümern.

Die „Rumkonjunktur“ –

Holmer Kapelle mit Friedhof, für die Fischerfamilien stets gegenwärtiger Mittelpunkt ihrer Siedlung. Der Friedhof gehört der Holmer Beliebung, einer Totengilde von 1650

Flensburgs Reichtum

Bessere Chancen als für die Schleistadt boten sich mit der Ausweitung des Seehandels für Flensburg. Die Fördestadt nahm in der zweiten Hälfte des 15. Jahrhunderts als bedeutender Ostseehafen neben Lübeck einen beachtlichen wirtschaftlichen Aufschwung und konnte den Handel auf den ganzen Norden und den Ostseeraum ausweiten. Da Flensburg zum königlichen Anteil der Herzogtümer gehörte und die Du-burg bis Mitte des 17. Jahrhunderts wichtige Residenz der dänischen Könige war, profitierte die Stadt von Privilegien, so vor allem von dem Recht, Waren günstig aus Amsterdam einführen zu dürfen. Diese kamen über den Nordseehafen Husum, und wurden von Flensburg weiter verkauft in nördliche und östliche Häfen. Die Flensburger Flotte umfasste schon um 1600 bei einer Einwohnerzahl der Stadt von etwa 5000 zeitweilig mehr als 200 Schiffe. Vom damaligen Wohlstand zeugen noch die – inzwischen aufwendig restaurierten – Kaufmannshöfe, etwa Holm 19 bis 21, und der Brasserie-Hof, der Krusehof in der Roten Straße, auch das Restaurant Borgerforeningen sowie die prächtige Ausstattung der Flensburger Kirchen.

Die Privilegien, die Flensburg genoss, lockten fremde Kaufleute und Handwerker an. Aus Westfalen kamen die Kaufmanns- und Künstlerfamilien der Dibler und der Ringerink. Der Entfaltung zur reichen Hafenstadt bereitete jedoch der Dreißigjährige Krieg und das sich anschließende Jahrhundert der Kriegswirren zunächst ein Ende. Nach dem Nordischen Krieg galt die Stadt durch Verwüstung, Plünderung und Pest sogar als ziemlich arm, zumal der merkantilistisch ausgerichteten dänischen Regierung mehr an der Förderung des Hafens in der Hauptstadt Kopenhagen als an dem Flensburgs gelegen war. Ein erneuter Aufschwung der Stadt folgte nach 1750 im Zuge der allgemein besseren Konjunkturentwicklung. Die Fördestadt wusste sie zu nutzen durch Auf- und Ausbau der Schifffahrt, der Zuckerraffinerie – der erste Raffineriebetrieb nahm 1764 die Verarbeitung auf – sowie der Rum- und Branntweinherstellung. Zugute kam ihr dabei die erfolgreiche dänische Neutralitätspolitik bis ins Jahr 1807, als England die Aufgabe dieser Politik erzwang.

Die Kontinentalsperre und der dänische Staatsbankrott brachten erneut einen so herben Rückschlag, dass die Stadt – mittlerweile auf 14 000 Einwohner angewachsen – 1835 dem Ruin nahe war. Sie erholte sich erst mit der Wiederaufnahme des Westindienhandels und dem weiteren Ausbau der Rumindustrie. Die „Rumkonjunktur" bescherte den Flensburger Firmen dann allerdings hohe Gewinne. Schiffsausrüster und Seeleute, viele Handwerker und Gelegenheitsarbeiter fanden nun Lohn und Brot, zumal der Seeweg nach St. Croix und St. Thomas keine Einbahnstraße war. Denn große Mengen an Getreide und Mehl, an Hülsenfrüchten, an Speck und Schinken, Butter und Fleisch, Rüb- und Leinöl und vieles mehr wurden auf die Ruminseln verfrachtet. Eine der Hauptbezugs-

Der Brasseriehof, einer der malerischsten Kaufmannshöfe in Flensburg

quellen für diese Produkte lag vor den Toren der Stadt: Die Landwirtschaft in Angeln. Mit ihr entwikkelte sich ein reger Korn-, Vieh- und Butterhandel. So profitierten die Angelner Bauern von den weltweiten Handelsbeziehungen Flensburgs, und diese bestimmten bald das Leben auf den Höfen, und sie begründeten den Wohlstand in den Dörfern über weite Strekken des 19. Jahrhunderts.

Neben Handelshäusern und Banken hatten sich in Flensburg frühzeitig auch Gewerbebetriebe etabliert, die sich zu ansehnlichen und fortschrittlichen Industriebetrieben entwickeln konnten. Hinzu kam der Handel mit Tuchen und Lederwaren aus Neumünster sowie mit Pech, Teer, Holz und Eisen, mit Produkten, die den schwedisch-finnischen Handel nach Flensburg zogen. Nahezu weltbekannt war die schon Ende des 17. Jahrhunderts errichtete Kupfermühle mit 350 Beschäftigten am nördlichen Stadtrand, später „Crusauer Kupfer- und Messingwerke". Es entstanden weitere Fabriken, auch zur Tabakverarbeitung, ferner Eisengießereien, maschinell betriebene Getreide-, Papier- und Ölmühlen, und der Schiffbau nahm immer größeren Umfang an. 1854 bekam die Stadt Eisenbahnanschluss. Kanalisation, Wasserleitungen und Gasbeleuchtung wurden installiert. Ein Bauboom, bei dem viele alte Häuser anspruchsvollen Bauten mit klassizistischen Fassaden Platz machten, ließ die Bevölkerung der Stadt auf etwa 20 000 im Jahre 1864 anschwellen. So war Flensburg wirtschaftlich doch so gefestigt, dass die Stadt mit der Loslösung von Dänemark und dem Anschluss an Preußen, dem zunächst ein Rückschlag folgte, ohne wesentlichen Schaden fertig wurde.

Vorwiegend Handel und Schifffahrt sowie Fischerei prägten das Wirtschaftsleben in den kleineren Städten Kappeln und Arnis gegen Ende des 18. Jahrhunderts und im 19. Jahrhundert. Der Flecken Kappeln hatte noch 30 von ehemals über 40 Heringszäunen, einer Fangeinrichtung aus dem 15. Jahrhundert, und 50 Schiffe betrieben „hauptsächlich Hökerei nach

Das „Rumhaus" in Flensburg, jetzt nur noch Erinnerung an die über 200jährige Tradition der Stadt als weltbekannter Rum-Produzent

Für den Heringsfang hatten die Kappelner schon im Mittelalter ein ausgeklügeltes System geflochtener Weidenreusen erdacht. Davon blieb dieser Heringszaun

Kopenhagen", wie einer der Kappelner Pastoren damals berichtet. Und nicht wenige Einwohner Kappelns verdienten sich nach seinen Angaben ein Zubrot durch Schmuggel.

Arnis, im Jahre 1667 von etwa 70 aus Kappeln abgezogenen Familien gegründet, die sich geweigert hatten, dem Gutsherrn Detlev von Rumohr den Untertaneneid zu leisten, war im 19. Jahrhundert ein Flecken mit eigener Werft. Dieser verfügte ebenfalls über etwa 50 Briggs, Brigantinen und Schoner, die ihre Fracht – Getreide, Butter und Käse, Wurst und Speck, Bücklinge, Wollballen – nach Kopenhagen und Norwegen, nach England, in die Mittelmeerhäfen und teilweise bis ins ferne Vorderindien beförderten, von wo sie Reis, Kokos, Manganerz und Arrak mit zurücknahmen. Der Deutsch Dänische Krieg brachte das Ende der stolzen Handelsflotte. Die Erwartungen, die die Häfen an der unteren Schlei in eine Wiederbelebung von Schifffahrt und Handel gesetzt hatten durch die territoriale Neuordnung nach dem Anschluss an Preußen, erfüllten sich nicht.

Nationale Gegensätze – Deutsch oder Dänisch?

Mittlerweile hat sich das liberal-nationale Zeitalter europaweit ausgebreitet. Die Völker streben nicht nur nach nationaler Einheit, sondern auch nach individueller und staatsbürgerlicher Freiheit. Der übernationale, noch absolutistische dänische Gesamtstaat, der die Freiheitskriege ausgerechnet an der Seite Napoleons mitgemacht hatte, erscheint vielen Menschen nun wie ein Anachronismus. Dass er überholt ist, empfindet man auch in den Herzogtümern. Lange Zeit scheiden sich im Schleswigschen die Geister. Deutsch oder dänisch, das ist die Frage, die die nächsten Jahrzehnte des 19. Jahrhunderts beherrscht. Die Herzogtümer als blühende Provinz eines künftigen großdeutschen Reiches ist die Vision vieler Schleswig-Holsteiner. Die dänisch gesinnten unter ihnen dagegen kämpfen für ein großskandinavisches Reich mit Schleswig, ohne Holstein. Ihre Parole heißt „Dänemark bis zur Eider!" Die eine Partei will die Brücke über die Königsau abbrechen, die andere die Brücke über die Eider, wie es Christian Degn formuliert.
Die Geschichte Angelns ist von dieser nationalen

Zwiespältigkeit stark geprägt. Mehr und mehr verliert sich die angeldänische Sprache. Am Beginn der preußischen Zeit sprechen kaum noch Leute angeldänisch. Wesentlichen Anteil am Rückgang haben die Geistlichen und die Lehrer. Sie vertreten den Standpunkt, dass das Angeldänische einer fundierten Schulbildung im Wege stehe. „Kaspeln, wo vör föftig Johr bienah luter dänisch spraken worr, sind nu meisto ganz dütsch worrn," heißt es dann auch in einem zeitgenössischen Bericht über die sprachliche Entwicklung in den Kirchspielen. Eine Kostprobe daraus zeigt, wie spaßig dieses Beinahe-Plattdeutsch mit dem noch jütischen Einschlag klingt: „Wi hem sonst Dänsk wäsen, men nu siin wi düdsk bläwen".

Andererseits war die (dänisch-)nationale, vaterländische Gesinnung in Angeln tief verwurzelt. Man liebte König und Vaterland, und zwar so unbekümmert, dass Pastor Harries in Sieverstedt 1790 dem damals schon geisteskranken König Christian VII. zum Geburtstag das Gedicht „Heil dir im Siegerkranz" widmete (das später, für den Preußenkönig Friedrich Wilhelm IV. umgedichtet, zur deutschen Kaiserhymne wurde). Und Christians Sohn, der dänische König Frederik VI. (1808-1839), war als Landesvater in Angeln sogar besonders geachtet, nicht zuletzt aus Mitgefühl wegen der von ihm erlittenen schweren Schicksalsschläge in der napoleonischen Zeit.

Volkserzählungen aus den Jahren 1850 bis 1864 werfen ein Licht auf die „Dänenzeit". So ein Bericht von 1852 aus Kleinwolstrup: „In unse Dörp weern se all dänsch bät op en Jung un een ole Wief. Awer man bät de Preußen keemen. Dar weern se all wedder dütsch." Oder aus Bönstrup: „C. in Unewatt harr en Schatoll, dor weer en Schipp up. Dor weer wat utkratzt. Dor verteller min Mudder, dor harrn se en Danebrog an malt. Dat seech ja'n bät bäter ut, wenn de Dänen keemen. As de Preußen keemen, harrn se'n wedder utkratzt."

Widerstand gegen Dänemark regt sich zuerst in der Ritterschaft, dann auch im Bürgertum. 1830 fordert der Friese Uwe Jens Lornsen – in Angeln noch mit Zurückhaltung betrachtet – in seiner Flugschrift „Über das Verfassungswerk in Schleswigholstein" eine gemeinsame Verfassung beider Herzogtümer und ihre verwaltungsmäßige Trennung von Dänemark. Als der König unter dem Druck von Öffentlichkeit und Presse schließlich der Bildung einer Ständeversammlung zustimmt und 1836 auch in Angeln Abgeordnete wie der angesehene und deutschgesinnte Adelbyer Pastor Lorenzen gewählt werden, entwickelt sich dort ebenfalls ein Schleswig-Holstein-Bewusstsein. Vor allem in der aufgeweckten Bauernschaft Angelns fallen die neuen Ideen, gefördert durch Aufsätze im „Itzehoer Wochenblatt" sowie durch Reden des angesehenen Landinspektors Tiedemann aus dem Meggerkoog, auf fruchtbaren Boden.

1844 kommt es zu einer eindrucksvollen Demonstration: Die deutschen Schleswig-Holsteiner treffen sich auf dem großen Sängerfest in Schleswig, wo erstmals das Schleswig-Holstein-Lied erklingt und die blau-weiß-rote Flagge gehisst wird. Aus Angeln sind die Liedertafeln aus Kappeln, Gelting, Quern und Satrup dabei. Die antidänische Stimmung wächst in der Folgezeit, und sie wird noch angeheizt durch das provokatorische Auftreten des deutschstämmigen Eiderdänen Orla Lehmann und den Offenen Brief Christians VIII. zur Erbfolgefrage. Als dann im März 1848 König Frederik VII. eine eiderdänisch gesinnte Regierung ernennt und im Gegenzug in Kiel die „Provisorische Regierung" der Herzogtümer ausgerufen wird, steht das politische Barometer auf Sturm. Was die Schleswig-Holsteiner „Erhebung" nennen, die Dänen „oprør", findet auch in Angeln jetzt vollen Beifall: Eine vielköpfige Volksversammlung in Süderbrarup beschließt, in allen Dörfern den Landsturm gegen die Dänen zu organisieren.

Im Unglücksjahr der Schlacht bei Idstedt (25. Juli 1850), die bekanntlich zu Ungunsten Schleswig-Holsteins endet, besetzen dänische Truppen Angeln und gehen im „Kernland der Insurrektion" rücksichtslos vor. Alle Amtspersonen, die sich offen zu ihrer schleswig-holsteinischen Gesinnung bekannt haben, werden von der dänischen Verwaltung zur Rechenschaft gezogen, etliche verhaftet, wobei der junge T. A. Regenburg, Departementschef für das Kirchen- und Schulwesen im Herzogtum Schleswig unter dem Schleswiger und eiderdänisch gesinnten Regierungskommissar F. F. Tillisch, mit besonderer Härte vorgeht. Hunderte von Pastoren, Küstern, Lehrern und Beamten werden entlassen und durch „eingeborene" Dänen ersetzt, die mit ihrer Gesinnung auch die dänische Hochsprache einführen sollen.

Doch allzu straff gespannt, zerspringt der Bogen:

Die Schlacht bei Idstedt am 25. Juli 1850, eine zeitgenössische Darstellung aus den Neuruppiner Bilderbögen des „Bilderzeitung"-Verlegers Gustav Kühn

Als die dänische Verwaltung mit Hilfe einer sprachlichen Zwangspolitik Schleswig mit dem Königreich verschmelzen und den „Eiderstaat" verwirklichen will, kommt es im Herzogtum zu einer heftigen Sprachenrevolte, bei der sich wieder die politisch einflussreiche Angeliter Bauernschaft stark engagiert. Ausgelöst wird sie durch die dänischen Sprachreskripte von Februar und März 1851, für die Regenburg verantwortlich ist. Darin erklärt das unter dem Einfluss Tillischs stehende, für Schleswig eingesetzte Ministerium mehr als die Hälfte Angelns zum gemischtsprachigen Gebiet, ohne auf die Volksmeinung und darauf Rücksicht zu nehmen, dass dort bereits Deutsch als Kirchen- und Schulsprache vorherrscht. Betroffen sind der nördliche und der mittlere Teil Angelns bis zur Grenze der Kirchspiele Ülsby, Fahrenstedt, Havetoft, Satrup, Thumby/Struxdorf, Norderbrarup und Gelting. Südlich davon wird der Sprachgebrauch freigestellt. Dänisch wird nördlich der Sprachgrenze als Schulsprache verordnet, und für den sonntäglichen Gottesdienst gilt abwechselnd die deutsche und die dänische Sprache, was in vielen Orten zu einem Kirchenboykott führt.

Während in Angeln Deutsche und Dänen lange Zeit friedlich nebeneinander lebten und man sich wenig darum kümmerte, wer deutsch oder wer dänisch oder angeldänisch sprach, wird durch diese Zwangsmaßnahme der Gebrauch der Sprache zu einem Thema deutsch-dänischer Auseinandersetzung, zu einer Frage nationalen Bekenntnisses mit oft niederträchtiger Agitation auf beiden Seiten. Kopenhagen hatte nicht zur Kenntnis nehmen wollen, dass schon das Sprachreskript von 1810 sich gegen den Willen der Bevölkerung Schleswigs nicht hatte durchsetzen lassen und dass für sie auch jetzt die dänische Hochsprache eine Fremdsprache war. Den deutsch gebildeten Pastoren und Lehrern schob die dänische Regierung jetzt die Schuld in die Schuhe. Sie hätten die alte dänische Mundart bewusst unterdrückt. Letztlich kam aber mit dieser Zwangsaktion das Aus für das Plattdänische in Angeln, war der jütischen Mundart das Grab geschaufelt. Die kriegerischen Ereignisse des Jahres 1864, die Trennung der Herzogtümer von Dänemark und ihre Vereinigung mit Preußen schließlich zogen unter die aggressive dänische Sprachenpolitik den Schlussstrich.

Allerdings wurde auch nach 1864 die sprachliche Fortentwicklung wiederum stark gegängelt, diesmal durch die preußische Sprachverordnung, die 1888 erlassen wurde. Zuvor, bereits 1871, war in den plattdänischen Gebieten Schleswigs Deutschunterricht angeordnet und 1878 deutsch generell als Unterrichtssprache eingeführt worden. Damit trat wiederum an die Stelle des Volkswunsches der Wille der Regierung. Offensichtlich hatte man aus den Misserfolgen der dänischen Sprachreskripte nichts gelernt. In Nordschleswig kam das Vordringen des Hochdeutschen – und auch des Plattdeutschen als Volkssprache – nunmehr zum Stehen. Und wie zuvor nordschleswigsche Kinder häufig nach Angeln geschickt worden waren, damit sie dort Deutsch lernten, sahen sich viele Eltern in Angeln jetzt veranlasst, ihre Kinder zum Dänischunterricht nach Nordschleswig zu schikken, zweifellos eine weitere Bestätigung dafür, dass sich ein Sprachwechsel nicht durch staatliche Verwaltungsmaßnahmen erzwingen lässt.

Licht und Schatten unter Preussen

Von Dänemark getrennt

Vier Jahrhunderte war das Herzogtum Schleswig durch eine Personalunion mit dem Königreich Dänemark verbunden gewesen, als 1864 zwischen Dänemark sowie Preußen und Österreich auf der Gegenseite der Krieg ausbrach. Schon lange hatte es gegärt unter der schleswigschen Bevölkerung, so vor allem, als nach der Schlacht bei Idstedt 1850 Vorkehrungen zur Errichtung des „Eiderstaates" getroffen worden waren, unter anderem durch Ablösung deutschgesinnter Beamter, eine sprachliche Zwangspolitik und schließlich 1863 mit der Unterzeichnung der eiderdänischen Verfassung durch Christian IX. In Angeln war die antidänische Stimmung besonders stark gewachsen, im Norden mehr noch als im südlichen Teil, wo die Schulsprache deutsch geblieben war. Überhaupt sei die Halbinsel, wie der dänische Advokat Blaunfeldt, damals Vogt der Hüttener Harde, schrieb, „eigentlich jene Landschaft, in der die Insurrektion die tiefsten Wurzeln geschlagen hatte und wo der Schleswig-Holsteinismus den für seine Lehre empfänglichsten Nährboden gefunden hat."

Nach dem Tod Frederiks VII. 1863 in Glücksburg traten führende Köpfe in Angeln dann auch unterstützend an die Seite des Augustenburger Herzogs Friedrich VIII., als dieser sein Anrecht auf die Herzogtümer verkündete, wobei die sich bereits abzeichnende Bismarcksche Annexionspolitik eine Rolle gespielt haben dürfte. Denn es war kein Geheimnis mehr, dass Bismarck die Einverleibung Schleswig-Holsteins in den preußischen Staat anstrebte. Als nach dem Einmarsch der Preußen und Österreicher in die Herzogtümer und dem Übergang über Eider und Schlei sowie dem Sieg über eine Nachhut der Dänen bei Oeversee dem Augustenburger am 25. Februar 1864 in Kiel gehuldigt wurde, waren auch fast tausend Männer aus Angeln unter Führung des Geltingers Arztes Dr. Adolph Wurmb dabei, und das war die größte aller Abordnungen einer einzelnen Landschaft aus dem ganzen Lande.

In der Absicht, möglichst zügig ein freies Herzogtum innerhalb des deutschen Bundes zu schaffen, entstanden nach der entscheidenden Niederlage der Dänen in Düppel am 18. April 1864 und dem Wiener Friedensschluss vielerorts Patriotische Vereine, so auch in Angeln. In Sörup, einem Zentrum der Erhebung gegen die dänische Herrschaft, übernahm Bauer Peter Otzen, Löstrup, die Wortführung. Otzen gehört zu den Persönlichkeiten, die mit weiteren Gesinnungsfreunden dem Kampf gegen die dänische Kulturpolitik Richtung und Ziel gegeben haben. Vor allem im Zusammenhang mit den dänischen Sprachreskripten hatte er von sich reden gemacht, als er wegen seiner Obstruktionshaltung von König Frederik VII. nach Glücksburg zitiert und dort ziemlich schnell wieder „an die Luft gesetzt" worden war.

In Angeln war man nun froh, die Dänen los und weit abgerückt zu sein von der dänischen Grenze, die jetzt rund hundert Kilometer nördlich zwischen Ripen und Kolding verlief. Allerdings wurde vielen Schleswigern die Freude getrübt, als sie erkennen mussten, dass die Preußen den noch warmen Platz der Dänen einnehmen wollten. Den verbreiteten Ärger darüber und ihre Sympathie für den Augustenburger Friedrich bekundeten im August 1866 Maurer und Zimmerleute auf einer Baustelle in Obdrup recht drastisch, indem sie auf einem Brett sichtbar ihren Widerspruch dokumentierten: „Noch immer regieren die verfluchten Preußen, und unser Herzog bleibt aus". Als dann einige Vorsitzende der örtlichen Vereine, so auch Peter Otzen und Dr. Adolph Wurmb ebenso wie Peter Jensen, Ausacker, der Wortführer des Husbyer Patriotischen Vereins, wohl beeinflusst durch Versammlungen des Deutschen Nationalvereins in Rendsburg, sich für den Anschluss Schleswig-Holsteins an Preußen aussprachen, entbrannte ein heftiger Streit unter den Patrioten.

Wie in Angeln lehnte die Mehrheit der schleswig-holsteinischen Bevölkerung mit Ausnahme der Ritterschaft weiterhin die Verschmelzung des Landes mit Preußen ab und forderte die Bildung eines eigenen Staates im Rahmen des Deutschen Bundes unter dem augustenburgischen Fürstenhaus. Im Prager Friedensvertrag von 1866, in dem der österreichische Kaiser nach dem Waffengang mit Preußen seine Rechte auf die Herzogtümer dem preußischen König übertragen musste, war sogar vorgesehen, dass die Bevölkerung der nördlichen Distrikte Schleswig-Holsteins mit Dänemark vereinigt werden sollte, wenn sie dies in einer Volksabstimmung wünsche. Über diese Klausel setzte sich Bismarck jedoch hinweg. Durch das Besitzergreifungspatent vom 12. Januar 1867 wurden die Herzogtümer preußische Provinz. Dieser wohl tiefste Einschnitt in die Geschichte des Landes seit 1460 hatte in Angeln zur Folge, dass man noch lange Zeit augustenburgisch gesinnt und auf die Preußen nicht gut zu sprechen war.

Unmut herrschte ebenso gegenüber den Befürwortern des Preußenanschlusses. Peter Otzen und anderen wurde „Verrat an der schleswig-holsteinischen Sache" vorgeworfen. Aber mit vorausblickenden Argumenten gelang es ihnen nach und nach, die Mehrheit ihrer Landsleute hinter sich zu bringen. Die Erkenntnis setzte sich durch, dass es auf weitere Sicht wohl doch besser sei, schleswig-holsteinische Sonderinteressen einem höheren Zweck unterzuordnen.

Letztlich waren es jedoch die Fakten, die im Lauf der Jahre den Stimmungswandel herbeiführten, nämlich der mit dem Anschluss an den deutschen Wirtschaftsraum beginnende Aufschwung, ferner der deutsche Sieg über Frankreich, an dem auch Angeliter als Soldaten teilhatten, sowie die deutsche Einigung. Auch die Wiedereinführung der deutschen Schul- und Kirchensprache und nicht zuletzt die Vermählung des jungen Prinzen Wilhelm mit Auguste Viktoria, der Tochter des Augustenburger Herzogs, dürften der Obstruktion gegen die Preußen nach und nach die Grundlage entzogen haben. Ganz und gar versöhnt mit ihnen waren die Angeliter offensichtlich, als sie dem Fürsten Bismarck im Jahre 1900 mit dem fast 90 Meter hochragenden Scheersbergturm ein Denkmal setzten.

Im Jahr 1900 setzten auch die Angeliter dem „eisernen Kanzler" ihr Denkmal mit dem 30 Meter hohen Bismarckturm auf dem Scheersberg

Mehr Ordnung im Staat

Zunächst aber verlief die Annexion der Herzogtümer durch den preußischen Staat nicht ohne Reibungen und Konflikte. Die in Schleswig angesiedelten preußischen Provinzbehörden mussten häufig zu Verboten und diktatorischen Maßnahmen greifen, um die Gegner zum Schweigen zu bringen. Preußische Beamte begründeten ihr festes Auftreten in Regierungsberichten, in denen es unter anderem heißt: „Die ganze Provinz ... ist schwerfällig im Denken und Handeln, ist zäh bei einer einmal vorgefaßten Meinung, liebt aber vor allem Ruhe und Wohlbehagen". Oder: „Sie hängen am Alten, sind jeder Neuerung abgeneigt, in hohem Maße geizig, wollen möglichst gar keine Steuern zahlen."

Einschneidende Anordnungen erfolgten dann auch ohne Rücksicht auf die Volksmeinung und jede politische Aktivität wurde extrem behindert. Die Sozialdemokratie im Lande war der Verfolgung durch polizeistaatliche Maßnahmen ausgesetzt, und die Rechte des dänischen Bevölkerungsteils wurden missachtet. Vereinen drohte die Auflösung, und die Presse wurde zensiert. Es kann daher kaum überraschen, dass bei den Wahlen vorzugsweise Oppositionskandidaten gewählt wurden.

Aber die Preußen sorgten für Ordnung im Staate. Schon 1867 wurden im Militär- und Steuerwesen sowie in der Verwaltungs- und Rechtspflegeorganisation grundlegende Änderungen vorgenommen. Die allgemeine Wehrpflicht kam, und sie galt ohne die früheren Befreiungen vom Wehrdienst, traf also vor allem die gutsituierten bürgerlichen und bäuerlichen Kreise, bei denen sich daher Widerstand regte. Das neue viergliedrige Steuersystem mit der Einführung der bislang unbekannten Einkommensteuer, der Gewerbesteuer sowie der Gebäude- und Grundsteuer räumte auf mit den bisherigen unübersichtlichen Regelungen, zog aber Kapital und Gewerbe und damit ebenfalls Bürger- und Bauerntum besonders stark heran. Doch Verwaltung und Rechtspflege erfuhren die nötige strikte Trennung und einen Zuschnitt, der bis in die Gegenwart weitgehend unverändert geblieben ist. Auch die patrimoniale Gerichtsbarkeit des Adels und das adlige Landgericht sowie die Bondengerichte der Harden hörten auf zu bestehen. Letztlich verschwanden viele Privilegien. Damit kam man der Rechtsgleichheit aller Menschen in den ehemaligen Herzogtümern wesentlich näher.

Nach preußischem Vorbild entstanden die Kreis-, heute Landgerichte sowie die Amtsgerichte. Das Kreisgericht Flensburg war zuständig für Nordschleswig und einen Teil Mittelschleswigs, dasjenige in Schleswig vor allem für das südliche Schleswig. Für Angeln zuständige Amtsgerichtsorte waren Flensburg, Schleswig und Kappeln. Alle Gerichte wurden mit Volljuristen besetzt, Laienrichter wirkten in den Schöffen- und Geschworenengerichten mit.

Für die Kreis- und Kommunalwahlen galt damals noch kein demokratisches, sondern ein auf die Vermögensverhältnisse ausgerichtetes timokratisches Wahlrecht. Nicht jeder mündige Einwohner einer Landgemeinde war stimmberechtigt. Dieses Zensuswahlrecht war insbesondere abhängig vom Besitz an Grund und Boden sowie von einer Mindeststeuerleistung. Und dabei konnte kräftig manipuliert werden. Durch die Kreisreform von 1888 wurden die Vorrechte der adligen Grundbesitzer etwas beschnitten. Die unteren Bevölkerungsschichten blieben aber noch immer von der Wahlhandlung ausgeschlossen. Die Kreisreform löste auch die bis dahin geltende Unterteilung in Hardesvogteibezirke auf und teilte die Kreise in Amtsbezirke ein. Flensburg wurde kreisfreie Stadt.

Die Verwaltung regelten drei Verordnungen, die am 22. September 1867 in Kraft traten: die Landgemeindeordnung, die Kreis- und Distriktsordnung und die provinzialständische Ordnung. Alle drei beruhten im Prinzip auf der Selbstverwaltung. Die unterste Verwaltungseinheit war danach die Landgemeinde, die sich durch einen gewählten Gemeindevorsteher und die Vollversammlung aller stimmberechtigten Bürger verwaltete und ein Dorf oder einen zusammenhängenden Siedlungskomplex umfasste. Für größere Gemeinden war eine Gemeindevertretung vorgesehen. Neben den Landgemeinden gab es als unterste Verwaltungseinheiten die Gutsbezirke. Sie hatten aber keine Selbstverwaltung, bei der Gutseinwohner beteiligt wurden. Der Gutsherr oder sein Vertreter waren Gutsvorsteher und als solche Staatsbeauftragte. Erst 1928 wurden die Gutsbezirke aufgelöst.

An der Spitze eines Landkreises standen der Landrat und als Selbstverwaltungskörperschaft der Kreistag, der ständisch zusammengesetzt war aus Repräsentanten des Großgrundbesitzes, der Städte und der Landgemeinden, die wiederum zum größten Teil

Das Schleswiger Amtsgericht, als zurückhaltend vornehmes Palais 1754 am Lollfuß erbaut vom Geheimen Konferenzrat Christian Friedrich Heespen

landbesitzende Bauern waren. Erster Landrat des Kreises Flensburg war der aus Ostpreußen stammende Geheime Regierungsrat W. Krupka. Der Kreis Schleswig bekam mit dem Kammerherrn H.F.A. Freiherr von Plessen als Landrat einen Angehörigen des einheimischen Adels. Die Grenzen der Kreise wurden zunächst unter Berücksichtigung der alten Hardenordnung festgelegt mit der Kirchspieleinteilung innerhalb der ehemaligen Ämter Flensburg für den Norden und Schleswig für den Süden Angelns. Der Flensburger Kreistag hatte 22, der Schleswiger 23 Abgeordnete, die gesondert über Listen und indirekt von Wahlmännern gewählt wurden.

Die Verwaltung der Städte im Landesteil Schleswig, die vor der preußischen Zeit ohne einheitliche Verwaltungsordnung waren, erfolgte durch die preußische Städteordnung von 1869 und galt in Angeln für die Städte Schleswig und Flensburg sowie die Flecken Kappeln, das 1871 Stadtrecht bekam, und Arnis sowie später ab 1900 auch für Glücksburg.

Diese rechtlichen und verwaltungsmäßigen Neuerungen führten in wenigen Jahren zu einer einheitlichen, im ganzen auch gerechteren und unter wesentlicher Beteiligung der Selbstverwaltung vor allem übersichtlicheren innerstaatlichen Ordnung. Sie wurde in Angeln wie in den anderen Teilen der Provinz überwiegend zustimmend angenommen und trug damit sehr entscheidend bei zum Abbau von Vorurteilen und Ressentiments gegen die preußische Monarchie.

Die „gute alte Zeit“

Mit der so genannten Gründerzeit, den etwa zwei Jahrzehnten nach der Reichsgründung von 1871, und der Integration Schleswig-Holsteins in das deutsche Wirtschaftsgebiet begann eine Periode wirtschaftlichen Aufschwungs. Sie dauerte bis zum Ersten Weltkrieg. Von dieser „guten alten Zeit“ im kaiserlichen Deutschland blieb Angeln nicht ausgenommen. Nach und nach begriffen auch die Kritiker der Annexion, dass dem Norden erst dadurch die Chance des Anschlusses an das pulsierende Leben Deutschlands, an die wirtschaftlichen und geistigen Zentren im Süden ermöglicht worden war. Solche geistigen Zentren gab es für diese Grenzregion vor 1864 nur im fernen Kopenhagen, und wirtschaftlich gesehen war Schleswig bereits in die provinzielle Abgeschiedenheit geraten.

Angelns Randlage wurde gemildert durch die zügige Erweiterung des Verkehrsnetzes, wie den Ausbau der Chausseen, der Straßen und der Eisenbahnen. Zwar erreichte die eigentliche Industrialisierung den Norden der Provinz nur in den Städten; doch führte die verkehrsmäßige Erschließung der Halbinsel zum Aufblühen von Handel und Gewerbe auch in größeren Orten wie Arnis, Böklund, Gelting, Kappeln, Satrup, Sörup, Sterup, Süderbrarup.

Die Aufwärtsentwicklung der deutschen Industrie und die Bevölkerungszunahme brachten eine beträchtliche Kaufkraftsteigerung und damit eine wachsende Nachfrage nach Nahrungsmitteln mit sich. Diese Entwicklung kam der Landwirtschaft zugute. In Schleswig-Holstein, zumal in Angeln, war sie weiterhin wichtigster Erwerbszweig. 1882 arbeiteten in der Provinz noch 44,3 Prozent der Bevölkerung in landwirtschaftlichen Berufen. Eine Abwanderungstendenz in die Städte und in die Industrie war dennoch unverkennbar: 1895 hatte sich die in der Landwirtschaft tätige Bevölkerung bereits auf 37, 5 Prozent und 1907 auf nur noch 29,6 Prozent verringert. Im Kreis Flensburg dagegen waren 1882 noch 64,1 Prozent und 1900 noch über 50 Prozent der Menschen im landwirtschaftlichen Bereich tätig.

In der Landwirtschaft Angelns beginnen sich in diesen Jahren die umwälzenden Erkenntnisse in Technik, Chemie und Vererbungslehre deutlich auszuwirken. Die landwirtschaftlichen Vereine, seit dem Anschluss an Preußen unter dem Dach des Landwirtschaftlichen Generalvereins, das seit 1851 vom Generalverein herausgegebene „Landwirtschaftliche Wochenblatt“ und die ersten Landwirtschaftsschulen haben für die nötige Verbreitung gesorgt. Kapitalkräftige bäuerliche Unternehmer wissen die Erkenntnisse zu nutzen und spezialisieren sich auf Rinder- und Schweinezucht (Angler Rind, Angler Sattelschwein).

Arnis, 1667 von „Asylanten“ aus Kappeln gegründet, bekam durch die preußische Städteordnung 1869 zwar volles Stadtrecht, wurde aber erst 1933 als Stadt anerkannt

Hof Philippstal in Nordangeln. Das 1856 im neugotischen Stil erbaute Wohnhaus ist Ausdruck des damals gestiegenen Wohlstandes in der Landwirtschaft und war Vorbild für bäuerlichen Wohnhausbau in der näheren Umgebung

Im Gegensatz zum Getreideanbau, der bald einer Preiskrise ausgesetzt ist, gehen Milchwirtschaft und Meiereigenossenschaften – mit entscheidender Hilfe der soeben erfundenen Zentrifuge zur Rahmabsonderung sowie der Einfuhr von Futtermitteln – einer neuen Blüte entgegen. Die 1874 errichtete Genossenschaftsmeierei in Voldewraa (s. Abbildung Seite 77), heute eine Attraktion im Molfseer Heimatmuseum, ist nur der Anfang. Es folgen der Bau weiterer Meiereien und die Gründung des Angeliter Meiereiverbandes auf wesentliche Initiative zweier hier schon genannter Männer: Peter Jensen (III), Ausacker, und Peter Otzen, Löstrup. Letzterer war auch Kuratoriumsmitglied und „Rechenmann" der etwa zur gleichen Zeit gegründeten Angler Meierinnenschule von Gutsbesitzer Gäbel auf Wesebyhof.

Angeln wird zum renommierten Butterland mit Absatzkanälen ins ganze Reichsgebiet, und die Großschlachtereien Redlefsen in Satrup und Gebrüder Rasch in Schleswig verarbeiten Mastschweine für den Londoner Markt. Viele aufgeschlossene Landwirte gelangen zu Wohlstand und Vermögen, nennen sich Hofbesitzer, lassen sich neue Wohn- und Wirtschaftsgebäude nach Art der Gutshofanlagen errichten und führen einen urbanen Lebensstil, den sie auch gern zur Schau stellen. Da kann die von Natur benachteiligte angrenzende Geest nicht mithalten; zu ihr vergrößert sich das wirtschaftliche Gefälle. Ein Chronist berichtet, dass damals selbst die Spatzen auf dem Südermarkt in Flensburg an ihren „Lieferanten", den Pferden, den Wohlstandsunterschied zwischen Angeln und der Geest erkannten: Die Pferdeäpfel aus Angeln enthielten noch goldgelben Hafer, die von der Geest nur trockene Heidestengel.

Wachsende Marktabhängigkeit führt aber dazu, dass die deutsche Landwirtschaft nun in das Geflecht der Weltwirtschaft einbezogen wird. Vor allem in der so genannten Caprivi-Zeit der neunziger Jahre, als die Bismarcksche Schutzzollpolitik durch eine zollbegünstigte Getreideimportpolitik abgelöst wird, bekommt sie die Konkurrenz der Agrarwirtschaft anderer Länder in einem starken Getreidepreisverfall zu spüren. Gegen den agrarpolitischen Kurswechsel des Kanzlers Caprivi leisten die Getreide(groß)betriebe erbitterten Widerstand. Denn mit dem als Eckpreis fungierenden Getreidepreis und dem dadurch bedingten Rentabilitätsverlust in den anderen Produktionszweigen der Landwirtschaft fallen auch die Landpreise und steigt die Verschuldung vieler Höfe stark an.

Dies ist die Zeit, in der die ersten berufsständischen Vertretungen der Landwirtschaft gegründet werden. Das – politisch gewollte – Übergewicht der Industrie über die Agrarwirtschaft macht den Bauern klar, dass sie ihre Belange nicht mehr nur in den vielen kleinen Vereinen unterschiedlicher Interessenslage wahrnehmen können. Es bedarf des Zusammenschlusses und

Mit dem bäuerlichen Wohlstand entstanden die ersten repräsentativen Angelner Dreiseithofanlagen, wie diese in Großquern

eines gemeinsamen Konzeptes. Auf Reichsebene bündeln die Landwirte, vor allem die ostelbischen Großagrarier Getreidebauern, ihre Interessen und gründen 1893 den „Bund der Landwirte" (BdL). Er entwickelt sich insbesondere zum Kampfinstrument gegen die von der Nach-Bismarck-schen Regierung betriebene „Anti-Schutzzollpolitik". Auch in Angeln findet er eine große Anhängerschaft.

Als das Ringen der Interessenverbände um den Schutzzoll 1902 unter Reichskanzler von Bülow zum Erfolg führt, zeigt sich, dass die Angelner Betriebe diese schwierigen Jahre dank ihrer starken Veredelungswirtschaft relativ gut überstanden haben. Ihre Wirtschaftsform erweist sich als besonders krisenfest. Die ländliche Sparkasse Töstrup beispielsweise verfügt zu jener Zeit über einen so großen Sparguthabenbestand, dass sie ihre Darlehen nicht im Lande unterbringen kann, sondern sie an die Städte Frankfurt und Wandsbek verleiht.

Weniger rosig sieht es um diese Zeit in Angeln für das Handwerk, speziell das Landhandwerk aus. Zwar profitiert es vom Aufschwung der Landwirtschaft; doch bleibt die fortschreitende Industrialisierung nicht ohne Konsequenzen. Denn immer mehr neue Materialien und Massenprodukte kommen auf den Markt zu niedrigen Preisen und mit einem gleichbleibenden Qualitätsstandard. Die meisten heimischen Handwerksberufe können da nicht mithalten. Die Landhandwerker versuchen weiterhin, Einkommenseinbußen zu kompensieren, indem sie sich in der Landwirtschaft betätigen, so vor allem in Spitzenarbeitszeiten wie in der Ernte, oder auch durch Nebenerwerb auf einer eigenen kleinen Landstelle. Zu den wenigen Handwerksberufen, die sich in der Regel ihr Brot allein auf Grund ihrer Spezialisierung verdienen konnten, gehören die Schmiede sowie Maurer und Zimmerleute.

Mit der 1869 verfügten Gewerbefreiheit wissen viele Handwerker und Kleingewerbetreibende zunächst wenig anzufangen. Es fehlt ihnen an der nötigen wirtschaftlichen Flexibilität und Umstellungsbereitschaft auf neue Techniken. Darüber führen die Vereine und die Innungen, die ab Mitte der achtziger Jahre die gemischthandwerklichen Zünfte, die so genannten Ämter, ablösten, in ihren Jahresberichten immer wieder Klage. Durch genossenschaftliche Organisationen und Selbsthilfeeinrichtungen wie handwerkliche Kreditvereine wird versucht, Abhilfe zu schaffen. Doch das Interesse der Vielzahl selbständiger Handwerker an diesen Einrichtungen und auch an der Arbeit der Innungen bleibt gering.

Preussen-Anschluss bringt wirtschaftliche Impulse

Ausnahmen bestätigen die Regel: Einer jener Handwerker, die die Gewerbefreiheit zu nutzen wussten, war der Tischler und Holzbildhauer Heinrich Sauer-

Das „Pariser Zimmer" von Heinrich Sauermann, Beispiel „urdeutscher Wohnkultur"

mann, der 1873 im Flensburger Südergraben eine Möbelfabrik gegründet hatte. Durch Reisen erkundete er den Zeitgeschmack, so dass es ihm gelang, an historischen Vorbildern, insbesondere mit der Schnitzkunst der Renaissance, dem beim Bürgertum nach der Reichsgründung erwachenden Bedürfnis nach einem „urdeutschen Nationalstil" nachzukommen. Höchste Auszeichnungen bekam er auf den Weltausstellungen 1893 in Chicago und 1900 in Paris für seine „Prunkzimmer", von denen das Pariser seit 1999 auf dem Flensburger Museumsberg zu bewundern ist. 1890 eröffnete Sauermann die erste Werkkunstschule in Deutschland. Bei ihm in der Lehre war einige Zeit der Maler Emil Nolde alias Emil Hansen, dem es allerdings nicht gefiel, dass ihm der Meister eine freie künstlerische Betätigung untersagte. Nolde: „Unser Heinrich Sauermann war ein gestrenger Herr und Lehrer. Ich liebte ihn nicht, aber tüchtig war er."

Doch der allgemeine Trend zur gewerblichen und industriellen Fertigung war nicht aufzuhalten. Etliche Handwerksberufe verschwanden, besonders auf dem Lande. In Angeln entwickelte sich dafür neben der Flensburger Rumverarbeitung, den Werften und Gießereien sowie der Kupfermühle als neuer Schwerpunkt die Nahrungsmittelindustrie. Dazu gehören vor allem die Molkereibetriebe sowie Öl- und Kornmühlen, Zuckerfabriken, Brauereien, Konservenfabriken und Fischverarbeitungsbetriebe. Darüber hinaus war der Bedarf an industriell gefertigten Produkten für die Mechanisierung der Landwirtschaft, auch als Ersatz für die knapp gewordenen Handarbeitskräfte, ein Stimulus. In den Raum Flensburg brachte die maritime Aufrüstung Preußens, symbolisiert durch die imperiale Größe verkörpernde Marineschule Mürwik, neue Arbeitsplätze. Hinzu kamen später mit der Elektrifizierung und Motorisierung Handwerksberufe wie die der Installateure und der Kraftfahrzeugmechaniker. Der Sog der städtischen Industrie, die bessere Löhne zahlte, blieb aber viele Jahre so stark, dass der nötige handwerkliche Nachwuchs im Umfeld der Städte und größeren Ortschaften fehlte.

Im Bereich des Handels erfuhren vor allem der Vieh-, Getreide- und Futtermittelhandel sowie das Buttergeschäft Auftrieb. Auch der Kolonial- und Manufakturwarenhandel drang jetzt weit in die Fläche vor. Es bildete sich das enge Netz von Kaufmannsläden in den Dörfern und Flecken, bei denen fast alles an neuzeitlichen Produkten zu haben war. Dem Gewerbe und der Wirtschaft insgesamt gab die Errichtung einer großen Zahl weiterer Banken, Sparkassen und Genossenschaftsbanken und ihrer Zweigstellen in den Dörfern zusätzliche Impulse. Für wirtschaftliche Belebung sorgten ab Mitte der achtziger Jahre auch die Konsumvereine als Untergliederungen des Landwirtschaftlichen Generalvereins; sie übernahmen die Beschaffung und den Vertrieb landwirtschaftlicher Bedarfsgüter. Später wurde den genossenschaftlichen Spar- und Darlehnskassen, deren Gründung 1895 einsetzte, häufig eine Abteilung für Warenverkehr angegliedert, so dass sie neben dem Geldgeschäft den Absatz landwirtschaftlicher Produkte betrieben und ihrer vorwiegend landwirtschaftlichen Kundschaft den Bezug von Bedarfsartikeln ermöglichten.

Mit den günstigeren ökonomischen Rahmenbedingungen entwickelte sich nun auch der Fremdenverkehr zu einem neuen und bedeutenden Wirtschafts-

Das idyllische Ostseebad Glücksburg war bevorzugter Kur- und Badeort, als sich an Angelns Küsten der Fremdenverkehr entwickelte

zweig. Vor allem die Gemeinden, die nahe der Ostsee und an der Schlei lagen, profitierten vom rasch aufblühenden Tourismusgeschäft, nachdem Einheimische in Kuranlagen, Hotels und Gaststätten investiert hatten. Glücksburg, Steinberghaff und Kappeln-Schleimünde mit ihren Sandstränden und ihrer landschaftlich attraktiven Lage waren die bevorzugten Kur- und Badeorte. Sie wiesen eine gute Verkehrsanbindung auf durch Schiff oder Eisenbahn. Glücksburg wurde 1900 schon von über 2000 Gästen besucht, darunter viele Ausländer, aber auch Mitglieder der kaiserlichen Familie. Die Kururlauber kamen allerdings fast ausschließlich aus wohlhabenden Bevölkerungskreisen. Für die Allgemeinheit waren Urlaub und Freizeit bis zur Jahrhundertwende noch weithin unbekannte Begriffe. Erst nach 1900 gab es für Arbeiter und Angestellte einige Urlaubstage, die sie zu Tagesausflügen an Ostsee und Schlei nutzen konnten. Der Weltkrieg unterbrach dann die so hoffnungsvolle Aufwärtsentwicklung. Am Ende der Weimarer Republik gerieten viele Bäder in wirtschaftliche Not.

Angeln war verkehrsmäßig lange Zeit zurückgeblieben. Schon der Agrarhistoriker Friedrich Wilhelm Otte hatte Ende des 18. Jahrhunderts nach seiner Wanderung durch Angeln bemängelt, dass es noch keine einzige große Landstraße in dieser „reichen Landschaft" gab. Geklagt hatte er auch über die oft „grundlosen Wege" und zur Abhilfe die Anlage von Abzugsgräben an den Seiten empfohlen, damit, besonders nach nassen Witterungsperioden, das Abtrocknen der Straßen hinter den hohen Knicks beschleunigt würde. H.N.A. Jensen fand dann 1844, dass schon „ungemein viel geschehen" sei, aber die für Angeln typischen „krummen Wege" weiterer Verbesserung bedürften.

Die preußische Wegenetznovelle von 1879, wonach unter bestimmten Bedingungen die Provinz den oft finanzschwachen Kreisen Ausbau und Unterhaltung der Nebenlandstraßen abnahm, brachte dann buchstäblich grundlegende Verbesserungen. Zwischen Schleswig, Flensburg und Kappeln, den drei Eckpunkten Angelns, wurden die Straßen mit festem Unterbau versehen und verbreitert. Ausgebaut wurde zur Erleichterung des damaligen Wagenverkehrs die Straße von Schleswig quer durch Angeln über Satrup und Sörup nach Sterup und Steinberg als wichtiger Verbindungsweg zu den Einkaufszentren. Nach und nach führten dann diese Ausbauten zur Verbreiterung vieler Nebenstraßen.

Angelner Kleinbahnen – ein Kapitel für sich

Bei den schwierigen, manchmal verzwickten Wegeverhältnissen im hügeligen Angeln erschien für den Transport von Massengütern, besonders der Landwirtschaft, der Bau von Eisenbahnen von besonderer Dringlichkeit. Als notwendig erwies sich vor allem der Anschluss an die 1881 eröffnete Hauptbahnlinie Flensburg-Kiel. In diesem Sinne entstanden die Konzepte für den Bau von drei Kleinbahnstrecken. Diese nahmen in unterschiedlicher Weise Einfluss auf die wirtschaftliche Entwicklung sowie auf Struk-

Als die Kleinbahn noch fuhr ... Auf dem Bahnhof Havetoftloit an der Strecke Schleswig – Satrup bald nach der Einweihung

tur, Charakter und Gesellschaftsleben in Angeln. Zweifellos hatten sie einen nicht unbedeutenden Nebeneffekt: Viele Straßen und Wege wurden als Zubringer entweder ausgebaut oder durch die Bahnnutzung entlastet.

Zu den Initiatoren des Kleinbahnbaus in Angeln gehörte wiederum an vorderster Stelle die Landwirtschaft. Und die treibende Kraft war Bauer Peter Jensen (III), Ausacker. Viele Berufskollegen unterstützten ihn, wenngleich die Zerschneidung von Ländereien für manchen ein Problem darstellte. Doch das Interesse der Landwirte an einer engeren Marktbindung lag auf der Hand. Nach dem landwirtschaftlichen Gütertransportbedarf richtete sich zu einem Teil dann auch die Trassenführung. Manchmal gaben allerdings die Wünsche einzelner Persönlichkeiten oder Gemeinden den Ausschlag.

Die Hauptbahnlinie von Kiel über Süderbrarup, Sörup, Husby nach Flensburg, „de Staatsbaan", wie die Angeliter sie nannten, nachdem der preußische Staat sie 1903 übernommen hatte, war die erste größere Bahnlinie durch Angeln. Lange bevor das preußische Kleinbahngesetz von 1892 den Bahnbau zügig voranbrachte, schon 1883, kam die Zubringer(klein) bahn Schleswig-Süderbrarup hinzu, und zwar als Normalspur- und nicht als Schmalspurbahn, wie ursprünglich geplant. Sie wurde 1904 nach Kappeln hin verlängert. Für den Betrieb dienten anfangs die höchst eigentümlichen Dampftriebwagen des Systems Rowan, einer Kombination aus Lokomotive und Personenwagen mit Gepäckraum, die schon in Dänemark liefen. Der Bahnkörper der „Schleswig-Angler Eisenbahn", übrigens mit Hilfe italienischer und österreichischer Arbeiter erstellt, war noch recht primitiv. Das Gleis ruhte auf Längsschwellen mit eisernen Spurstangen, was einen stark schaukelnden und ratternden Lauf der Waggons verursachte.

Anders als der Kreis Schleswig ließ der Kreis Flensburg seine Bahnstrecken nach einem etwas übereilten Hin und Her in Schmalspur ausführen, wohl ohne zu bedenken, dass damit ihre Rentabilität schon von Anfang an infrage gestellt war. 1885 begann man mit dem Bau der Linie Flensburg-Glücksburg, die ein Jahr später über Rundhof und Gelting nach Kappeln weitergeführt wurde. Da möglichst viele Dörfer berücksichtigt werden wollten, lagen die Stationen manchmal nur einen oder zwei Kilometer auseinander, so dass die Bahnlänge fast 170 Prozent der Luftlinie zwischen den Endstationen ausmachte. Die Strecke Flensburg-Kappeln wurde ebenso wie die 1901 eröffnete Trasse Flensburg-Satrup-Sörup-Rundhof mit so genannten Straßenbahnlokomotiven betrieben, deren Kessel und Triebwerke kastenförmig verkleidet waren und die wegen ihres Aussehens beim Vergleich mit den „echten Loks" auf den Schleswiger Strecken oft dem Spott ausgesetzt waren. Aus Finanzierungsgründen wurden die Strecken der Kleinbahnen möglichst an vorhandenen Gasthöfen vorbeigeführt. Dadurch konnten bahneigene Stationsgebäude eingespart und die Baukosten erheblich verringert werden. Andererseits entschieden sich auch Gastwirte gern für einen Ausschankplatz direkt an der gut frequentierten Bahnlinie.

Das dichte Streckennetz der drei Angelner Kleinbahnen und der preußischen Staatsbahn in ihrer „Glanzzeit"

Und für das Bahnpersonal schließlich hatte die Nähe des Gasthofes den Vorteil, dass es sich an kalten Tagen mit einem Teepunsch oder einem Köm „aufwärmen" konnte, wie es der Autor als Fahrschüler noch selbst erlebt hat. Aus den Anfangsjahren des Bahnbetriebs wird erzählt, dass auf den Schanktischen in den Stationsgebäuden „vollgeschenkte Kaffeepünsche, vorsorglich gleich in doppelter Zahl" bereit standen, wenn der polternde Dampfzug anrollte. „Doarbi cheit keen Tid verlorn", beruhigten die Eisenbahner ungeduldige Fahrgäste, „ward ok sunst keen um klook. Man mutt bi de Küll un dat natte Were en bäten Warmes in't Liev hemm!" Zwischen Zugpersonal und Passagieren der Kleinbahnen entwickelten sich – bei aller Wahrung des vorgeschriebenen Abstands – oft persönlich-vertrauliche Beziehungen. Nur zu den Fahrschülern, den Landkindern, denen erst die Kreisbahnen den Besuch der Höheren Schulen in den Städten ermöglichten, war das Verhältnis nicht ohne Spannungen. Für ihre Streiche während der Hin- und Herfahrten hatten die Bahnbeamten nicht immer Verständnis.

Die ersten Kreisbahnen wurden – wie die berühmte Dampfeisenbahn von Nürnberg nach Fürth – in Stadt und Land mit lebhaftem Interesse begrüßt. Die Vorbeifahrt eines fauchenden Dampfzuges war stets ein Erlebnis. „De Zuch kümmt!", ging ihm der Ruf voraus, und an Feiertagen legten die Dorfbewohner ihre Spaziergänge gern hin zum Bahnhof, um zu sehen, wen und was er brachte. Überhaupt verbreitete die Bahn viel von der „guten alten Zeit". Der Betrieb war geruhsam und ging ohne Eile vor sich: „Wenn wi ferdich sind", war das Motto seines Begleitpersonals, „dennso foarn wi wide!"

Mit dem steigenden Verkehrsaufkommen mussten die Kleinbahnen ihren Fahrzeugpark ständig erweitern. Für den Gütertransport wurden auf vielen Bahnhöfen Lagerschuppen und Verladerampen vor allem für den Viehtransport gebaut, ein Zeichen dafür, wie der Bahnanschluss zur wirtschaftlichen Belebung in den Dörfern beitrug. Doch nicht auf allen Strecken blieben die Bahnen in gleicher Weise rentabel. Der Schmalspurtransport wurde durch häufiges Umladen verteuert.

Nach dem Ersten Weltkrieg kam mit Lastwagen und Omnibussen die Konkurrenz. Ihr versuchte man zu begegnen, indem man mit Benzin- oder Dieseltriebwagen die Bedingungen für den Personenverkehr verbesserte. Für die Südstrecke der Flensburg-Kappelner Bahn kam dennoch 1938 das Aus. Die nördliche Strecke konnte nach dem Bau der so genannten Nordstraße zwischen Kappeln und Flensburg als Teil der Bundesstraße 199 in den letzten Abschnitten noch bis 1953 aufrechterhalten werden. Die Triebwagen wurden an andere Bahnen verkauft; einer fand nun für die Sylter Inselbahn Verwendung.

Die Schleswiger Kreisbahn, immer wieder durch neu angeschaffte, meist aber in der eigenen Werkstatt renovierte Lokomotiven, Triebwagen und Waggons komplettiert, konnte sich – mit Ausnahme des schon frühzeitig stillgelegten Streckenastes nach Kropp und Friedrichstadt – länger am Leben halten, vor allem dank der Gleisanschlüsse zur Schleswiger Zuckerfabrik, zur Firma Redlefsen in Satrup, zum Nestlé-Werk in Kappeln wie auch durch den „Schleibahn"-Anschluss zum Schleswiger Bundesbahnhof. Doch mit der zunehmenden Motorisierung der Bevölkerung und wegen der relativ langen Reisezeiten mit der Bahn wurde die schrittweise Stillegung zunächst des Personenverkehrs im April 1965 nach Satrup und im Mai 1972 auch nach Süderbrarup und Kappeln unumgänglich. 1975 stellte die Güterbeförderung zwischen Schleswig und Satrup ihren Betrieb ein.

Auf der Strecke Süderbrarup-Kappeln erinnert heute nur noch die „Angelner Dampfeisenbahn", eine beliebte, dem Tourismus sehr zuträgliche Museumsbahn mit Fahrzeugen skandinavischer Herkunft an die glorreichen Zeiten der Angler Kreisbahnen. Mit ihnen ging ein wirtschaftlich und gesellschaftlich wesentliches Stück Geschichte Angelns verloren, von dem sich seine Bewohner nur schwer trennten. Geblieben sind alte, teilweise renovierte, auch schöne Stationsgebäude, die, wie der „kaiserliche Bahnhof" in Süderbrarup, vom guten Geschmack preußischer Bahn-Baumeister zeugen. Diese Bauten dienen jetzt neuen Zwecken. Und geblieben sind auch die Einschnitte und die Dämme in der Landschaft, die heute vielen Fußgängern und Radfahrern als gern genutzte Wege dienen.

Soziale Polarisierung wächst

Der Wirtschaftsaufschwung nach dem Preußen-Anschluss hatte, wie dargelegt, nicht nur freundliche Seiten. Mit dem Streben nach Wohlstand, Reichtum und Erfolg wuchs zwischen Arbeitgeber und Arbeitnehmer, zwischen Dienstherr und Gesinde die Distanz. Sie endete in einer bislang unbekannten sozialen Polarisierung in Stadt und Land, die den sozialen Frieden gefährdete.

Für die traditionellen Formen des ländlichen Zusammenlebens war schon die novellierte Gesindeordnung von 1840 angesichts des freiheitlichen Gedankenguts, das mit den großen Reformen gekommen war, ein Rückschritt gewesen. Das galt besonders für den Passus der „persönlichen Unterwürfigkeit", die danach von den Dienstboten verlangt wurde. Insofern hatte die Reform gar nichts verbessert. Im kaiserlichen Preußen wurden die Unterschiede eher noch krasser. Das Materielle begann eine immer größere Rolle zu spielen. Nikolaus Detlefsen:
„So entstand gerade in Angeln ein gewisser Bauernstolz, der nicht nur die eigenen Mitarbeiter und die Wenigbegüterten mißachten ließ, sondern auch auf die nicht so reichen Geestbauern herabsah. Für die später einsetzende Sozialkritik und Landflucht wurde hier der ideelle Grund gelegt."

Mit dem Wachsen bäuerlichen Selbstwertgefühls war beispielsweise auf den größeren Bauernstellen in Angeln das abendliche Beisammensein mit dem Gesinde oft nicht mehr üblich. Für das Personal war die Leutestube da. Die Lebens- und Leidensgeschichte des Landarbeiters Jes Simonsen aus Harrisleefeld, vom Schleswiger Kreisarchivar Matthias Schartl aus dem Dunkel der Geschichte hervorgeholt, statuiert ein Exempel für den Verfall der Solidargemeinschaft und auch dafür, wie monoton der Arbeitsalltag und wie hart der Existenzkampf der einfachen Landbevölkerung im Kaiserreich war. Simonsen gehörte zu den wenigen Landarbeitern, die in der Arbeiterbewegung (als Sozialdemokrat) aktiv und zudem im Schreiben geübt waren. Seine Aufzeichnungen sind zu einem ungewöhnlichen zeitgenössischen Dokument geworden für die Arbeits- und Lebensbedingungen der Tagelöhner und Landarbeiter damals. Das mögen wenige, durch gründliche Nachforschungen Schartls untermauerte Beispiele verdeutlichen.

„Das pralle Elend, das wir dort in dem schönen Angelland durchstehen mußten, kann ich in Worten gar nicht kraß genug schildern", berichtet Simonsen über seinen Aufenthalt als verheirateter Deputatknecht mit Frau und Kindern in Ausacker. „Hungernd, bettelnd und frierend lebten wir dahin. An Kleidung und Schuhzeug fehlte es, und Verwandte und Nachbarn haben uns aus Mitleid manche abgetragene Sachen zugesteckt. Aber der Arbeitgeber, der jeden Tag im Überfluß dahin schwelgte, hatte nichts für seinen Arbeiter übrig." Tägliche Arbeitszeiten von halb fünf Uhr morgens bis halb neun Uhr abends waren vertraglich – im so genannten Ausweis – festgelegt. Der Lohn betrug 1.80 Mark pro Tag, dazu kam Deputat. Zum Vergleich: Ein Paar Stiefel kostete etwa 12 Mark. Die Wohnung in einem ziemlich verfallenen Landarbeiterhaus war feucht und voller Ungeziefer. Die Bitte um Renovierung lehnte der Arbeitgeber ab mit der Begründung, die Vorgänger seien doch damit zufrieden gewesen.

Leider sind solche Beispiele aus Angeln verallgemeinerungsfähig. Nicht nur Simonsen, der als Sozialdemokrat vorbelastetet war, traf es immer wieder hart, und zwar auch bei angesehenen Familien und einem Arbeitgeber, der den Ehrentitel Ökonomierat trug. Ähnlich schlecht erging es vielen Landarbeitern. Generell stellte der für die Gesundheitsüberwachung zuständige Schleswiger Regierungsmedizinalrat Dr. Johannes Bockendahl in einem Bericht über das Gesundheitswesen in der Landschaft Angeln einen „wirklichen Notstand" fest. Die Landarbeiterunterkünfte lägen hier in der Regel „in respektvollem Abstand zu den in gleicher Zeit mit großem Aufwand modernisierten Bauernhäusern." Wiederholt wurde Klage geführt über mangelnde Bauausführung,

Bedrängnis städtischer Hinterhöfe, hier in Flensburgs Norderstraße

schlechte Entwässerung und unsolide Fundamente der Landarbeiterhäuser. Kreisphysikus Bockendahl: „Der Landmann, der zu der Einsicht gelangt ist, dass der Milchertrag seiner Kühe nicht allein vom Futter, sondern auch von einem trockenen und warmen Stalle abhängt, und daher unzweckmäßige in zweckmäßige Ställe umbaut, wird vielleicht auch mit der Zeit seinen Vorteil darin sehen, dass er für seine Tagelöhner gesunde und trockene Wohnungen einzurichten sucht."

Groß war in den Landarbeiterfamilien die Schwindsuchtsterblichkeit, und häufiger als in anderen Volksschichten fielen Angehörige den berüchtigten Volkskrankheiten Typhus und Tuberkulose zum Opfer. Und wegen Krankheit und damit Arbeitsunfähigkeit, auch wegen Schwangerschaft, konnten die Hilfskräfte nach der bis 1918 geltenden Gesindeordnung jederzeit gekündigt werden. Sie waren den Launen und der Willkür ihrer Dienstherrn schutzlos preisgegeben. Auch der Generalverein, die Berufsorganisation der Landwirte, sah schließlich diese Missstände und wies in Jahresberichten die Verantwortung dafür eindeutig den Arbeitgebern zu: „Das Gesinde wird vielfach nicht gut behandelt", heißt es darin, „Hausherr und Hausfrau kümmern sich nicht genug um Wohl und Wehe desselben, sondern nur um ihre Arbeit." So sei es nicht verwunderlich, dass sich in Angeln die Arbeitsverhältnisse immer unerfreulicher entwickelten, konstatiert der Jahresbericht 1890.

In der Tat wurde der Arbeitskräftemangel, die „Leutenot", durch die Landflucht, durch Ab- und Auswanderung, zu einem gravierenden Problem, zumal die Arbeitgeber lange Zeit auch nicht bereit waren, ihre Mitarbeiter leistungsgerecht zu bezahlen. Erst nach der Jahrhundertwende sahen sich Gutsherren und Landwirte aus der Sorge, genügend Arbeitskräfte für den eigenen Betrieb zu bekommen, veranlasst, den Forderungen ihrer Mitarbeiter nach besseren Löhnen und etwas Freizeit ein Stück entgegenzukommen. Durch eine zögernd einsetzende Neubautätigkeit verbesserten sich allmählich die Wohnverhältnisse für die Landarbeiterschaft. Doch zum Durchbruch kam es in Angeln hier erst mit der Siedlungspolitik nach dem Ersten Weltkrieg.

Die soziale Polarisierung blieb aber keineswegs auf das Dorf beschränkt. Auch in der Stadt setzten sich Arbeitgeber und Unternehmer, die man damals Entrepreneurs nannte, von Arbeitnehmern und Lohnabhängigen ab. „Der übergreifende Zusammenhalt zerfiel, und an seine Stelle traten abgeschottete Vereine und Korporationen", so der Historiker K.-J. Lorenzen-Schmidt. Die Situation der überwiegend weiblichen Dienstboten in den Städten war oft prekär. In Flensburg wurde darüber geklagt, dass sich in den Villen wohlhabender Kaufleute die Räume für die Bediensteten in der Regel im Keller befanden. Zu der beengten und ungesunden Unterbringung kam die Furcht vor jederzeitiger Entlassung, denn Dienstmädchen gab es genug. Ihre sprichwörtliche Amoralität erscheint, ob berechtigt oder nicht, als das Pendant zu der der „Meierinnen" einige Jahrzehnte früher.

Dass die Agitation der Sozialisten in der Arbeiterschaft bei diesen Zuständen auf fruchtbaren Boden fiel, ist nicht verwunderlich. Dennoch waren weite Kreise der Bevölkerung über das Erwachen des „Vierten Standes" mächtig überrascht. Die „Schleswiger Nachrichten" fanden dafür eine geradezu erschütternd naive Erklärung: Man habe zuviel für die Armen getan, hieß es in dem Blatt; jetzt hätten die sich angewöhnt, Forderungen zu stellen. Schon bald nach Aufhebung des Sozialistengesetzes 1890 zeigte sich, dass der Zulauf zur SPD dadurch und durch die vielen Polizeiaktionen nur für einige Zeit gebremst worden war. Die Mobilisierung der Arbeiterschaft durch die Sozialdemokraten bewirkte bald einen deutlichen Anstieg der Wahlbeteiligung, und der kam der SPD zugute.

Auf dem Lande gilt das allerdings nur begrenzt. Hier hatte der „Angler Verein für Volkswohl", der sich zu einem großen Teil aus Landarbeitern rekrutierte, mäßigend gewirkt. Und auch die Kirche, die traditionell noch auf eine patriarchalische Wertordnung fixiert war, trat allen „Umsturzversuchen" entgegen. Doch auf die ganze Provinz Schleswig-Holstein bezogen machten die Sozialdemokraten einen gewaltigen Sprung nach oben: Ihr Stimmenanteil stieg bei den Reichstagswahlen 1912 auf über 40 Prozent. 1871 hatte er nur zwölf Prozent betragen.

Land der vielen Kirchen

Aus König Waldemars Zeiten

Weil sich die Rabenkirchener über den Platz zum Bau ihrer Kirche nicht einigen konnten, erzählt die Sage, schickten sie zwei Mönche aus, die die rechte Stelle erkunden sollten. Die aber wollten sich lieber auf die Jungfrau Maria verlassen und erflehten von ihr ein Zeichen. Alsbald flogen Raben über die Köpfe der Mönche hin und ließen sich auf einer Kuppe nieder, wo nun die Kirche erbaut wurde. Als sie vollendet war, kehrten die Raben zurück und setzten sich neben den Westausgang. Dort wurden die Vögel, die nach der germanischen Mythologie dem Gott Odin, dem Herren der Götter und der Menschen heilig waren, zu Stein, und dort sitzen sie noch heute. So kamen Kirche und Gemeinde zu ihrem Namen.

Dies soll etwa zwischen Mitte des 12. und des 13. Jahrhunderts geschehen sein, in der – noch katholischen – Zeit, als die Könige Waldemar I., Knud IV.

Die spätgotisch umgestaltete Feldsteinkirche aus dem 12. Jahrhundert in Oeversee mit dem massiven Wehrturm, der einst nur vom Kircheninneren her zugänglich war

und Waldemar II. regierten und in Angeln so viele der schönen romanischen Kirchen aus Feldsteinen errichtet wurden wie nirgends sonst in Schleswig-Holstein. Denn dies Material gab es auf den Äckern in Angeln reichlich. Mit Kalkmörtel fügte man die Steine zu Mauern zusammen. Doch auch aus Backsteinen wurden damals in Angeln Kirchen gebaut, nicht ganz so viele wie aus Feldsteinen. Und bei einigen der Angelner Kirchen, vermutlich denjenigen, die unter königlichem oder herzoglichem Patronat standen, verwandte man zum Bau Granitsteine, die zu Quadern behauen wurden, so in Norderbrarup, Sörup, Husby und Munkbrarup. Schon im Mittelalter hatte Angeln über 40 Kirchen aufzuweisen, die allerfrühesten aus Holz. Einige Kirchen, so die in Stolk und Goltoft, sind jedoch schon vor der Reformation wieder abgebrochen worden. Heute werden noch 36 mittelalterliche Kirchen gezählt, von denen allerdings viele durch Umbauten verändert wurden.

Von den Kirchtürmen Angelns ist nur einer, der in Oeversee, in romanischer Zeit errichtet worden, und zwar als Wehrbau und Warenlager für Soldaten und für Reisende auf dem nahe gelegenen Heer-, später Ochsenweg. Neun Türme wurden in gotischer Zeit, zwölf nach der Reformation erstellt. Sieben Kirchen weisen einen hölzernen Westturm auf, acht einen allein stehenden hölzernen Glockenturm und vier einen Dachreiter als Glockenstuhl.

Das größte damals errichtete Gotteshaus in Angeln, abgesehen von denen in Flensburg und Schleswig, ist die romanische Feldsteinkirche St. Marien in Grundhof mit 47 Metern Gesamtlänge und zwölf Metern Breite. Chor und Vorhaus sind spätgotisch. Der 1614 abgebrannte Turm wurde im 18. Jahrhundert neu erbaut. Die Grundhofer Kirche hat mit 51 Metern den höchsten Kirchturm im Norden der Halbinsel. Die kleinsten Gotteshäuser in Angeln sind die ziemlich krumm und schief gebaute Feldsteinkirche in Kleinsolt mit zwölf Metern Länge sowie die spätromanische Backsteinkirche in Hürup mit nur zehn Metern Schiffslänge.

Als schönste Kirche, auch „First Lady" der Gotteshäuser Angelns genannt, gilt die stattliche Granitquaderkirche St. Marien in Sörup, nach Grundhof der nächstgrößte Kirchenbau der Landschaft. Sie ist die besterhaltene der vier Kirchen dieses Stils und hat das zu bieten, was zu einer mittelalterlichen Kirche gehört: Apsis, Chor und Schiff in klarer Dreiteilung. Der

St. Marien in Sörup, die „First Lady" unter den Kirchen in Angeln. Sie gilt als die stattlichste der dort erbauten vier Granitquaderkirchen

Turm wurde in spätgotischer Zeit aus Backsteinen erbaut. Kunstvoll gefertigt ist das Nordportal mit dreistufig profilierten Rundbögen, zwei eingestellten Säulenpaaren und Tympanonrelief, das, wie ein vergleichbares am Schleswiger Dom, Christus zwischen Petrus und Paulus darstellt.

Ähnlich aufwändig gestaltet sind die Granitquaderkirchen in Norderbrarup und Munkbrarup. Der etwas abseits stehende hölzerne Glockenturm von St. Marien in Norderbrarup ist möglicherweise der älteste im Landesteil Schleswig. Als der architektonisch kostbarste Teil von St. Laurentius in Munkbrarup gilt das Südportal, das dem in Norderbrarup ähnelt, prächtig ausgestaltet mit reliefverziertem Tympanon und drei Säulen auf jeder Seite. Die vierte, die Husbyer Quaderkirche St. Vincentius unterscheidet sich von den vorgenannten durch einfachere Portale und später grundlegende Änderungen. Richard Haupt, der erste Landeskonservator in Schleswig-Holstein, lobt die seiner Meinung nach vom Dom in Ribe beeinflussten

Angelner Hausteinkirchen, wie er die Granitquaderkirchen nennt:
„Es sind echte romanische Kunstbauten, das Vollendetste, was das Land hervorgebracht hat, in sehr sauberer Arbeit, mit reichen Sockeln, überwölbten Fensteröffnungen, prächtigen Portalen. Der Glanzteil ist die mit Halbsäulen und Gesims gezierte Apsis."

Die zweite und in Angeln am häufigsten vorkommende Kategorie sind die Feldsteinkirchen. Sie weisen sehr unterschiedliche Größen auf mit Gesamtflächen zwischen 296 Quadratmetern (Grundhof) und 78 Quadratmetern (Kleinsolt). Der Bau dieser Kirchen dürfte sich über mehrere Generationen des 12. Jahrhunderts erstreckt haben. Sie sind mit behauenen Kantensteinen, oft auch mit Granitquaderecken versehen. Die Fenster- und Türöffnungen erhielten Quadersteine als seitliche Begrenzung. Dass diese Kirchen in den Maßen oft ungenau sind, ist auf die primitiven Messgeräte der damaligen Zeit zurückzuführen. Charakteristisch für eine Reihe von ihnen sind die allein stehenden, manchmal auch angelehnten hölzernen Glockentürme wie in Brodersby, hier aber eine Besonderheit, weil der First des Turmes einige Zentimeter unterhalb des Kirchenschiffdaches bleibt. Erklärt wird dies damit, dass seinerzeit die Kirchen nach der Höhe der Türme besteuert wurden.

Die dritte, in Angeln verbreitete Bauart sind die Ziegel- oder Backsteinkirchen. Hürup, Rüllschau und Böel haben die ältesten reinen Ziegelsteinkirchen der Landschaft, vermutlich aus dem ersten Drittel des 13. Jahrhunderts. Aus Backstein sind auch die Kirchen in Boren, Sterup und Ülsby sowie die später erbauten großen Kirchen in Gelting und Kappeln.

Die 1789-93 errichtete St. Nikolai-Kirche in Kappeln ist der letzte Kirchenbau spätbarocker Tradition im Lande und weist den größten Kirchenraum in Angeln auf. Sie entstand nach dem Entwurf des Soninschülers J.A. Richter als Saalkirche über einem Längsrechteck mit breit abgeschrägten Ecken und wurde auf Granitsockelquadern errichtet, die aus Steingräbern der näheren Umgebung stammen. Die Ostwand schmückt ein Portal mit beiderseitiger Treppe; darunter ist der Niedergang zur Gruft von Rumohr. Der Westturm mit Laterne, Zwiebelspitze und Christopherusfigur steht auf dem höchsten Punkt einer Ufermo-

In Neukirchen an der Ostseeküste entstand 1619 das erste nach der Reformation errichtete Kirchengebäude in Angeln, ein weiß getünchter Backsteinbau mit Rechteckturm

räne und bildet die Dominante der Kappelner Stadtsilhouette. Spätbarock ist auch Geltings St. Katharinenkirche, ein rechteckiger Backsteinsaalbau mit einem teilweise gotischen Schiff; dies ist eine der letzten vorreformatorischen Kirchengründungen in Angeln. Schließlich gibt es außer den genannten Kirchentypen noch eine Reihe von Mischbauten. Es sind die Gotteshäuser in Havetoft und Satrup (aus Granitquadern und Feldsteinen), in Quern und Steinberg (aus Quadern, Feld- und Ziegelsteinen), ferner die Kirche in Ulsnis (aus Quadern, Feld- und Tuffsteinen) und die Kirchen in Nübel, Struxdorf und Thumby (aus Feld- und Ziegelsteinen). Von diesen haben Satrup, Quern und Steinberg massive Steintürme, die anderen frei stehende hölzerne Glockenhäuser, die teilweise sehr alt sind wie der in Thumby, der um 1490 erbaut wurde.

Neueren Datums sind die Gotteshäuser in Neukirchen (1619/22), das erste Kirchengebäude in Angeln nach der Reformation, ein Backsteinbau, ferner die barocke Fachwerk-Saalkirche in Arnis (1673), die Idstedter Gedächtniskirche (1903) und die neuromanische Backsteinkirche in Gundelsby (1909). Weitere Kirchenbauten in Stadt und Land stammen aus der Gegenwart und können hier nicht im Einzelnen behandelt werden.

Mittelalterliche Pracht im Kirchenraum

Im Mittelalter waren Wände und Decken der Angelner Kirchen meist bunt bemalt. Im 19. Jahrhundert wurde es Mode, alles weiß zu übertünchen. Später hat man dann bei Restaurationen versucht, Malereien wieder freizulegen, so dass Reste figürlicher Malerei in einigen Kirchen noch vorhanden sind. Auch bemühte man sich, zwischen alter Bemalung und neuem Stilempfinden eine Synthese zu finden, so zum Beispiel in besonders gelungener Weise in der Großquerner Kirche durch den Kunstmaler Ernst Günther Hansing.

An Skulpturen zeigen Angelns alte Kirchen fast ausschließlich Holzbildwerke. Doch die älteste Plastik, aus der Zeit um 1225, ist ein romanischer Altarvorsatz aus Kupferblech mit Relieffiguren, das „Querner Antependum", und ausgerechnet dieses „hochbedeutende" Stück hatten die Querner 1880 zusammen mit zwei Leuchtern für 300 Mark an den Kunsthandel verscherbelt. Vier Jahre später fand es für den gut zwanzigfachen Preis seine endgültige Bleibe als Glanzstück im Nürnberger Germanischen Nationalmuseum. Nur wenig jünger ist die Holzfigur des auf einem Drachen stehenden St. Michael in Husby, die 1977 zur Staufenausstellung in Stuttgart war. Aus dem 13. Jahrhundert stammen auch je ein Kruzifix in Ulsnis und Kappeln, während eine Madonna in Norderbrarup und eine Bischofsfigur aus Boren dem 14. Jahrhundert angehören. Unter den Pastorenbildern in Boren findet sich auch das von H.N.A. Jensen.

Als „höchst ungewöhnlich" und vielleicht bedeutendste hochmittelalterliche Holzskulptur des Landes gilt die Passionsfolge mit sieben Szenen in der Hüruper Kirche. Wegen der angebrachten Runen wird angenommen, dass sich hier noch skandinavische Einflüsse durchgesetzt haben, die Künstler also aus dem Norden kamen, vielleicht auch im Rudekloster arbeiteten. Im ausgehenden Mittelalter entstanden viele der Triumphkreuze, Kreuzgruppen und Schnitzaltäre der Angelner Kirchen. Der vermutlich älteste Angelner Schnitzaltar stammt aus Boren und wird jetzt im Schleswiger Museum gezeigt. Künstlerisch am bedeu-

Der Altar in der romanischen Granitquaderkirche Husby von 1786 mit eingefügten Schnitzfiguren

St. Nikolai in Kappeln. Die spätbarocke Saalkirche weist den größten Kirchenraum Angelns auf und einen Altar von 1641 des berühmten Meisters Gudewerdt d.J.

tendsten ist zweifellos der berühmte Bordesholmer Brüggemann-Altar im Schleswiger Dom, der an dieser Stelle nur erwähnt wird unter Hinweis auf das reichliche Schrifttum darüber. Nach der Reformation wurden die mittelalterlichen Altäre zunächst weiterbenutzt und erst ab etwa 1600 durch neue ersetzt. Meister Ringerinks Werk in der Flensburger Marienkirche ist dafür beispielgebend. Der wohl beeindrukkendste Angelner Altar im Knorpelstil, ein Hauptwerk Hans Gudewerdts d.J. und damit des Hochbarock, wurde 1641 an die alte Kirche in Kappeln geliefert, für die neue Kirche später verändert.

Vieles wurde nach der Reformation im Inneren der Angelner Kirchen grundlegend anders gestaltet. Die Nebenaltäre und einige Hauptaltäre verschwanden. Dafür kamen Kanzeln, Emporen, Epitaphien, Orgelprospekte und ganze Altarwände in die Kirchenräume. Die meisten dieser Kanzeln entstanden zwischen 1570 und 1640, einige der ersten aus dem Kreis um den Flensburger Schnitzer Ringerink. Der so genannte Ohrmuschel- und Knorpelbarockstil der Kanzeln beginnt um 1630 und erreicht seinen Höhepunkt mit Gudewerdts Kanzel in Sörup 1663. Prachtvoll ist die Kanzelempore in Steinberg, ebenso der Buchholtzsche Kanzelkorb in Husby mit Fruchtgehängen und Einzelfiguren.

In vielen Kirchen Angelns stehen Steintaufen aus dem hohen Mittelalter, pokalförmige Kuppen auf würfelförmigem Fuß, meistens aus Granit, auch aus gotländischem Kalkstein, und geschmückt mit Rankenwerk oder Bildreliefs, oder aus Holz, wie die 1653 so prachtvoll von Gudewerdt im Knorpelstil geschnitzte Taufe in Gelting. Wegen ihrer Größe und des Reichtums an Reliefs ist schließlich die Granittaufe in Munkbrarup hervorzuheben.

Die meisten Orgeln in den Angelner Kirchen sind später als 1600 entstanden, vorher soll es Orgeln nur im Kloster Mohrkirchen sowie in Grundhof und in Gelting gegeben haben. Hersteller waren Busch in Itzehoe, Angel und Windekilde in Flensburg und seit etwa 1870 die bekannte Firma Marcussen in Apenrade. Das Kirchengestühl stammt fast ausschließlich aus dem 19. Jahrhundert und aus späterer Zeit. Ursprünglich war es meistens in drei Blöcke aufgeteilt. Die Gutsherren ließen sich ihre eigenen Logen bauen wie zum Beispiel das prächtige Rumohr-Gestühl in Esgrus. Da im 17. und 18 Jahrhundert der Kirchenraum für die Besucher oft nicht ausreichte, schuf man Emporen, in Kappeln sogar eine mehrgeschossige.

Mit einer Anekdote aus Kleinsolt soll die Beschreibung der Angelner Kirchen enden. Es war bitterkalter Winter, zu einer Zeit, als die Kirchen noch nicht beheizt werden konnten. Der Pastor schloss seine kurze Predigt mit diesen Worten: „Ich friere und Ihr frieret, und mein armer Schimmel stehet da draußen und frieret auch. Darum mache ich es kurz. Der Herr helfe uns allen, Amen!"

Stattliche Bauern-, Guts- und Herrenhäuser

Von der Fachwerk- zur bürgerlich-städtischen Architektur

Nach der großen Landreform, die die finanziellen Verhältnisse in der Landwirtschaft bald wesentlich verbessert hatte, vergrößern und verschönern sich die Dörfer Angelns durch Neubauten von Höfen und von Wirtschaftsgebäuden. Auch verändert sich das Dorfbild durch den Bau von Meiereien und – nach Aufhebung der Zwangsmahlbezirke und Einführung der Gewerbefreiheit – durch die Errichtung von Mühlenbetrieben, meist als Windmühlen. Von 1874 bis 1914 entstehen etwa 100 Genossenschaftsmeiereien in Angeln, und um die Jahrhundertwende zählt man 73 Windmühlen. Viele Dörfer werden zu Sammelpunkten von Handel, Handwerk und Gewerbe. Süderbrarup, lange Zeit mehr politischer und kultureller Mittelpunkt, entwickelt sich jetzt zum wirtschaftlichen Zentrum.

Obwohl Angeln geografisch, geschichtlich und volkskundlich fest umrissen ist, hat sich dort weder ein eigener Dorf- noch Bauernhaustyp entwickelt. Die Halbinsel ist aufgrund der kulturellen Beeinflussung von Süden sowie von Norden siedlungsmäßig ein Mischgebiet. Es gibt aber bis ins 19. Jahrhundert ein für Südangeln und ein für Nordangeln typisches Bauernhaus. In beiden Teilen der Halbinsel bestimmte die ältere Fachwerkarchitektur das Bild, die Wohnen und Wirtschaften unter einem Dach vereinigt.

Im Norden Angelns dominierte der aus der Urform des cimbrischen Hauses entwickelte, quer geteilte Wandständerbau mit der großen Diele in der Mitte, dem Wohnteil auf der westlichen und dem Stallteil auf der östlichen Seite. Es ist ein schmales längliches und stroh- oder reetgedecktes Gebäude, dessen dachtragende Ständer in der Wand liegen. Die einzelnen Trakte sind durch Türen und Tore an der Traufseite zugänglich. Der Typ des Nordangelner Wandständerbaus ist heute im Schleswig-Holsteinischen Freilichtmuseum in Molfsee zu sehen, ein 1753 erbautes Haus aus Böelschuby, dessen erster, schriftlich nachgewiesener Besitzer der Kätner und (hier schon erwähnte) Uhrmacher Jacob Tüxen war.

Kennzeichnend für das in Südangeln verbreitete, ebenfalls stroh- oder reetgedeckte und rauchfreie Niederdeutsche Fachhallenhaus sind die Groot-Dör an der Giebelseite und die aus Flett und Diele beste-

Das „Marxenhaus", ein Südangelner Fachhallenhaus von 1626, in Süderbrarup abgebrochen und im Landschaftsmuseum Unewatt wieder aufgebaut

hende Halle mit niedrigen Seitenteilen, in denen sich die Viehställe und das Viehfutter sowie die Kammern für die Bediensteten befinden. Das Flett ist der gepflasterte Arbeitsplatz für die Bäuerin mit Herd und hellen Räumen oder Nischen, den Luchten. Die Diele, ein langgestreckter, mit Lehmfußboden versehener Raum mitten im Haus, dient als Dreschplatz, hier werden Heu und Stroh oder Getreidegarben von den eingefahrenen Erntewagen abgeladen, um sie durch eine Deckenöffnung oben auf dem Boden zu verstauen. Die Dachbalken werden bei diesem Haus von einem Innenständergerüst getragen, während die Balken des auffällig großen Wohnteils auf den Außenwänden aufliegen. Anschauliches Beispiel des Südangelner Fachhallen-Bauernhauses ist das im Landschaftsmuseum Unewatt wiedererrichtete „Marxenhaus“ aus Süderbrarup mit einem Innengerüst aus dem Jahr 1626.

Die beiden einst in Angeln verbreiteten Bauernhaustypen sind im Laufe des 19. Jahrhunderts größtenteils verschwunden, und damit auch viele Reet- oder Strohdächer und ein großer Teil des alten Fachwerks. An ihre Stelle traten, als sich der Reichtum ausbreitete, neue Wohn- und Wirtschaftsgebäude, die aufwändigen, den adligen Gütern nachgeahmten Dreiseithofanlagen, denen über Angelns Grenzen hinaus viel Aufmerksamkeit gegolten hat und immer noch gilt.

Respektabler Angelner Dreiseithof

„Der Reisende in Angeln wird versucht zu glauben, er fahre von einem adeligen Gute zum anderen, jedes große Gehöft sei ein Herrensitz ...“ heißt es in einer Reisebeschreibung von 1855. Die Anlage, der er immer wieder begegnet, ist der Angeliter Dreiseithof, hier in einer Art und Anzahl verbreitet, wie sonst in keiner Landschaft Schleswig-Holsteins. Dieser Hoftyp wird im Laufe des 19. Jahrhunderts für die Landschaft Angeln so charakteristisch und unverwechselbar, vor allem auch im Hinblick auf seine stilistische und architektonische Ausgestaltung, dass er das ländliche Bauwesen in dieser Landschaft auch heute noch in starkem Maße prägt.

Der Grundtyp der Dreiseithofanlage besteht aus drei Hauptgebäuden, dem allein stehenden Wohnhaus sowie zwei einander gegenüberliegenden Wirtschaftsgebäuden, alle drei U-förmig um einen zur Zufahrt hin offenen Hofplatz gruppiert. Das zurückliegende repräsentative Wohnhaus gegenüber der Einfahrt

Der Dreiseithof Brunsholm, dessen Wohnhaus von 1768 stammt, war das einzige Gut im I. Angler Güterdistrikt ohne Leibeigenschaft

Diese Allee führt zum Gut Roest. Rechts die Gutsscheune mit ihrer mächtigen, so beeindruckenden Reetdachfläche.

steht im Blickpunkt und ist massiv gebaut. Wirtschaftsgebäude, Stall und Scheune sind häufig noch Fachwerkbauten. Nebengebäude wie kleinere Viehställe, Backhaus, Bohlenschuppen und eventuell auch die so genannte Abnah-me, das Altenteilerhaus, liegen hinter oder seitlich ne-ben dem Wohnhaus; später liegt die Abnahme häufig auch dem Wohnhaus gegenüber. Bäume, Toreingang, Wallhecken oder Mauern grenzen den Dreiseithof optisch und räumlich zur Straße hin ab und dienen als Windschutz. Der gewöhnlich recht große, parkartige Garten liegt seitlich vom Haus oder dahinter.

Typisch sind Alleen von Linden, Buchen oder Eichen, die axial zum Wohnhaus hinführen, sowie einzelne Bäume oder eine Baumreihe vor der Wohnhausfassade. Ein Rasenrondell mitten auf dem Hofplatz, von einem weißen Staket umgeben, um eine Fahnenstange oder einen Baum herum, meistens eine Blutbuche, oder auch mit einem runden Teich, ergänzt oft das Gesamtkonzept. Diese durchdacht geplanten Außenanlagen schaffen eine gezielte Verbindung von der Architektur zur umgebenden Landschaft.

Gegenüber den früheren kombinierten Wohn- und Wirtschaftsgebäuden war die Dreiseithofanlage wegen der langen Wege zwischen den einzelnen Funktionsbereichen wie Milchwirtschaft, Viehhaltung und Fütterung oder Getreidebearbeitung zwar weniger fortschrittlich; doch fiel das durch den Einsatz relativ vieler Hilfskräfte zunächst nicht sehr ins Gewicht. Später mit der Technisierung der Betriebe war dieser Mangel weitgehend ausgeglichen.

Die Volkskundlerin Hagemeier-Kottwitz beschreibt das charakteristische Wohnhaus als ein mehrachsiges Traufenhaus mit neun bis 13 Achsen auf einer Grundfläche von ca. 10 mal 20 Metern. Die Schauseite zum Hof zeigt in der Regel einen breiten Mittelrisalit, also einen hervortretenden Gebäudeteil, z.T. mit Dach oder Giebel, eine portalähnliche Türumrahmung und eine reich ornamentierte, beschnitzte, zweiflügelige Haustür. Die Gestaltung dieses Fassadentyps gibt es in zahlreichen Variationen. Das Wohnhaus ist massiv aus roten oder gelben Handstrichziegeln gebaut und hat ein reetgedecktes Krüppelwalmdach, dessen First mit Hängehölzern befestigt ist. Beliebt sind in einigen Gegenden auch gerundet hergestellte Fensterscheiben, durch die man hinaussehen, aber nicht hineinsehen kann.

Während die Wohnhäuser, dem Grundtyp des Dreiseithofes entsprechend, bis 1860/70 mit Reetdach und sparsamem klassizistischen Dekor auf der Eingangsseite gebaut werden, wechseln die stilistischen Details in den Jahren danach häufig. Der starke Einfluss bürgerlich-städtischer Vorbilder ist in der Architektur jetzt unverkennbar. So ist jede Richtung des Stilpluralismus in Angeln anzutreffen: Man findet Neubarock und Neugotik, und bis in den Anfang des 20. Jahrhunderts vor allem die Gründerzeitarchitektur mit reichem Stuckdekor. Die ländlichen Wohnhäuser ähneln immer mehr

Für das Dorfbild bestimmend: Stattlicher Dreiseithof in Ausacker

städtischen Villen. Nach der Jahrhundertwende entstehen dann auch Wohnbauten im Jugendstil.

Auch die Gestaltung der Wirtschaftsgebäude geht mit der Zeit. Die niedrigen Scheunen mit steilem Reetdach werden entsprechend einer verbesserten Wirtschaftsweise und stark wachsender Erträge von hohen zweigeschossigen Scheunen mit flachem Pappdach abgelöst. Im Untergeschoss der Stallscheunen ist das Vieh untergebracht und im Obergeschoss mit Drempel der Bergeraum für das Erntegut. Dort sind auch die Futtervorräte und später die zugehörigen Maschinen und Geräte wie Schrotmühlen, Windfege zum Kornreinigen oder die Häckselade platziert. Diese neuen Drempelscheunen, die in ganz Schleswig-Holstein und in Dänemark üblich wurden, riefen schon bald nach ihrer Entstehung heftige Kritik hervor, vor allem nach 1900 bei der Heimatschutzbewegung. Die Kastenform der Gebäude empfand man im Vergleich zu den steilen Reetdächern als ausgesprochen hässlich, als „roh und ungeschlacht". Was man sich in der zweiten Hälfte des 20. Jahrhunderts – nicht nur aus Sparsamkeitsgründen – in den Dörfern an Geschmacklosigkeiten geleistet hat durch Verwendung neuer Materialien wie Blech, Eternit und Plastik oder durch Allerweltsbauten, ahnte man damals noch nicht.

Am repräsentativen Baustil der Dreiseithöfe zeigt sich sehr deutlich der Wandel von einer anfangs nur geografisch hervortretenden Landschaft zu einer Region, deren Bevölkerung ein ausgeprägtes Selbstbewusstsein und Selbstverständnis entwickelt, ein Ausdruck wiederum für das dort nach den Landreformen starke Wirtschaftswachstum und den beträchtlich gestiegenen Wohlstand wie er an anderer Stelle – auch mit seinen Schattenseiten wie dem Verlust der Solidargemeinschaft und der Ausbeutung des Dienstpersonals – schon geschildert wurde. Das neue Selbstwertgefühl äußert sich zunächst in der gründlichen Trennung von Wohn- und Wirtschaftsteil, der Einrichtung allein stehender Wohnhäuser. Man wohnt nicht mehr mit den Tieren unter einem Dach und scheut dafür keinen Aufwand.

Das Wohnhaus ist das Aushängeschild und darf Geld kosten. Von Wohlhabenheit zeugen vor allem kunsthandwerklich gestaltete Eingänge, zweiflügelige, farbig abgesetzte Haustüren mit beschnitzten Füllungen nach charakteristischen Mustern, deren Anblick heute in vielen Dörfern Angelns Einheimische und Urlaubsgäste erfreut. Dank der Aufgeschlossenheit von Bauherr und Handwerkern für alle Einflüsse der Hocharchitektur ihrer Zeit sowie mit solidem handwerklichen Können entstehen geschmackvolle, auch skurrile Lösungen, wobei es sich nicht um simple Nachahmungen, sondern um eigene, bäuerliche und auf die Bedürfnisse der ländlichen Bevölkerung abgestimmte Interpretationen handelt. Auch das Abnahmehaus kommt nicht zu kurz, denn nach Abgabe des Hofes möchten die Altenteiler nicht auf den gewohnten standesgemäßen Lebensstil verzichten.

Dass damals Stimmen laut wurden, die Lebensstil und Repräsentationsbedürfnis der Angeliter Bauern kritisch betrachteten, lässt sich denken. Natürlich konnte Pastor H.N.A. Jensen, der die Eitelkeit als eine „Erbsünde" der Angeliter geißelte, es sich nicht verkneifen, diese Lebensweise als Großmannssucht scharf zu tadeln. Dass sich hinter manchen dieser prächtigen Hofanlagen Schuldenberge türmten, ist sicher kein Gerücht. Das Bedürfnis des Menschen, es dem Nachbarn gleich zu tun, ihn möglichst noch zu übertrumpfen, war schon zu jener Zeit stark ausgeprägt.

Bei diesen Bauerngütern, wie sie oft genannt wurden, gehörte angemessenes Mobiliar in Diele und gute Stube, „in de beste Stuv", vor allem in den „Saal", der, nur für festliche Anlässe genutzt, nirgends fehlen durfte. Die einfachen klobigen Eichentische und Stühle wichen kunstvoll gefertigten, auf Hochglanz polierten Mahagoni-Möbeln. Die alten Angelner Rokokomöbel des 18. Jahrhunderts wie die zweiflügeligen, pompös-architektonisch wirkenden Schränke, die dekorativen Schatullen, „Sekretäre" und Kommoden dagegen durften bleiben, soweit sie noch dem modernen bäuerlichen Repräsentationsbedürfnis entsprachen, das man von den höheren Ständen in der Stadt übernommen hatte.

Was nicht mehr zeitgemäß war, wanderte auf den Boden oder landete in den ärmeren Geestgebieten. Manche dieser alten Stücke fanden spätere Generationen auch in den Klüterkammern auf den Höfen wieder. Plüsch und Schonbezüge, von den „Binnerdeerns", den für den Haushalt zuständigen Mädchen, gern in Hardangerarbeit gefertigt, gehörten jetzt zur Ausstattung von Sesseln und Sofas. In einigen Bauernhäusern soll es auch Möbelstücke des berühmten, auf mehreren Weltausstellungen erfolgreichen Flensburger Tischlers und Holzbildhauers Heinrich Sauermann gegeben haben.

Bodenständig-bäuerliche Guts- und Adelskultur

Von den Bauerngütern in Angeln und der Lebensweise damals ist der Schritt nicht weit zu den Gutswirtschaften und deren Herrenhäusern, die als Wohnhaus des landbesitzenden Adels, später aber auch des bürgerlichen Gutsbesitzers dienten. Denn bäuerliches Leben und Wirtschaften sowie Bodenständigkeit sind in Angeln Grundlage gutsherrlicher Existenz.

Im Herrenhausbau schlagen sich Einflüsse des Nordens, aber auch Italiens nieder, vor allem Renaissance und Klassizismus. Die Renaissance ordnet Herrenhaus, Wirtschaftsgebäude und Garten oder Park ohne strengen äußerlichen Bezug zueinander. Und wie beim Dreiseithof erstrecken sich in der Regel rechts und links vom querliegenden Herrenhaus, dem architektonischen Zentrum und meist auch Glanzpunkt der Anlage, in Längsrichtung Kuhhaus und Scheune, allerdings als gewaltige, meist reetgedeckte Gebäude in oft ausdrucksvoller architektonischer Gestaltung. Dem Herrenhaus gegenüber steht das repräsentative Torhaus, häufig über eine Allee zugänglich in enger Synthese mit der Landschaft. Seitlich vom Herrenhaus oder dahinter beginnt die private Sphäre: der Garten oder Park, Alleen und der Hecken- und Ziergebüschbereich.

Die große Zeit des Herrenhausbaus in Schleswig-Holstein beginnt im 17. Jahrhundert. Finanzielle Basis ist die auf der Leibeigenschaft und vielen Privilegien basierende Wirtschaftskraft der Güter. Doch sind, begünstigt durch die lange Friedenszeit, die baugeschichtlich bemerkenswerten Häuser fast alle im 18. und in den ersten Jahrzehnten des 19. Jahrhunderts errichtet worden, so größtenteils auch in Angeln. Denn in dem Maße, wie nach Landreform und Aufhebung der Leibeigenschaft der konjunkturelle Aufschwung die Landwirtschaft fördert, verbessert sich auch die wirtschaftliche Lage der Gutsbesitzer und des Adels.

Als das älteste Herrenhaus in Angeln und vom Bautyp her als Rarität gilt das des Gutes Lindau an der Schlei, das sich als eingeschossiger, reetgedeckter Backsteinsaalbau äußerlich wenig von einem Bauernhaus unterscheidet. Die Besitzerfolge beginnt 1492 mit dem Geschlecht Ratlow, dessen Name über fünf Generationen bis 1650 mit Lindau verbunden bleibt. Das Innere des Hauses mit schwerer Balkendecke vermittelt besonders anschaulich die Wohnkultur eines Adelshauses des 16. Jahrhunderts. Der Besucher kann sich gut eine Ritterrunde an den zwei Kaminen sitzend vorstellen, die von hier auf Jagd oder nach Dithmarschen in die Schlacht von Hemmingstedt zog, in der Schack Ratlow und sein Sohn Hans 1500 ihr Leben verloren. Und von wo aus Enkel Bertram die Altarleuchter aus der Meldorfer Kirche mitgehen

Eines der letzten noch in Fachwerk erhaltenen Torhäuser in Schleswig-Holstein steht in Frauenhof im südöstlichen Angeln

ließ, sie aber 1559 „zur Ehre Gottes" der Kirche in Boren „schenkte". Dass derselbe Ratlow 1557 auf dem Borener Dingplatz zehn Hexen hatte verbrennen lassen, macht diese Geschichte besonders pikant. Seit 1912 ist Lindauhof, heute in der ortsüblichen Größe eines Bauernhofes, im Besitz der Familie Karberg und weithin bekannt geworden als Drehort für Fernsehfilme, insbesondere durch die Reihe „Der Landarzt".

Etwa fünfzig Jahre jünger ist der Unterbau des Herrenhauses auf dem nahe gelegenen Gut Dollrott, eines einfachen Breitbaus, der laut Inschrifttafel 1609 als „Pforthaus", also als Torhaus erbaut, vermutlich Ende des 18. Jahrhunderts zum Herrenhaus aufgestockt und als Wohnhaus eingerichtet wurde. Hinrich von Ahlefeldt auf Satrupholm, dessen Geschlecht das Gut von 1494 bis 1631 gehörte, ließ das zweistöckige, grabenumgebene Haus als Leibgedinge für seine Frau errichten. Es vermittelt einen Eindruck davon, wie wehrhaft und stattlich der Adel im 17. Jahrhundert wohnte. 1910 gelangte das Gut in Besitz der Familie Westermann-Lammers.

Vom Gut Roest, um 1840 mit fast tausend Leibeigenen der volkreichste Gutsbezirk in Angeln und heute von den Grenzen der Stadt Kappeln umschlossen, kommt erste Kunde bereits in König Waldemars II. Erdbuch von 1231, wonach es im weiten Bereich des Geltinger Waldes, der silva geltinga lag. Die Namen des Ritters Johann Laurenz und seiner Schwester Eddele Abildgaard, die in der Schlei Heringszäune erbauen ließ, sowie der Ritter Otto Lembeck (Rameskop) und Otto und Siegfried Split sind mit Roest verbunden. Erbaut ist das zweigeschossige Herrenhaus vom Geschlecht der Rumohr 1590 aus Backstein mit Doppelgiebel und im 17. und 18. Jahrhundert um einen etwas vorspringenden Osttrakt und einen Westtrakt erweitert worden. Am Haupthaus mit Renaissance-Giebel und Sandsteinportal führt eine Freitreppe in den Rittersaal, der mit Holzbalkendecke, Frühbarocktüren, wappenbekröntem Kamin und Freskomalerei eindrucksvoll die Lebensweise des Adels am Ausgang des Mittelalters widerspiegelt. Den Herren Rumohr als Besitzer des Gutes (von 1498 bis 1797) folgte Landgraf Carl von Hessen-Cassel (bis

Die bekannte Filmkulisse: Lindauhof an der Schlei mit dem ältesten Herrenhaus der Landschaft, als Bautyp eine Rarität

1855). Dann ging das 1799 parzellierte Gut mit der mächtigen Scheune unter dem vielleicht größten Reetdach in Angeln an das Herzoghaus von Schleswig-Holstein-Glücksburg, jedoch wurden Herrenhaus und Hofgebäude 1976 verkauft.

Das der Gemeinde Stoltebüll zugehörige Gut Drült ist im Prinzip ein Dreiseithof mit querliegendem Herrenhaus und großen, 1801/04 nach einem Brand neu erbauten Scheunen zu beiden Seiten; allerdings wurde das Kuhhaus 1976 abgebrochen. Die gesamte Hofanlage wirkt mit dem auf einer leichten Anhöhe 1806/07 im Stil des reifen Klassizismus errichteten Herrenhaus und seinen typischen geometrischen Formen sehr harmonisch. Auffallend ist der hofseitige Giebel, der zu einem ausladenden Porticus als Durchfahrt für Gespanne konzipiert ist und von vier dorischen Säulen getragen wird. Die Pläne für den Bau stammen vom dänischen Baumeister Axel Bundsen, der sich bereits durch den Bau des schönen und so gut in die Landschaft hineinkomponierten Herrenhauses Knoop einen Namen gemacht hatte. Urkundlich erstmals genannt wird Drült 1397, als der Ritter Erich Krummendieck auf Rundhof seinen Besitz nach Süden hin wesentlich erweiterte. Seitdem standen die beiden Güter in enger Verbindung bis Drült um die Wende des 19. Jahrhunderts selbstständig wurde. Die Herren von Rumohr auf Drült galten stets als sehr lese- und bücherfreundlich. Die heute zwei Räume füllende Bibliothek umfasst mittlerweile mehr als 11 000 Bände, zum größten Teil Erwerbungen von Dr. jur. Henning von Rumohr, des langjährigen Besitzers von Drült und bekannten Autors vieler Schriften zur Geschichte der Ritterschaft und des schleswig-holsteinischen Adels, der Schlösser und Herrenhäuser, der Kirchen und Klöster in Schleswig-Holstein.

Eine auffällige Hofanlage in Ostangeln besitzt auch Toestorf. Das Gut hatte früher umfangreichen Streubesitz und soll als Heermannenhof aus acht niedergelegten Hufen des damaligen Dorfes Töstrup entstanden sein. Es war zeitweise Meierhof des Gutes Roest, mit dem es durch einen unterirdischen Gang verbunden gewesen sein soll. Erster Bauherr des im Barockstil errichteten und viel Flair ausstrahlenden Wohnhauses war Friedrich von Rumohr 1765. Nach 1782 wurde der gesamte Streubesitz verkauft und 1803 den Ämtern Flensburg und Gottorf einverleibt; es blieb ein Hof von 205 Hektar. Von 1795 bis 1804 gehörte das Gut dem schon zitierten Landesinspektor Friedrich-Wilhelm Otte, aus dessen Feder die „Bemerkungen über Angeln" von einer Reise im Jahr 1791 stammen.

Eine der stattlichsten Besitzungen im ganzen Herzogtum Schleswig ist von altersher Rundhof; dies war auch einmal das größte Gut. Seine Geschichte umfasst 750 Jahre, fast 450 Jahre, seit 1557, ist es als Hauptsitz in Händen des Geschlechts Rumohr. Auch Rundhof, eigentlich Runtoft, von Runaetoft abgeleitet, was Hausplatz des Runi heißt, wird schon im Erdbuch Waldemars von 1231 als Besitz des Königs erwähnt. Danach, von 1285 bis 1557, hatten es die Geschlechter Skram, Krummendieck, von der Wisch und Sehestedt. Die Familie Rumohr/von Rumohr, hatte Rundhof von 1557 an und hat es Gewinn bringend bewirtschaftet. Daher konnte um die Mitte des 18. Jahrhunderts das alte bescheidene Wohnhaus durch ein schlossartiges, zweigeschossiges Herrenhaus, ein Hauptwerk spätbarocker Architektur, ersetzt werden. Christian August II Rumohr ließ es um 1753 nach Entwürfen des aus Bayern stammenden Baumeisters Georg Greggenhofer errichten. Das mächtige Gebäude unter zwei parallelen Walmdächern schmücken an der Hoffront geweißte Pilaster und ein dreiseitig vorspringender, vasengeschmückter Mittelrisalit mit Sandsteinportal. Die Gesamtanlage von Wirtschaftshof, Ehrenhof und Herrenhaus ist von Wassergräben umgeben, die teils seeartig erweitert wurden. Sie gilt als die größte Gutsanlage in Angeln und ist zugleich das dort am längsten in einer Familie befindliche Gut. Von zwei Ausnahmen abgesehen, hat sich Rundhof in 12 Generationen Rumohr stets von Vater auf Sohn vererbt.

Zu den ansehnlichsten Gütern in Angeln zählt Gelting. Unter dem Namen Gyaelting gehörte es laut Waldemars Erdbuch 1231 dem König, war später in Händen der Rittergeschlechter von der Wisch sowie von Ahlefeld – zwei Jahrhunderte bis 1724. 1758 ging es in den Besitz des legendären Langenhorner „Millionärs" Sönke Ingwersen, auch Seneca Inggersen genannt, über. Der Friese war im Dienst der holländischen Ostindien-Compagnie in Batavia als „Resident" zu beachtlichem Reichtum gelangt. Unter dem Titel eines Barons von Geltingen wurde er in den däni-

Vom ehemaligen Meierhof Toestorf und seinen Gutsgebäuden ist nur noch das schöne barocke Herrenhaus übrig geblieben, heute für Antik-Auktionen genutzt

Herrenhaus Rundhof. Der schlossartige Backstein-Breitbau ist der Mittelpunkt des einmal größten und bedeutendsten Gutes in Angeln

schen Adelsstand erhoben und 1777 vom deutschen Kaiser zum Reichsfreiherrn ernannt. Ingwersen, bestrebt sich ein würdiges Heim zu schaffen, veränderte den Mittelbau des Geltinger Herrenhauses von Grund auf, indem er ihn wesentlich verbreiterte, mit einem doppelten Walmdach und den großen, so typischen holländischen Sprossenfenstern versah. Heute ist Gelting eine Dreiflügelanlage, deren Ostseite ein runder Eckturm als Rest eines Baus von 1470 ziert.

Auch im Inneren des Geltinger Schlosses, wie man es gern nennt, ließ Ingwersen alle Räume umgestalten oder neu entstehen, wobei sich der damals berühmte italienische Stukkateur und Maler Angelo M. Tadei verdient machte. Die „triumphale Steigerung" seiner Kunst zeigt sich im großen Festsaal im Obergeschoss unter anderem in einer Halbrelief-Darstellung, in der das Füllhorn des Glücks seine Früchte ausschüttet über Sönke Ingwersen. – Von den Wirtschaftsgebäuden steht nur noch ein langgestreckter gelber Backsteinbau von 1753. Das Kuhhaus brannte 1979 ab und aus dem Fachwerkpferdestall von 1660 sind die Balken für die Restaurierung des Marxen-Hauses im Landschaftsmuseum Unewatt verwendet worden. Der Zugang zu der mit Wällen, Eckbastionen und Gräben umgebenen imposanten Anlage führt über eine Granitquaderbrücke durch das Torhaus mit barockem Türmchen. Hinter dem Mittelbau erstreckt sich der 1789 nach umfangreichen Geländebewegungen englisch angelegte Park, wo Ingwersen sogar ein Komödienhaus erbauen ließ. Besitzer des Gutes ist in Erbfolge von Ingwersen und dessen Sohn Rudolph seit 1820 das Geschlecht Baron von Hobe-Gelting.

Die Namen der Rittergeschlechter Krummendieck, Split, Sehestedt, von Ahlefeldt, Rumohr und von der Wisch tauchen auch in der Geschichte der Angelner Güter Düttebüll, Lundsgaard, Buckhagen und Oehe auf. Die Ländereien von Düttebüll in der Gemeinde Kronsgaard waren, wie übrigens auch diejenigen des Gutes Ohrfeld bei Gelting, im 14. Jahrhundert Teile von Gut Rundhof. Düttebüll wurde 1593 selbständig mit Ohrfeld als Exklave. Das Herrenhaus Düttebüll ist eine eingeschossige Dreiflügelanlage, nach Umbauten seit 1785 in der heutigen Gestalt. Nach der Parzellierung 1785 blieben beim Gutshof 230 Hektar. Vor der Hofgründung bis 1727 war Düttebüll sieben Generationen im Besitz des Geschlechts Rumohr, seit 1902 ist das Gut im Besitz der Familie von Hobe.

Von klassischer Schönheit ist das Herrenhaus auf Gut Lundsgaard, bei Grundhof gelegen, heute auch Darbietungsort der Angelner Sommerkonzerte. Conrad von der Wisch hat es 1779 erbaut, nachdem der Hof 1713 dem I. Angler Güterdistrikt zugeordnet worden war. Es ist ein zweigeschossiger, weiß verputzter Ziegelbau mit spitz übergiebeltem Mittelrisalit. Ins Auge fallen die prächtige Rokokotür und die zehnfach unterteilten Sprossenfenster. 1867 erwarb die Familie Petersen das Gut. Als Saatzuchtbetrieb ist es weit über die Landesgrenzen hinaus bekannt geworden.

Auf dem Gut Buckhagen saß bis etwa 1500 das Geschlecht Sehestedt. Dann wechselte das Eigentum zwischen den Familien Ahlefeldt, Pogwisch, Rumohr und Landgraf Carl von Hessen (1812). Das 1660 erbaute Herrenhaus wurde mehrfach umgebaut, so dass die ursprünglich reizvolle Anlage heute nur noch im Kern vorhanden ist. Das Wohnhaus besteht aus gelbem Backstein mit Schieferdach, bekrönt von einem Türmchen. 1863 kaufte der Hamburger Großkaufmann Konsul Gustav Wilhelm von Schiller das Gut, und es blieb seitdem in Händen der Familie. Zahlreiche Heringszäune in der Schlei hatte Buckhagen im Mittelalter in Besitz.

Das Gut Oehe nimmt jene Insel ein, die in Waldemars Erdbuch als Gaath bezeichnet wird, wo einmal Hirsche, Bären und Wildschweine hausten. Oehe musste wegen der Insellage in seiner Geschichte immer wieder mit dem Hochwasser kämpfen. In der Besitzerreihe des Gutes haben sich der Holländer Gadso Coopmans (gest. 1810), wie schon geschildert wurde, und Heinrich August Schlubach (gest. 1914) durch Deichbau und Küstenschutzmaßnahmen, insbesondere durch die Eindeichung des Wormshöfter Noors, besondere Verdienste um die Erhaltung der Ländereien des Gutes erworben. Das Herrenhaus auf Oehe erbaute Johann Ludwig Freiherr von Königstein nach 1707, Schlubach erweiterte es um die Flügelbauten. Eigentümer des heutigen Resthofes von 353 Hektar ist die Familie Matz, die sich zur Aufrechterhaltung des Hofes, aber auch des Fremdenverkehrs wiederum intensiv mit Küstenschutzproblemen herumschlagen musste.

Es ist heute eine schwierige und kostspielige Aufgabe, die Herrenhäuser und ihre wertvolle Ausstattung als wichtige Zeugnisse profaner Kunst der frühen Neuzeit zu erhalten, zu pflegen und zu restaurieren. Das gilt in ähnlicher Weise für die Gutsanlagen, zumal Kuhhäuser, Scheunen und Torhäuser im Zuge der Rationalisierung der Landwirtschaft weitgehend nutzlos geworden sind. Dank der zahlreich erhaltenen Hofanlagen sind unter den Kulturlandschaften die geschichtlich geprägten Güterdistrikte besonders eindrucksvoll. Daher verdienen diese Anstrengungen Respekt und Anerkennung.

Was früher nicht ohne Privilegien geschaffen und erhalten werden konnte, ist heute auf Steuererleichte-

Das 1865 weitgehend umgebaute Herrenhaus von Gut Buckhagen, ein gelber Backsteinbau mit Schieferdach, bekrönt mit Türmchen

rungen und staatliche Förderung angewiesen. Doch nur in Einzelfällen werden Mittel der öffentlichen Denkmalspflege gegeben. Den größtenteils privaten Besitzern verbleibt die Hauptlast. Vor allem die Rücksichtnahme auf den Naturschutz verlangt eine aufwändige Instandhaltung der Gärten und Parkanlagen, die ohne Hilfspersonal nicht zu schaffen ist. Auch der modernen Nutzung der Herrenhäuser, etwa für Besichtigungen, oder der Verwendung der Wirtschaftsgebäude für praktische Verwendungen zum Beispiel als Hallen für Maschinen oder Campingwagen, sind Grenzen gesetzt. Die Herrensitze in Schleswig-Holstein waren seit dem 15. Jahrhundert, seit der Renaissance immer zugleich auch kulturelle Zentren. Diese Tradition wird weiter gepflegt, und sie ist in vielen Fällen mit der Öffnung der adligen Gutshöfe für ein breiteres Publikum, zum Beispiel für Ausstellungen oder für das Schleswig-Holstein-Musik Festival, erst wieder lebendig geworden.

Wie die Angeliter Feste feiern

Brarup – Inbegriff der Glückseligkeit

Das Leben in Stadt und Land war in den vergangenen Jahrhunderten weit mehr als heute von harter Arbeit und Alltagsmonotonie bestimmt. Die Zeit, die für ein bisschen Abwechslung und Kurzweil blieb, beschränkte sich auf wenige Sonn- und Feiertage; sie war bei den langen Arbeitstagen auch in der Woche außerordentlich rar. Um so glücklicher und ausgelassener konnten die Menschen sein, wenn sie endlich einmal Gelegenheit hatten, den freudlosen Alltag zu vergessen und zu feiern. Groß war dabei allerdings die Gefahr, dass Feste in Saufgelage ausarteten. Sogar Beerdigungen wurden nicht selten dazu genutzt.

In ihrer Einstellung zum Feiern unterschieden sich die Angeliter wohl grundsätzlich nicht von anderen Mitmenschen ihrer Zeit. Aber es gab in Angeln Vergnügungen mit langer Tradition, und einige davon haben sich bis in die Gegenwart erhalten. Dasselbe gilt für den reichen Schatz an Sitten und Gebräuchen, den diese Landschaft aufzuweisen hat. Ein kleiner Einblick in Brauchtum, ernste und heitere Feste sei dem Leser nicht vorenthalten. Und weil bei festlichen Anlässen – bei fröhlichen wie bei traurigen – Essen und Trinken in der Regel nicht zu kurz kommen, soll er auch mit ein paar der typischen Speisen und Getränke bekannt gemacht werden.

Kindergilde in der Volksschule Mohrkirch-Westerholz 1926: Nach den Wettspielen kam der Fotograf. Das Tanzfest am Nachmittag begann in Angeln mit Milch-und-Zwieback-Essen

„Brarup-Markt“ ist noch immer das beliebte Volksfest in Süderbrarup. 1993 feierten die Angeliter das 400jährige Jubiläum

Zu den alten und traditionellen Vergnügungen, die sich noch heute großer Beliebtheit erfreuen, gehört „Brarupmarkt“, der „Inbegriff aller Glückseligkeit“, wie ihn Graf Adelbert Baudissin 1865 beschreibt. Auch Peter A. W. Hansen kann in seinen lebendig geschriebenen „Angler Skizzen“ von 1881 die Begeisterung nicht zurückhalten über den „weit über Angeln hinaus berühmten Pferde- und Krammarkt, welcher alljährlich in dem Kirchdorfe Süderbrarup am Montag, Dienstag und Mittwoch nach Jacobi abgehalten wird“. 1993 feierten die Angeliter das 400jährige Bestehen, denn mindestens so alt ist dies Ereignis, das auf heidnischen Ursprung und in die Zeit zurückgeht, als Süderbrarup mit einer für heilkräftig gehaltenen Quelle noch Wallfahrtsort war. „Du kümmst nich mit na Brarup“ war noch vor gar nicht langer Zeit die schlimmste Strafe, die Eltern einem ungezogenen Kind oder die Bauern ihren Knechten oder Mägden androhen konnten, wenn sie ihren Pflichten nicht nachkamen. Und etwas Besonderes ist Brarupmarkt deshalb, weil er sich auf einem Platz abspielt, auf dem bis 1961 mehr als 1500 Urnen aus der Eisenzeit geborgen worden sind.

Der Brarupmarkt-Termin um Jacobi am 25. Juli lag günstig in einer Zeit, in der die Landwirtschaft noch mit viel Hand- und Knochenarbeit verbunden war. Innerhalb des bäuerlichen Jahresablaufs war dies zugleich eine willkommene und verdiente Verschnaufpause zwischen Heu- und Getreideernte. Endlich war Gelegenheit, sich im vergnügten Kreis mit Freunden oder Verwandten zu treffen oder auch auf Brautschau zu gehen, denn auf Brarup bahnte sich manche Liebschaft an, aus der später eine Ehe wurde. Als Heiratsmarkt hatte dieses Fest einen besonders guten Ruf. Andererseits hieß es über jemanden, den man für einen Taugenichts hielt: „De paßt blots för Brarup.“

Um 1840 hat ein Brarup-Besucher aus Itzehoe dies große Volksfest so erlebt: „Jedes Haus des Dorfes hatte ... Schankgerechtigkeit und hier wie in zahlreichen Schankzelten auf dem großen Marktplatz wurde gespeist, in ersteren Fleischsuppe, in den letzten Sülze und Kükenbraten. Getanzt wurde in Zelten und einigen Häusern des Dorfes. Hier wurden auch häufig Verlobungen eingeleitet und schon vorher geplante abgeschlossen. Kamen doch zu Brarup aus den entlegensten Dörfern Angelns und darüber hinaus die Eltern mit ihren heiratsfähigen Söhnen und Töchtern, und an keiner anderen Stelle konnte man sich in so unauffälliger Weise ... einander nähern, und – wenn es nicht paßte, auseinandergehen.“

Haupttag auf Brarup war der Montag. Dann trafen sich Viehkäufer und -verkäufer hier, mit oder ohne Tiere. „Schon in ziemlicher Entfernung von dem Dorfe ... mit seiner sandigen Umgebung, den breiten und tiefen Straßen und dem massenhaft angetroffenen Ginster mischt sich das Gewieher von Gäulen, das Gequiek von Säuen, das Brüllen der Rinder und

Blöken der Schafe mit dem dumpfen Getöse der großen Trommel und dem schrillen Geschmetter der altersschwachen Trompete", schildert Hansen das bunte Bild. „Man glaubt es den Vierfüßlern ansehen zu können, dass sie wenigstens nicht Vergnügens halber nach Brarup gekommen sind." Neben den Tieren wurde bald auch Haus- und Ackergerät ausgestellt und angeboten.

Und am Dienstag und Mittwoch „tat sich Volkes wahrer Himmel auf." Da „stürzt man muthig hinaus auf die ungepflasterten, staubaufwirbelnden Straßen und durch die dichtgedrängten Zeltreihen, hinein in die Wolke von Fettdampf und Staub und vorüber an dem Drehorgelgedudel, Harfengeklimper, Klarinettengeheul, Flötengewinsel und kreischenden Weiberstimmen ..." und „das Carroussel wirbelt den ganzen Tag im Kreise herum, kein anderes Marktutensil ist in demselben Grade mit der Zeit fortgeschritten." Die Wirte haben sich für den Ansturm reichlich eingedeckt mit Kaffee, Zucker, Pflaumen, Wein, Rum, mit Bickbeerenwein sowie mit Muck-Zutaten.

Denn seit den 1860er Jahren floss auf Brarup wie bei allen Festlichkeiten in Angeln auch der Angler Muck, der nach dem Motto „Rum muss, Wasser kann, Zukker braucht nicht" oder „Man nehme vom Flüssigen jeweils die Hälfte" in Muckgläsern heiß serviert wird aus dem berühmten, mit Landschaftswappen versehenen Muckpott.

Brarup war also schon immer ein Ereignis – vielleicht der größte Jahrmarkt in Schleswig-Holstein? Diesen hohen Anspruch erheben, auch heute in der Zeit der Superlative, selbst die Veranstalter des Spektakels in Angelns „Hauptstadt" nicht. Doch das bescheidenere Attribut „größter ländlicher" Jahrmarkt billigen sie ihm schon zu – vielleicht mit Rücksicht auf den städtischen „Peermarkt" in Schleswig; denn den gibt es doch auch noch.

Aarnbeer und Arfbeer

Als es noch keine Mähdrescher gab, als die Getreideernte noch ein physischer Kraftakt war für Mensch und Pferd, gehörte das Erntefest, das Arnbeer, zu den wenigen, ganz großen Freudenfesten in den Dörfern. Dies war der Lohn für wochenlanges Handmähen mit der Sense, für Binden und Aufstellen der Garben, der Neken, wie man in Angeln sagte, zu „Hocken" oder „Schocken". Bei anhaltend schlechter Witterung musste mehrmals umgehockt oder umgeschockt werden. Und mühsam waren auch das Aufstaken der Garben auf den Erntewagen, oft bei brennender Hitze, sowie das Einbringen in die Scheunen, wo die Garben für die winterliche Drescharbeit „in't Fack gepackt" wurden.

Es gab unterschiedliche Bräuche beim Erntefest. Der Verfasser hat es auf dem heimatlichen Hof so erlebt: Die mit bunten Bändern geschmückte Erntekrone kam mit dem letzten Fuder Getreide; für sie musste der Kranz vom Vorjahr in der Diele weichen. Mit einem Erntespruch überreichte der Kutscher die neue Krone dem Hausherrn, der die letzte Fuhre von der Haustreppe aus mit der Familie und den Mitarbeitern in Empfang nahm. Für jeden, mit Ausnahme der Kinder, gab es einen Köm oder Cognac; den ersten bekam der Kutscher. Anschließend sangen alle Erntelied. Für den Abend war im Hause der Saal für das festliche Ernteessen vorbereitet. Auf den Tisch kam für die nun festlich gekleideten Frauen und Männer Rinderbraten mit allem, was dazu gehört. Bei Wein, Bier oder „kaltem Muck" und nach einer Dankeschön-Rede des Hausherrn wurde mit fröhlichen Liedern in vergnüglicher Runde bis Mitternacht gefeiert. – In früheren Jahren war es in einigen Gegenden Angelns Brauch, das Aarnbeer mit „chrode Chrütt" – großer, nicht roter Grütze – zu feiern, einer Reisgrütze, zu der es selbstgebrautes gesüßtes Bier gab. Diese Speise kann man noch heute in Dänemark zum Weihnachtsfest serviert bekommen.

In einigen Gegenden Angelns feierte man, wenn die letzten Halme abgemäht waren, das „Fockbeer", ein hübscher Brauch im wörtlichen Sinn. Denn dabei bekamen Mäher oder Binderin, die beim Wettstreit um den abzumähenden Rest zuletzt fertig waren, den „Fock". Dieser Begriff ist abgeleitet von fockig, was ungeschickt bedeutet. Der Fock war eine mit Blumen, oft mit Georginen, gebundene kleine Garbe, die allerdings niemand haben wollte, weil sie den Verlierer kenntlich machte. Mit dem Fock auf der Sense oder einer Forke zogen Mäher und Binderinnen auf den Hof und kündigten sich vor der Haustür an durch lautes Sensenstreichen, mit einem „Leestriek". Dahinter stand die Drohung, bei Nichtöffnen der Tür im Garten den Kohl oder sonst Nützliches abzumähen. Bei der Übergabe des Fock an die Hausfrau sagten Binderin

Erntefest in Scheggerrott: Das letzte Fuder ist eingefahren, vom Kutscher kommen Erntespruch und Erntekrone, und für alle gibt es zum Auftakt der Feier einen guten Schluck

oder Mäher einen Spruch auf, und dann wurde ein Getränk spendiert, das zu Recht „Koppheister" hieß. Das war ein starker Aufguss von Branntwein auf Rosinen oder eine Mischung von Rum, Bittern, Wein, Kümmel und Met. Der Fock fand schließlich seinen Platz am Hoftor als Zeichen dafür, dass das Mähen beendet war. Später ging es an den reich gedeckten Tisch zum Abendessen. Ein besonders dekorativer Fock stand dort häufig auch als Tischschmuck.

Die vielen verschiedenen Erntebräuche in Angeln zu beschreiben, wäre ein Kapitel für sich. Seit Ende des 19. und Anfang des 20. Jahrhunderts sind sie im Schwinden. Dankenswerterweise hat Paul Selk die meisten dieser Bräuche in seinen Beiträgen, unter anderem in den Angelner Jahrbüchern, festgehalten.

Ein beliebtes Vergnügen nach der Frühjahrsbestellung war früher einmal die Knechtengilde. Davon ist das Ringreiten geblieben. Dieser heute noch in Nord- und in Westschleswig recht populäre Reitersport findet aber nach Feststellungen der Volkskundler in Angeln seit der „Dänenzeit" nicht mehr den früheren Zuspruch. Der schon zitierte Peter A.W. Hansen hat dieses Ringstechen zu Pferde mit allem Drum und Dran beschrieben. Zwei Windelbäume, die sonst zum Festhalten der Garben auf den Erntewagen dienten, wurden in einigen Metern Abstand in den Boden gerammt. Sie bildeten den „Galgen". Die Windelbäume waren durch ein Tau verbunden, in dessen Mitte der Ring befestigt war, den der Reiter „stechen" musste. Dass für diesen Sport bejahrte, möglichst schon etwas „spatlahm" gewordene Ackergäule besser geeignet waren als temperamentvolle Rösser, liegt auf der Hand. Die drei Sieger mit den meisten Ringen – König, Knecht und Junge – erhielten nach der Abstufung ihrer Würde jeweils drei, zwei oder eine Mark (Courant), derjenige, der keinen Ring erwischt hatte, wurde zum Bierzapfer ernannt für das abendliche Fest.

Überkommene Bräuche und Gewohnheiten haben sich in Angeln vor allem bei Beerdigungen, beim „Arfbeer", dem Erbbier, lange Zeit unverändert erhalten. Das dabei übliche Zeremoniell war allerdings von Ort zu Ort unterschiedlich. Weit verbreitet war das „Liekbott", die Bitte, an der Leichenfolge teilzunehmen. Wenn im Dorf ein Sterbefall eingetreten war, musste in der Regel ein Nachbarkind, der „Liekfolgbeder", von Haus zu Haus gehen und den Beerdigungstermin bekannt geben. Das Liekbott war beispielsweise noch Mitte des 20. Jahrhunderts in Südangeln üblich. In früheren Jahren musste der Leichengefolgeerbitter das Haus grußlos wieder verlassen. Ein „Moin" wäre der ernsten Situation nicht angemessen gewesen, und „Auf Wiedersehen" zu sagen hätte bedeuten können, dass er oder ein anderer schon bald mit einer ähnlichen Nachricht wiederkommen würde. Dem Nachbarsohn fiel auch die Aufgabe zu, auf dem Weg zum Friedhof vor dem Sarg und auf dem Leichenwagen den auf ein Holzkreuz gesetzten Familienkranz zu tragen.

In einigen Dörfern, zum Beispiel an der Schlei, gab es einen „Liekpinn", einen kleinen Holzstab mit einer Kerbe, in die ein Stück Papier gesteckt wurde mit den Angaben zur Beerdigung. Der Liekpinn wurde von „warmer Hand in warme Hand" gegeben, denn die Menschen fürchteten, wenn er im Haus hingelegt würde oder womöglich über Nacht liegen bliebe, dass es auch dort bald eine Leiche gäbe. Auf die Weise machte die Mitteilung schnell die Runde.

Für die Herrichtung und Pflege, das Liekkleeden der Verstorbenen, die auf den Bauernhöfen gewöhnlich in der Vordiele oder im Saal aufgebahrt wurden, und stellenweise auch für die Totenwache, sorgten die Nachbarn. Sie stellten sich – ganz im Sinne der alten Naverschop – ebenfalls als Hilfe bei der Trauerfeier zur Verfügung. Und schließlich kümmerten sie sich um die Sarglegung, in Angeln früher nach dem Dänischen „Kistlegg" genannt. Einige dieser Bräuche haben sich bis heute in den Dörfern erhalten, insbesondere die nachbarschaftliche Hilfe, zu der oft auch das Sargtragen gehört.

Recht großzügig war in früheren Jahren die Bewirtung bei der Trauerfeier. Die Speisenfolge war ähnlich wie bei einer Hochzeit. In Nordangeln schätzte man auf einer Beerdigung die festliche Weinsuppe. Wenn die Jahreszeit passte, wurde der auch heute noch beliebte „Schnusch" (Nordangeln) oder „Schnüsch" (Südangeln) serviert, das typische Sommergericht aus frischen Bohnen, Erbsen, Wurzeln und klein geschnittenen Frühkartoffeln in heißer Milch mit Butterklümpchen darauf und geräuchertem Schinken dazu. Übliche Gerichte bei Trauerfeiern, aber auch bei anderen festlichen Gelegenheiten waren frische Suppe mit Mehl- und Fleischklößen, dazu Reis mit Rosinen, ferner Rinder- und Kalbsbraten mit gestobten Kartoffeln und Pflaumen.

An Getränken gab es Rum, Branntwein und so genanntes Doppelbier, manchmal auch Wein. Allerdings hielten sich die trauernden Angehörigen, wie Hansen berichtet, von dem „Gesumse einer schmausenden Menge" fern; sie saßen nicht „zu Tische, sondern haben sich in Stille zurückgezogen, so lange die Mahlzeit dauert". Dafür konnten sich die Gäste um so unbeschwerter an Speisen und Getränken gütlich tun. „Und warum auch nicht," meint Hansen, „wenn doch selbst die Bibel von dem herzerfreuenden Wein spricht und die Mahnung ergehen läßt, dass man solchen den betrübten Seelen geben solle."

20. Jahrhundert: Im Wandel der politischen Strukturen

Alte Gesellschaftsordnung gerät ins Wanken

Am Beginn der preußischen Zeit war es noch die Ruhe agrarischen und handwerklichen Daseins, die das Leben in Deutschlands Nordprovinz bestimmte. Die Industrialisierung hielt hier zögernd Einzug, zumal im nördlichsten Teil. Daher blieb in Angeln die Agrarwirtschaft weit bis ins 20. Jahrhundert hinein der wesentliche Erwerbszweig für die Bevölkerung. Agrarprodukte und Erzeugnisse des Nahrungsmittel verarbeitenden Klein- und Großgewerbes waren wichtige Ausfuhrgüter.

Nach und nach wuchs mit einer maßvollen wirtschaftlichen Expansion der Bedarf der Industrie und des städtischen Gewerbes an Arbeitskräften auch im Schleswigschen. Er führte – nicht zuletzt wegen der schlechten Bezahlung und oft erbärmlicher Lebensverhältnisse der Landarbeiter – zur „Landflucht", zu einer starken Abwanderung vom Land in die Stadt. Dort erlebten jedoch viele der Landflüchtigen nicht die große Erfüllung, und auf dem Land in Angeln wurde es immer schwieriger, die nötigen Arbeitskräfte zu bekommen. Denn erschwerend kam hinzu, dass viele Menschen – auch aus Protest gegen die preußische Politik – von der großen Auswanderungswelle erfasst wurden und ihr Heil in der Neuen Welt suchten.

So vollzog sich ein grundlegender Wandel der politischen und sozialen Strukturen, der Ende der neunziger Jahre und stärker noch nach der Jahrhundertwende im Norden – auch im Zusammenhang mit der ungelösten Nordschleswigfrage – seinen Ausdruck fand in einer ungewohnten politischen Mobilisierung der Bevölkerung. Eine stetig zunehmende Wahlbeteiligung und ein wachsendes Interesse an der Parteipolitik waren unverkennbare Zeichen für ein endlich aus staatlicher Bevormundung erwachendes Bürgerbewusstsein. Wie im übrigen Preußen trug dieser Prozess mit dazu bei, die alte obrigkeitsstaatlich geprägte Gesellschaftsordnung, die Thomas Mann einmal so treffend „General Dr. von Staat" nannte, ins Wanken zu bringen.

Aus dem Landwirtschaftlichen Generalverein ist 1896 die Landwirtschaftskammer Schleswig-Holstein hervorgegangen. Ihre Hauptverwaltung zog 1927 in dies Gebäude im Kieler Stadtzentrum, errichtet im Stil des „Klinker-Expressionismus", so der Volksmund

Auf der – bewussten oder unbewussten – Suche nach einem Ausweg aus der Enge des patriarchalisch geführten Obrigkeitsstaates orientierte sich das Bürgertum, das bislang weitgehend ferngehalten worden war von der Mitgestaltung einer modernen Gesellschaftsordnung, im Schleswig-Flensburger Raum vorwiegend an den nationalliberalen, linksliberalen und konservativen Parteien, bis Mitte der achtziger Jahre auch an der dänischen Partei. Die im Kaiserreich an den Rand gedrängte Arbeiterbevölkerung bevorzugte bei den Wahlen die sozialdemokratischen Kandidaten, vor allem in der Stadt Flensburg. Die Sozialdemokratie hatte auch nach der Aufhebung des Sozialistengesetzes 1890 noch immer einen schweren Stand. Im Wahlkreis Flensburg-Apenrade gelang es der Arbeiterbewegung erst 1903, ihren Kandidaten in den Reichstag zu bringen. In den folgenden Jahren entwickelte sich die SPD in Schleswig-Holstein dann zu einer Massenpartei, die sich auf der Woge einer guten Wirtschaftskonjunktur durch grundlegende Änderungen der sozialen Verhältnisse erfolgreich gegen den „sozialistenfeindlichen Staat" zur Wehr setzte.

In den konservativen Bevölkerungskreisen gab es noch retardierende Kräfte. Dazu gehörte der schon erwähnte Bund der Landwirte (BdL), der damals eine einflussreiche Rolle in der politischen Landschaft Preußens spielte. An seiner Spitze auf Reichsebene standen Großgrundbesitzer, vorwiegend ostpreußischer Herkunft, die ein radikal-konservatives Mittelstandsprogramm vertraten mit deutlich antisemitischem Akzent. Prohibitivzölle für heimische Agrarprodukte und „Schutz der nationalen Arbeit" waren Hauptsäulen des Programms. Mit dem aggressiv auftretenden BdL gewann der äußerste rechte Flügel im Parteienspektrum eine breitere Basis.

In Angeln fand der BdL eine große Anhängerschaft unter den wohlhabenden Bauern und Landbesitzern. Zu seinen aktiven Förderern gehörte hier Peter Jensen (IV), Ausacker, der spätere Landesökonomierat. Er war ein energischer Verfechter agrarischer und schutzzollfreundlicher Interessen, galt darüber hinaus in weiten Bevölkerungskreisen als anerkannte Autorität, aber auch als Wegbereiter des politischen Antisemitismus in Schleswig-Holstein.

Dem BdL gelang es, sich die führenden Positionen in den landwirtschaftlichen Vereinen und in der Landwirtschaftskammer Schleswig-Holstein zu sichern. Seinem politischen Gewicht entsprechend gewann er mit Peter Jensen als dem herausragenden Kopf an seiner Spitze starken Einfluss auch auf die Besetzung wichtiger Ämter in der Administration und kommunalen Selbstverwaltung im nördlichen Angeln. Es waren überwiegend Landwirte, die in den Gremien von der Gemeindeebene bis in die Kreistage und -ausschüsse das Sagen hatten und die es verstanden, ihnen genehme Abgeordnete auch in Landtag und Reichstag zu bringen. Dabei fällt auf, dass der ursprünglich starke Einfluss der adligen Gutsbesitzer im östlichen Angeln zurückging. Die Inhaber der für die Landschaft typischen mittel- bis großbäuerlichen Betriebe, die sich gern Hofbesitzer nannten, bildeten jetzt die im öffentlichen Leben gewichtige soziale Schicht.

Nach der Niederlage ein geteiltes Schleswig

„Ich kenne keine Parteien mehr. Ich kenne nur Deutsche!" Mit diesem von Bürgertum und Arbeiterbewegung, von Konservativen ebenso wie von Sozialdemokraten begeistert aufgenommenen Ausspruch Kaiser Wilhelms II. wird im August 1914 der Erste Weltkrieg eingeläutet. Dass nach dem – für selbstverständlich gehaltenen – Sieg die zerbrechende Ordnung wieder im alten Glanz erstrahlen möge, hoffen die einen. Dass die alte Klassengesellschaft sich in eine einzige nationale, soziale und gerechte Gemeinschaft verwandelt, hoffen die anderen, wohl die meisten. Doch es stellen sich ganz neue Aufgaben. Das politische, wirtschaftliche und gesellschaftliche Leben untersteht jetzt dem Diktat des Krieges. In Stadt- und Landkreisen werden Wirtschafts- und Versorgungsämter eingerichtet, um den Lebensunterhalt der Bevölkerung zu sichern und die Folgen des Krieges abzumildern. Mit seinem Fortschreiten wird der Ruf nach innenpolitischen und sozialen Reformen laut.

Nach der Niederlage von 1918 geht die vermeintliche Geborgenheit im Kaiserreich vollends verloren, bricht der auf eine konservative Führungsschicht gestützte Obrigkeitsstaat zusammen. Das Ringen um die Neugestaltung einer sozialen Demokratie wird nun vor allem belastet durch die Hypothek des Versailler Vertrages, der auch im nördlichen Schleswig-Holstein erhebliche Unruhe hervorruft wegen der darin festgelegten Volksabstimmung über den Verbleib Nordschleswigs. In Angeln gibt es nur eine Minderheit, die für den Anschluss an Dänemark plädiert. Es ist der prodänische Kreis um den Bauern Peter Lassen, Struxdorf, und den Hof- und Ziegeleibesitzer Wilhelm Wall, Obdrup. Ganz Angeln mit Flensburg bleibt nach der Abstimmung am 14. März 1920 beim Deutschen Reich, ist nun aber Grenzgebiet. Flensburg muss im Norden auf das wichtigste Hinterland und ein Drittel seines Absatzgebietes verzichten und Schleswig-Holstein verliert ein Fünftel seiner Fläche.

Die neue Grenzziehung zwischen Tondern und Flensburg hat Auswirkungen auf alle Lebensbereiche, denn sie durchschneidet einen organisch gewachsenen, in seinen Verkehrs- und Wirtschaftsrichtungen sowie kulturell zusammen gehörenden Raum. Gewerbe und Handel hatten in Nordschleswig ihre besten Absatzgebiete. Die Arbeiterschaft verliert mit der Abtretung

Deutsches Wahlplakat zur Volksabstimmung 1920

Nordschleswigs ihren nördlichen Reserve-Arbeitsmarkt in der Landwirtschaft, im Handwerk, in Ziegeleien, Kiesgruben und häuslichen Diensten. Die Fischer an Angelns Küsten werden durch den Verlust der guten Fischgründe im Norden schwer geschädigt.

Der Grenzverkehr geht stark zurück, da er nach der Abstimmung besonders von dänischer Seite restriktiv gehandhabt wird. Das trifft zunächst den traditionellen Ausflugsverkehr auf der Förde. Die Stadt Flensburg muss sich nach der Abtretung Nordschleswigs neue Absatzverbindungen im Süden erschließen. Mit wechselseitiger Unterstützung bemühen sich Stadt und Land, das landwirtschaftlich geprägte Umland zu beleben, was mit Hilfe von Arbeitsbeschaffungsprogrammen in bescheidenem Maß durch Moor- und Heidekultivierung sowie durch Ansetzen von Siedlern gelingt. Dies ist zugleich eine Reaktion auf die siedlungspolitische Aktivität, die der dänische Staat unmittelbar nach der Abtretung in Nordschleswig zur Ansetzung so genannter Staatshäusler eingeleitet hatte.

Die Hauptaktivität in der nationalpolitischen Auseinandersetzung beiderseits der Grenze mit dem Ziel, die jeweiligen Nationalitäten zu festigen, liegt in der Kulturarbeit, vor allem im Schul- und Büchereiwesen. 1920 startet die dänische Seite eine regelrechte Kulturoffensive, an deren Beginn die Gründung des „Schleswigschen Vereins" steht. Die darin zusammengeschlossene dänische Minderheit bevorzugt in Südschleswig wie die deutsche Minderheit in Nordschleswig die freie Form der staatlich geförderten, im wesentlichen autonom verwalteten Privatschulen. Die dänische Grenzbücherei in Flensburg schickt Büchereibusse durch Nordangeln.

Südlich der Grenze wird mit reichsdeutscher Hilfe ebenfalls das Schul- und Büchereiwesen ausgebaut. Eine deutsche Antwort auf die Kulturoffensive von Norden sind der Bau des Deutschen Hauses in Flensburg und des Wallrothhauses auf dem Scheersberg, das sich zu einer der führenden Bildungsstätten in Schleswig-Holstein entwickelt. Einbezogen ist auch die Jugendarbeit. Für sie wird im Juni 1921 erstmals ein Sport- und Spielfest, das „Nordmarkfest", auf dem Scheersberg veranstaltet und damit eine langjährige Tradition begründet. Stützpunkte der Jugendarbeit werden durch den Bau von Turnhallen, Versammlungshäusern und Volksheimen geschaffen.

Investitionspläne in den Bereichen Wirtschaft und Verkehr zur Verbesserung der Infrastruktur werden größtenteils erst nach der Inflation etwa ab Mitte der zwanziger Jahre in Angriff genommen, soweit die erneute Kapitalbildung dies ermöglicht. Das gilt für den Wegebau, den ländlichen und Landarbeiter-Wohnungsbau und die Modernisierung der Kleinbahnen, die allerdings im Kreis Flensburg schon 1927 mit hohen Defiziten auf eine schwere Krise zusteuern, zumal der Kreis angesichts fehlender Industrie und zusätzlicher Belastungen durch die Grenzziehung selbst in der Finanzklemme steckt. Je näher dann Ende der zwanziger Jahre Agrar- und Weltwirtschaftskrise heranrücken, desto mehr Betriebe der überwiegend mittelständisch strukturierten, direkt oder indirekt von der Landwirtschaft abhängigen Wirtschaft müssen aufgeben. Viele haben den Kapitalschnitt der Inflation noch nicht überwunden. Auch der Fremdenverkehr erleidet schwere Einbußen. Die Hoffnungen richten sich um so mehr auf die Partei, die allein eine Besserung der Verhältnisse zu versprechen scheint, und das ist die NSDAP.

Das „Deutsche Haus" in Flensburg, 1927/30 erbaut als Antwort auf die Kulturoffensive von Norden

Wirtschaftskrise und Bauernbewegung: Der Ruck nach rechts

Die Kriegsfolgen treffen auch die Landwirtschaft, die laut Statistik 1925 in beiden Kreisen Angelns noch immer mehr als dreimal so viele Erwerbstätige beschäftigt wie Handwerk und Industrie zusammen. Doch gibt es große Unterschiede im Vergleich zu anderen Wirtschaftsbereichen. Die Landwirtschaft dient der Volksernährung. Daher wird keine Branche in den Hungerjahren nach Kriegsende so dringend gebraucht wie sie. Und hier bewährt sich erneut die vielseitige, marktorientierte und weniger krisenanfällige Produktionsweise der Angelner Betriebe. Die Nachwirkungen des Krieges hat die Landwirtschaft auch deshalb leichter als andere Branchen überwinden können, da Kriegskonjunktur und Inflation ihre fast völlige Entschuldung bewirken. Und in Angeln ist der Schuldenstand in diesen Jahren ohnehin gering. Allerdings bedeutet die Inflation auch für die Landwirtschaft einen erheblichen Verlust an Spar- und Betriebskapital.

Die Vielseitigkeit ihrer Wirtschaftsweise schützt die Angeliter Bauern auch vor den schlimmsten Auswirkungen der 1927/28 einsetzenden Agrarkrise. Zumindest geht es ihnen durchweg besser als einseitig wirtschaftenden Schweinemästern auf der Geest, den Gräserbetrieben in Eiderstedt oder den Kohlbauern in Dithmarschen. Die Masse der Betriebe in Schleswig-Holstein befindet sich nach verschiedenen Preisstürzen, wegen der schlechten Ernte 1927, hoher Verschuldung und scharfer Kreditbegrenzungen bereits in erheblichen finanziellen Schwierigkeiten.

Von Dithmarschen gehen 1928 die ersten Massendemonstrationen aus, die der Hofbesitzer Otto Johannsen, Neuenkoog/Büsum, spontan und unabhängig von den traditionellen Berufs- und Interessenverbänden in allen Kreisstädten in die Wege leitet und auf denen eine Reihe zwar berechtigter, aber doch überzogener Forderungen zur Besserung der Lage erhoben werden. Daraus wird dann unter Führung des Eiderstedters Wilhelm Hamkens und vor allem des Dithmarschers Claus Heim die radikale „Landvolkbewegung", die zu Gewaltmaßnahmen greift, mit denen Pfändungen und Zwangsversteigerungen von Höfen und von Vieh vereitelt werden sollen. Der spektakuläre Konflikt zwischen Bauern und Staatsgewalt von Beidenfleth im April 1929 und der berühmte Bombenlegerprozess im Herbst 1930 gegen Claus Heim legen Zeugnis davon ab, wie radikal die Bauern geworden sind.

Die Landvolkbewegung findet auch in Angeln Zuspruch, allerdings erst, als sie woanders wegen zu geringer Erfolge bereits Mitglieder verliert. Daher bleibt hier die Anhängerschaft relativ klein, zumal eine zweite, politisch radikale Strömung in Schleswig-Holstein bereits weit vorgedrungen ist: die Nationalsozialisten. Zwischen ihrer Partei, der NSDAP, und der Landvolkbewegung besteht ideologisch eine enge Verbindung, und auch ihre Programme stimmen weitgehend überein. Geschickt richten die Nazis ihr besonderes Augenmerk auf das vordringliche Anliegen der Landwirtschaft, die Entschuldung. Das bringt der NSDAP schnell Sympathien.

Aus der vergleichsweise geringeren Verschuldung der Landwirtschaft in Angeln und der damit besseren Situation der mit ihr verbundenen Bereiche von Gewerbe, Handel und Handwerk erklärt es sich, dass wiederum auch der Nationalsozialismus die Landschaft Angeln relativ spät erfasst. 1928 liegt sein Stimmenanteil in den Kreisen Schleswig und Flensburg bei den Reichstagswahlen noch bei 2,9 Prozent (Landesdurchschnitt 4,1 Prozent) und einem Anteil der Deutschnationalen Volkspartei (DNVP) und der Deutschen Volkspartei (DVP) von jeweils rd. 30 Prozent. Die „Völkischen" verlieren dann allerdings bei den Wahlen 1930 wesentlich an Stimmen, vor allem zugunsten der von populären Landwirten geleiteten Landvolk-Partei, die fast ein Viertel der Stimmen erhält.

Bei den Reichstagswahlen im Juli 1932 erleiden fast alle Parteien erhebliche Stimmenverluste in den ländlichen Gebieten zugunsten der NSDAP, die in Angeln – im Raum östlich der Landstraße Flensburg-Schleswig – 70,8 Prozent erreicht bei einem Landesdurchschnitt von 51,1 Prozent. Vorangegangen waren ein rapider Preissturz bei fast allen Agrarprodukten, eine Reihe von Zwangsversteigerungen landwirtschaftlicher Betriebe sowie größere Geschäftseinbußen bei Handel, Handwerk und Transportgewerbe. Nur die Sozialdemokraten (SPD) können in Angeln bei allen Wahlen ihren Stimmenanteil einigermaßen zwischen zehn und 15 Prozent halten. Resistent gegenüber den Nazis bleiben auch die dänische Minderheit an der Grenze sowie ein aus Mitgliedern des „Bauernvereins" bestehender Kreis um den Landtagsabgeordneten Willi Iversen, Munkbrarup und eine ganze Reihe von Mandats- und Amtsträgern, vor allem der älteren Generation.

Nach dem Ergebnis der soziologischen Untersuchungen des Kieler Wissenschaftlers Rudolf Heberle war Angeln von allen Bauernlandschaften in Schleswig-Holstein die letzte, die sich dem Nationalsozialismus öffnete. Der NSDAP gelang es, sich als die einzig echte und durchsetzungsfähige Interessenvertretung darzustellen. So konnte sie buchstäblich in die Fußstapfen der bäuerlichen Berufsorganisation treten, führende Leute für sich gewinnen und den Berufsverband mit der „Gleichschaltung" nach 1933 in eine Abteilung des nationalsozialistischen Reichsnährstandes eingliedern. Die im Reichsnährstand aufgegangene bäuerliche Berufsorganisation, der schleswig-holsteinische „Land- und Bauernbund", geführt von Max Tönnsen, Schaalby, hatte sich nach jahrelangen Organisationswirren erst Ende 1929 herausgebildet: aus dem „Landbund" als Nachfolger des Bundes der Landwirte sowie aus dem Rest des 1920 gegründeten, in Schleswig-Holstein einmal sehr starken schleswig-holsteinischen Bauernvereins. Mit geschickter „Eingliederungstaktik" zog die NSDAP auch den Handwerkerbund auf ihre Seite. Und da das nationalsozialistische Reichserbhofgesetz weitgehend einer Kodifizierung des schon geübten Gewohnheitsrechts entsprach, fand die neue Höfeordnung in Angeln allgemeine Zustimmung.

In der Bauernbewegung hatte Angeln eine große, bisweilen die führende Rolle gespielt. So hatte Mitte der zwanziger Jahre Friedrich-Wilhelm Lübke, Augaard,

Mit der Geschichte der Erwachsenenbildung in Angeln eng verbunden: die Volkshochschule Mohrkirch

der spätere schleswig-holsteinische Ministerpräsident, versucht, die kleineren Bauernbetriebe ihren Interessen entsprechend zu einem Kleinbauernverband zusammenzuschließen. Er handelte dabei im Einvernehmen mit seinem Bruder Heinrich Lübke, dem späteren Bundespräsidenten, der in Berlin der zentralen Kleinbauernorganisation, der „Deutschen Bauernschaft", vorstand. Mit dem Erstarken des bald nach dem Krieg gegründeten Schleswig-Holsteinischen Bauernvereins ließ Friedrich-Wilhelm Lübke jedoch seine Pläne fallen und riet seinen Anhängern zum Eintritt in den Bauernverein.

Von Angeln aus nahm insbesondere die Jungbauernbewegung ihren Anfang, aus der namhafte Bauernführer und Politiker sowie Repräsentanten des öffentlichen Lebens hervorgegangen sind. Ziel dieser 1922 von Max Tönnsen mit der ersten Jungbauernschaft gegründeten Organisation war die Nachwuchsförderung, insbesondere die Heranbildung einer politisch geschulten und wirtschaftlich tüchtigen, aber traditionsbewussten Bauernelite. Sie wehrte sich gegen Entwicklungen hin zu einem liberalen Unternehmertum, das im Acker nur eine Kapitalanlage sah.

Über das Fachliche hinaus ging es der Jungbauernbewegung um die Pflege der heimatlichen und bäuerlichen Kultur, von Gesang, Literatur, Sport, Spiel und Tanz. In diesem Sinne öffnete sie sich bald für die gesamte Dorfjugend. Zu ideellen Zentren der Organisation wurden die Volkshochschulen in Mohrkirch-Osterholz/Angeln und Rendsburg. Einer der maßgeblichen Initiatoren der Erziehungsarbeit in der Jungbauernorganisation war der Bauernsohn Otto Clausen aus Klensby, der nach 1945 Hauptgeschäftsführer des Bauernverbandes Schleswig-Holstein wurde unter der Führung des Bauernverbandspräsidenten und einflussreichen CDU-Bundestagsabgeordneten Detlef Struve, der ebenfalls aus diesem Jungbauernkreis hervorgegangen ist. In ihrer demokratischen und religiösen Grundhaltung stand die Jungbauernbewegung dem Nationalsozialismus reserviert gegenüber. Doch gab es auch ideologische Übereinstimmungen, und diese bestimmten – gezwungenermaßen – schließlich ihr Schicksal.

„Gleichschaltung“ im Dritten Reich

Mit der nationalsozialistischen „Gleichschaltung“ nimmt die Entwicklung in Schleswig-Holstein – und ebenso in Angeln – einen Verlauf, der sich von dem in anderen deutschen „Gauen“ nicht wesentlich unterscheidet. Der Erlass des Gemeindeverfassungsgesetzes von 1933 macht Schluss mit der bewährten Institution der Selbstverwaltung. In der Führung von Ämtern und Gemeinden, von Behörden und Verwaltungsstellen erfolgt eine radikale Umbesetzung, und alle Stellen, auch Schulen und Lehrer, werden verpflichtet, Aufbauarbeit im Sinne des Nationalsozialismus zu leisten. Dabei ist Druck „von oben“ oft gar nicht nötig; vieles erledigt sich durch bereitwilliges Anpassen, zumindest durch passive Hinnahme. Mit der Verabschiedung des „Schriftleitergesetzes“ beginnt die totale Kontrolle aller Presseorgane.

Die Hoffnungen auf eine Besserung der allgemeinen Wirtschaftslage sind groß, und sie werden letztlich auch nicht enttäuscht. Mit gezielten Arbeitsbeschaffungsmaßnahmen und der bald einsetzenden Aufrüstung rücken die Nationalsozialisten der Arbeitslosigkeit zu Leibe. Und die Landwirtschaft, als „Blutsquell des Volkes“ gehätschelt, sieht einen wichtigen Teil ihres Wunschkatalogs mit dem „Umschuldungsgesetz“ von 1934 erfüllt. Im Bauernland Angeln verbreitet sich Zuversicht, nicht nur auf den Höfen, auch in den der Landwirtschaft verbundenen Wirtschaftsbereichen.

Die politische Opposition aber wird von den Nazis rücksichtslos ausgeschaltet, viele ihrer Exponenten wandern ins Gefängnis. Die weitere Verfolgung politisch und „rassisch“ missliebiger Personen lässt nicht auf sich warten. KPD- und SPD-Mitglieder werden verhaftet, so auch das Flensburger Kreistagsmitglied Hans Nielsen und der Redakteur der Schleswiger Volkszeitung Andreas Paysen. Bauer Peter Jensen (V), Ausacker, muss für sechs Monate ins Gefängnis. Und es beginnt die systematische Judenverfolgung. Als schlimmes Beispiel dafür steht in Angeln das tragische Schicksal der Kappelner Familie Eichwald, die in den Vernichtungslagern der Nazis den Tod findet. Auch der Süderbraruper Druckereibesitzer Appel, ein Zeuge Jehovas, oder der Satruper Kirchendiener Hermann Jacobsen müssen ihren Widerstand gegen die Nazis mit dem gewaltsamen Tod bezahlen.

Zwölf Jahre nationalsozialistischer Herrschaft, davon fast fünf Jahre Krieg, enden mit dem völligen Zusammenbruch des „Dritten Reiches“. Nach und nach tritt das ganze Ausmaß der Verbrechen gegen die Menschlichkeit zu Tage, das auch viele derjenigen zutiefst erschüttert, die das Nazi-System noch bis zuletzt mit Idealismus und Loyalität gestützt haben.

Einmal Nabel der Weltpolitik

Angeln wurde vom eigentlichen Kriegsgeschehen relativ wenig berührt, dafür aber wie der größte Teil Schleswig-Holsteins zum Auffanglager unzähliger Geflüchteter und Vertriebener sowie zum Rückzugsgebiet für die Reste der deutschen Wehrmacht. Der äußerste Norden Deutschlands war noch nicht besetzt, so dass viele Schiffstransporte von Flüchtlingen und Soldaten, letztere vor allem von der Kurlandfront, an Angelns Küste landeten. Und hier, in der Flensburger Förde und in der Geltinger Bucht, wurde unter dem geheimen Stichwort „Regenbogen“ der größte Teil der deutschen U-Boote sowie anderer Kriegsschiffe durch Selbstversenkung davor „bewahrt, in Feindeshand zu fallen“. Über diese Ereignisse ist viel geschrieben worden; sie sollen hier nicht vertieft werden.

Erinnert sei in an dieser Stelle jedoch daran, dass Angeln nicht nur eine Art schützender Hort war für die vielen Menschen, denen die Flucht vor dem Kriegsgeschehen gelang, sondern dass das Chaos des Zusammenbruchs nicht wenigen, vor allem Wehrmachtsangehörigen, auch Leid, Schrecken und Tod brachte. Stellvertretend für sie alle seien die drei Marinesoldaten genannt, die noch am 10. Mai 1945, zwei Tage nach der Kapitulation, wegen Fahnenflucht auf einem der Schiffe in der Geltinger Bucht erschossen wurden. Ein Gedenkstein in Norgaardholz nennt ihre Namen. „Aber glaubt mir, ich bin kein Verbrecher, wenn man mir auch jetzt die Ehre genommen hat“, schreibt einer von ihnen, der 20jährige Marinefunker Alfred Gail, im Abschiedsbrief an seine Eltern. „Ich habe es lediglich getan, nachdem der Krieg ja aus war, und um Euch dann beschützen zu können.“ Als 17jähriger Junge hatte er sich 1942 voller Begeisterung freiwillig zur Marine gemeldet. Die verantwortlichen Kriegsrichter, meistens Offiziere, die sich in ihrem ver-

Steinberghaff an der Geltinger Bucht, wo bei Ende des Zweiten Weltkrieges unter dem Stichwort „Regenbogen" viele der deutschen Kriegsschiffe versenkt wurden

bohrten Glauben an Disziplin und „Manneszucht" über jede Menschlichkeit hinweggesetzt hatten, kamen bei den späteren Gerichtsverhandlungen mit milden Strafen davon.

In den letzten Winkel des Dritten Reiches hatte sich kurz vor Kriegsende die Reichsregierung unter Großadmiral Dönitz zurückgezogen. Als ihr Quartiergeber wurde Angeln so für wenige Tage zum Nabel der deutschen, sogar der Weltpolitik. Dönitz residierte in der Marineschule Flensburg-Mürwik. Im kleinen Kollerup hatte auf dem Hof der Familie Christiansen der Oberbefehlshaber Nordwest, Generalfeldmarschall Ernst Busch, sein Hauptquartier aufgeschlagen, während der Generalstab sich den Jacobsen-Hof als Bleibe ausgesucht hatte. Von Kollerup aus sollen unter strenger Abschirmung die Kapitulationsverhandlungen geleitet worden sein. Das Angelner Dorf beherbergte in jenen Tagen etwa 350 Offiziere und Mannschaften. Besuchsweise weilte dort auch die Schlüsselfigur der SS, der in Hüholz untergekommene Heinrich Himmler, den nach Zeugenaussagen schon die Verfolgungsangst plagte. Kollerups Bewohner hatten bei der Präsenz solcher Personen allen Grund, eine Bombardierung durch britische Flugzeuge zu befürchten; sie blieben aber verschont.

Wie sich bald herausstellte, sollte der in Kollerup weilende Stab Busch in Zusammenarbeit mit englischen Kommandobehörden unter Feldmarschall Montgomery für die Aufrechterhaltung der Ordnung in Schleswig-Holstein sowie für die Versorgung der Truppen und der Zivilbevölkerung sorgen. General Busch, der bei Erledigung dieser Aufgabe wohl etwas zögerlich zu Werke ging, wurde dann um den 20. Mai herum von britischen Soldaten auf dem Christiansen-Hof verhaftet. Die vielen nach Angeln verlegten Wehrmachtsangehörigen, inzwischen entwaffnete Kriegsgefangene, setzte man zunächst in der Landwirtschaft als dringend benötigte Landarbeiter ein. Die Kolleruper durften nun alle Aufregung einer großen historischen Stunde für ihr Dorf vergessen und zum Alltag auf ihren Höfen zurückkehren.

Hof Christiansen in Kollerup. Hier hatte die deutsche Heeresführung in den letzten Kriegstagen ihr Quartier aufgeschlagen.

De letzte Nazi

In diesen letzten Kriegstagen gab es auch in Angeln manchen, der sich seiner nicht unbefleckten Vergangenheit besann und unterzutauchen versuchte. Viele der ehedem Verantwortlichen hatte es mit dem Flüchtlings- oder Soldatenstrom hierher verschlagen. Und unter den Parteileuten, den „belasteten" wie „unbelasteten", waren natürlich einige, die sich auf die Kunst verstanden, nach Art des Chamäleons rechtzeitig die Farbe zu wechseln. Wie in andere Gegenden des Landes passt auch nach Angeln die folgende plattdeutsche Geschichte, die der Fernseh-, Hörspiel- und Romanautor Konrad Hansen, der aus Schönberg an der Ostsee stammt und heute in Großsolt lebt, unter der Überschrift „De letzte Nazi" über Beobachtungen in seiner Heimat verfasst hat:

„Nu meist sösstig Johr in't Land gahn sünd, mutt dat endlich seggt warrn: An'n 8. Mai 1945 geev dat blots noch eenen Nazi in Schönbarg in Holsteen. As dat Johr anfüng, harrn wi Nazis noch de Övermacht. Wenn ick in mien funkelnagelnee'e Jungvolkführer-Uniform dörch uns Dörp güng un elkeen mit 'Heil Hitler' gröten deh, bemött ick nich mehr as'n Halfstieg Volksgenossen, de mit 'Moin' antern dehn. Twe, dree Maand later weer uns Tall al böös tosamenschrumpt. Anfang Mai kreeg sogor de Kreisleiter nich mehr den Arm hooch un nuschel wat in sien'n Baart, dat verdächtig na 'Goden Dag' klüng.

De tweetletzte Nazi wer mien Opa. He weer SA-Mann un harr den Schönbarger Volkssturm ünner sick. An'n 5. Mai trock he mit sien Kam'raden na de Kieler Schossee ruut un wull dor een Bolwark gegen de engelschen Panzer opsmieten. Aber ehr se dor recht mit togangenkeemen, sä een, wat so'n Panzer weer, de kunn sachs ok blangenbi över de Wisch föhrn, un een anner meen: een Eerhümpel merrn op de Landstraat kunn de Tommies licht vergretzt maken, un alltosamen – bet op mien'n Opa, versteiht sick! – alltosamen weern sick eenig, dat se leeber gau'n poor Wöör Engelsch lehrn as so kort vör't Enn'n noch de Helden speelen wullen. Dor verbuddel mien Opa sien Uniform sams SA-Dolch un Orden in'n Gaarn un wull sietdem an nix mehr glöven.

As de Tommies in uns Dörp keemen un weeten wullen, wer Nazi wesst weer, hett sick blots een mellt. Mien Uniform kunn ick nich antrecken, de harr mien Modder to Putzlappen verarbeit't, liekers bün ick hengahn un wull seggen: wenn ji een Nazi söken doht, hier bün ick! Aber een vun de Tommies hett mi een Stück Schokolaad in'n Mund stoppt un 'shut up!' seggt. Dat heff ick denn ok dahn; över föffdig Johr heff ick mien Muul holen. Aber nu mutt ick dat endlich loswarrn, dat ick an'n 8. Mai 1945 de letzte Nazi in Schönbarg in Holsteen weer.

Kann jo ok ween un de Schönbarger wüllt mi eens Daags een Denkmal setten. Villicht in teihn Johr?"

„... Rettet die Knochen“

„Kein Knochen darf aus Gleichgültigkeit verloren gehen. Gesammelte Knochen können zur Zeit über die Schulen oder den Rohproduktenhändler abgeliefert werden ... Für 3 kg Sammelknochen gibt es ein Stück gute Kernseife ... Nach dem Kochen rettet die Knochen.“ Eine Anzeige aus dem Flensburger Kreisblatt, die ein Schlaglicht wirft auf die Mangellage, mit der die Menschen bei Kriegsende zurechtkommen mussten. Es fehlte an allem, und über den Hunger in Stadt und Land konnte nur die Freude hinwegtrösten, dass endlich Frieden herrschte. Erste „Feindberührungen“ in den Dörfern und Städten räumten schnell auf mit der Vorstellung, dass die neuen Herren, die britischen Besatzer, gegen die Deutschen nur Böses im Schilde führten, wie es ihnen die Nazi-Propaganda suggeriert hatte. Die Tommies luden sogar zur gemeinsamen „Geburtstagsparty“ ein – von den Geladenen allerdings noch mit gemischten Gefühlen aufgenommen. Es war ein Befehl der Militärregierung, der lautete: „Der Geburtstag seiner Majestät des Königs Georg VI. von England am Sonnabend den 2. Juni 1945 wird im Kreise Schleswig als öffentlicher Feiertag begangen“.

Auch dem letzten Bürger war jetzt klar, wer im Lande das Sagen hatte. Schleswig-Holstein unterstand der gesetzgebenden Gewalt der britischen Militärregierung. Ihr allerdings oblag auch die schwierige Aufgabe, ein am Existenzminimum dahinsiechendes, völlig erschöpftes und im Norden weit überbevölkertes Land buchstäblich am Leben zu erhalten. Dazu brauchte sie vorerst noch den bestehenden „Apparat“. Allerdings wurden die Verwaltungsspitzen zügig ausgetauscht durch neue, politisch möglichst unbescholtene Männer.

Zum (kommissarischen) Landrat in Flensburg ernannten die Besatzer zunächst Professor Preyer und dann auf dänische Empfehlung Johannes Tiedje. Ab Februar 1946 folgte Friedrich-Wilhelm Lübke, der spätere schleswig-holsteinische Ministerpräsident, in diesem wichtigen Amt, und er verwaltete es bis zu seinem frühen Tod im Oktober 1954 mit außerordentlichem Geschick. In Schleswig wurde Vizeadmiral a.D. Bernhard Rogge kommissarisch zum Landrat berufen, aber schon wenige Wochen später von Hans Hinrichs abgelöst. Ab Juni 1946 übergab dieser das Ruder an den politisch sehr aktiven Johannes Hagge. Die gewählten Kreispräsidenten waren nach den im Oktober 1949 vorangegangenen ersten Kreistagswahlen Peter Jensen, Ausacker, im Kreis Flensburg und Asmus Nissen, Kiesby, im Kreis Schleswig, beide entschiedene Nazigegner.

Die gewaltigen Probleme, vor denen die neuen Politiker standen, sollen hier nur stichwortartig umrissen werden. Hungersnot und Krankenversorgung, Kohlen-, Strom- und Kleidungsmangel, die zu Plünderungen, Ausschreitungen und Schwarzen Märkten führten, sowie Transportschwierigkeiten, aber auch ideologische Orientierungslosigkeit waren zu bewältigen. Über allem stand das Übervölkerungs-, Unterkunfts- und Beschäftigungsproblem. Viele Wohnungen waren von den Besatzungstruppen beschlagnahmt, die auch Möbel und Gegenstände des lebensnotwendigen Bedarfs konfiszierten. Die große Kälte im Winter 1947 machte jedermann schwer zu schaffen. Gartenzäune und Parkbäume verschwanden über Nacht – gebraucht wurde eben alles, was brennbar war.

„Wir hungern und bleiben deutsch!“

Diese Parole gibt das Stichwort für ein weiteres, nun wiederbelebtes Problem. Schon im Frühjahr 1946 zogen Deutschgesinnte gegen Aufmärsche der „neudänischen Bewegung“ zu Felde, die erneut ihre Stunde gekommen sah für eine kulturpolitische Offensive und eine Grenzverschiebung an die Eider. Die prodänische Minderheitenorganisation wurde in der Region Flensburg/Schleswig schnell zur stärksten politischen Kraft. Viele Menschen glaubten, durch Anschluss an Dänemark dem Chaos in Deutschland entfliehen zu können, wollten zumindest aber der materiellen Unterstützung mit so genannten Speckpaketen teilhaftig werden. Unter den „Speckdänen“ fand man deshalb in Angeln auch viele Flüchtlinge. Dabei waren gerade sie es, die die dänischgesinnten Einheimischen durch eine Grenzrevision abschieben wollten. Bei den Landtagswahlen im April 1947 stimmten fast 99 000 Wahlberechtigte dänisch, in Flensburg waren es über 90 Prozent der Stimmen. Ein Jahr später ließ die britische Kontrollkommission den Südschleswigschen Wählerverband (SSW) als politische Partei zu. Die dänische Bewegung hatte ihren Höhepunkt aber schon überschritten.

Für die Bildungsarbeit in der Grenzregion: Die Grenzakademie am Sankelmarker See

Die Regierungen in London und Kopenhagen waren indessen sensibel genug, die Hintergründe der neudänischen Bewegung zu durchschauen. Die Art und Weise, wie manche der besiegten Deutschen versuchten, ihre Haut zu retten, sich „aus ihrer Geschichte zu stehlen", fand keinen Beifall. „Danmarks grænser ligger fast" lautete die außenpolitische Richtschnur in der dänischen Hauptstadt. Die Regierung hatte nicht nur erkannt, dass unter den Sympathisanten viele unsichere Kantonisten waren. Sie war sich auch darüber klar, dass sie sich mit Südschleswig und seinen damals unlösbar erscheinenden Problemen ein Kukkucksei ins Nest gelegt hätte. Der kluge und realistisch denkende dänische Historiker Troels Fink sah in der neudänischen Entwicklung in Südschleswig vor allem ein Kriterium, an dem „sich die Tiefe des deutschen Zusammenbruchs ermessen" ließ.

Doch das Thema Grenzland blieb angesichts der unvermindert von Jütland her betriebenen Kulturoffensive auf der Tagesordnung. Den Politikern auf deutscher Seite kam die grenzpolitische Unruhe nicht ungelegen. Insbesondere Friedrich-Wilhelm Lübke wusste sie zu nutzen, als Landrat und als Ministerpräsident. Er startete eine kulturelle Gegenoffensive, und es gelang ihm, bei der Bonner Regierung beträchtliche Mittel dafür, vor allem aber zur Wirtschaftsförderung in der Region, loszueisen.

Der „Schleswig-Holsteinische Heimatbund" (SHHB) und der jetzt von Lübke geleitete, schon in den zwanziger Jahren gegründete „Deutsche Grenzverein" mit seiner Büchereizentrale in Flensburg, die bald den ganzen Landesteil Schleswig mit einem Netz von Büchereien überzog, sowie weitere, zum Teil neu geschaffene Organisationen widmeten sich intensiv der Grenzpolitik. Zum Büchereiwesen kam die Jugendarbeit, die unter dem Grenzverein ihr Zentrum fand im Jugendhof Scheersberg, wo 1947 das erste Scheersbergfest, damals noch „Nordmarkfest", als ein großes, von vielen ehrenamtlichen Kräften getragenes Ereignis gefeiert wurde. Dort wie auch in der Grenzakademie Sankelmark, einem Lieblingskind Lübkes, wurde und wird Grenzlandarbeit geleistet, darüber hinausgehend heute generell auch Bildungsarbeit gemacht für die Bevölkerung in der gesamten Grenzregion. Dies geschieht im Sinne einer kulturpolitischen Mittlerfunktion zwischen

Nord- und Mitteleuropa, wobei die Beziehungen über die Grenze hinweg zur deutschen Minderheit in Nordschleswig im Vordergrund stehen.

Der wirtschaftliche Aufschwung, der mit maßgeblicher Bonner Hilfe etwa ab Mitte der 50er Jahre auch die nördliche Grenzregion erfasste, führte zu weiterer Stärkung der deutschen Position. Das Grenzproblem schrumpfte nach und nach auf Normalmaß und die dänische Minderheit auf ihren „echten Kern". Mit der Bonn-Kopenhagener Erklärung von 1955, die die Kieler Erklärung von 1949 („Däne ist, wer Däne sein will") letztlich bestätigte, kam es zu einer endgültigen und zwischenstaatlichen Lösung, die heute als Vorbild gilt für eine friedliche Regelung nationaler Minderheitenkonflikte.

Eine aktive Rolle in der Grenzlandarbeit vor und nach 1945 mit starker Ausstrahlung nach Angeln spielten auch die Tageszeitungen. Vier Zeitungen waren – und sind noch – in Angeln verbreitet: Das „Flensburger Tageblatt", die „Schleswiger Nachrichten", der in Kappeln erscheinende „Schlei-Bote" und „Flensborg Avis". Am Zeitungsstandort Flensburg gab es, wie schon berichtet, bereits 1788 das „Flensburgische Wochenblatt" und an dessen Stelle ab 1864 die „Flensburger Nachrichten". 1869 erschien ferner die dänischsprachige „Flensborg Avis", die damals immer wieder ins Visier der preußischen Zensur geriet. Nach der Grenzrevision von 1920 hatten sich in der Fördestadt sogar fünf Zeitungen – teils in deutscher, teils in dänischer Sprache – etabliert. In allen Blättern spielten die Grenzaktivitäten noch weiterhin eine große Rolle, so auch in den neu erschienenen „Flensburger Nachrichten".

Nach Ende des Zweiten Weltkrieges ist zunächst „Flensborg Avis" die einzige nichtbritische Zeitung im Schleswiger Raum. Deutschsprachig ist das nach Direktiven der Besatzer herausgegebene und von ihnen lizensierte „Flensburger Nachrichtenblatt", das lediglich Informationen und Bekanntmachungen enthält. Eine „richtige" deutsche Zeitung ohne Zensur kann sich erst nach der Währungsreform 1948 durchsetzen. Mit starker Kapitalbeteiligung Flensburger Kaufleute entsteht nun das „Flensburger Tageblatt", zunächst noch immer mit deutlichem grenzpolitischen Einschlag. Das Blatt hat bald „Flensborg Avis" überflügelt und erreicht Anfang 1949 bereits eine Auflage von 93 000.

In Schleswig beginnt die Zeitungsgeschichte mit dem „Schleswiger Wochenblatt" von 1789. Ihm folgt 1811 das Königlich privilegierte „Schleswiger Intelligenzblatt", dessen letzte Ausgabe am 25. Mai 1864 erscheint. Ihm folgen die „Schleswiger Nachrichten" ab Juni 1864. Nach 1945 kommen nach einer kurzen kriegsbedingten Unterbrechung die „Schleswiger Nachrichten" als selbständige Zeitung am 1. Dezember 1949 erneut heraus, und zwar in Kooperation mit dem Flensburger Zeitungsverlag. Im Zuge der Pressekonzentration werden sie 1969 vom Schleswig-Holsteinischen Zeitungsverlag (sh:z) übernommen.

Der „Schlei-Bote" ist nicht die erste Zeitung in Kappeln. Schon 1844 war das „Königlich Privilegierte Kappler Wochenblatt" gegründet worden. Mit dem Ende der Erhebung 1848/49 musste das Blatt sein Erscheinen einstellen: Den Zensoren der dänischen Regierung missfiel die in ihm vertretene deutsche Gesinnung. Erst 1864 nach Beendigung des Krieges wird in Kappeln ein neues Blatt mit dem Namen „Angler Zeitung" aus der Taufe gehoben. Ab 1867 heißt es „Schlei-Bote", erscheint aber erst ab Oktober 1906 regelmäßig als Tageszeitung. Der „Schlei-Bote" findet starke Verbreitung nicht nur in Angeln, sondern auch in Schwansen. Nach dem Zweiten Weltkrieg hat die Zeitung einen schweren Anfang, da die Lizenzvergabe zum Wiedererscheinen relativ spät, erst 1949, erfolgt. 1951 übernimmt der Verlag der „Schleswig-Holsteinische Landeszeitung" in Rendsburg, das Druckhaus Möller Söhne, den Schlei-Boten. Durch die Fusion des Landeszeitungs- mit dem Flensburger Zeitungsverlag im Jahr 1987 gehört er heute zu den Titeln des sh:z-Verlages in Flensburg mit einer Gesamtauflage von über 180 000 Exemplaren.

Im wirtschaftlichen und kulturellen Wettbewerb

Weiterbildung bis ins letzte Dorf

Die zur Hauptsache von den Kreisen und Gemeinden getragene Kultur- und Bildungsarbeit, die unter grenzpolitischen Gesichtspunkten begonnen wurde, setzt sich mit dem zunehmenden Bildungsbedürfnis Anfang der fünfziger Jahre auf breiter Basis fort. Dorfseminare beispielsweise zu aktuellen Fragen, organisiert von den Orts- und Kreiskulturringen, bringen neben der Jugend- vor allem die Erwachsenen(weiter)bildung voran, oft in Zusammenarbeit mit den Volkshochschulen, die nicht nur in Flensburg und Schleswig, sondern bald auch in größeren Orten wie Kappeln, Satrup, Sörup, Süderbrarup und Tolk entstehen. Nach und nach etablieren sich zahlreiche Einrichtungen zur Kulturpflege und zur Weiterbildung, die der Gemeinschaft, aber auch der Geselligkeit dienen. Dazu gehören Musizierkreise, Liedertafeln und Gesangvereine, Laienspielgruppen, Sport- und Turnvereine aller Art, Haus- und Landfrauen- sowie Landjugendvereine, ferner Schützen- und Ringreitervereine, die Feuerwehren mit Musik- und Spielmannszügen. Sie alle sind aktiv an der Kulturarbeit in Angeln beteiligt. Als Träger des Gemeinschaftsgedankens im Sinne gegenseitiger Hilfe in Notsituationen sind vor allem die Feuerwehren ein wichtiges Element im städtischen und dörflichen Leben.

Das Weiterbildungsangebot wird beispielgebend verbessert mit der Gründung des Kreisbildungswerks. Dieser Einrichtung, nach der Verwaltungsreform in Schleswig-Holstein von 1969 und der Zusammenlegung der Kreise Schleswig und Flensburg 1974/1975 in Institut für Weiterbildung umbenannt, ist es in den zurückliegenden Jahrzehnten gelungen, ein fast in jedes Dorf hineinreichendes Fortbildungsnetz zu knüpfen, und zwar in enger Zusammenarbeit mit den Ortskulturringen, den Volkshochschulen und anderen Bildungseinrichtungen, mit den Kirchen, Musikschulen, Landfrauenvereinen und Bauernverbänden, den Organisationen von Handwerk und Industrie. Dazu kommt das schon erwähnte Büchereisystem, das mit Zentral-, Haupt-, Stations-, Schüler- sowie Fahrbüchereien Stadt- und Landbevölkerung mit Lesestoff versorgt. Heute gilt die 1988 gegründete „Kulturstiftung des Kreises Schleswig-Flensburg" als der Motor und Moderator einer lebendigen Kulturlandschaft.

Nicht zu unterschätzen ist auch der bildungspolitische Einfluss der schon 1946 in Flensburg gegründeten Pädagogischen Hochschule, heute Bildungswissenschaftliche Hochschule Flensburg-Universität. Das gilt auch für die verschiedenen beruflichen Fachschulen und Fachhochschulen sowie für die Landwirtschaftlichen Lehranstalten und die Landwirtschaftsschulen in Schleswig, Flensburg und Kappeln. Die Ausbildungsstätten der Landwirtschaft haben eine sehr wechselvolle Geschichte, die hier nicht näher beleuchtet werden kann. Die Kappelner Lehranstalt von 1868 ist, wie berichtet, eine sehr frühe Gründung der ausbildungsbewussten bäuerlichen Bevölkerung in Angeln. Später folgen die so genannten Winterschulen, zeitweilig mit Hauswirtschaftsabteilung und Beratungsstellen, zuerst in Flensburg und dann in Schleswig, wo in den zwanziger Jahren auch eine Höhere Landbauschule errichtet wird.

Das Schulwesen blieb vom Strukturwandel in der Landwirtschaft, insbesondere durch den Rückgang der Zahl der Betriebe, nicht verschont. Seit einigen Jahren liegt die landwirtschaftliche Ausbildung bei den Berufsschulen. In Schleswig gibt es nur noch eine der Landwirtschaftskammer unterstehende Bildungs- und Beratungsstelle. Von maßgeblichem Gewicht für die Weiterbildung in der Landwirtschaft und in ihrem Umfeld ist das seit 1947 in Rendsburg erscheinende „Bauernblatt", ein von Bauernverband und der Landwirtschaftskammer gemeinsam herausgegebenes Fachblatt, in dem alle der Landwirtschaft nahestehenden Organisationen und Berufe zu Worte kommen.

Ein wesentlicher Teil der Kultur- und Bildungsarbeit entfällt auch auf den Heimatverein der Landschaft Angeln, der seinen Sitz in Kappeln hat, wo er 1928 als „Vereinigung der Freunde der Landschaft Angeln" gegründet wurde. Der Heimatverein mit einer inzwischen ungewöhnlich hohen Mitgliederzahl von etwa 3 200 hat sich die Aufgabe gestellt, „die Kenntnis des geschichtlichen und kulturellen Lebens zu fördern und zu vertiefen und damit innerhalb und außerhalb seiner Reihen die Liebe zur engeren Heimat zu stärken." Zwei in der Regel gut besuchte Jahrestreffen, ferner Arbeitsgemeinschaften und das Jahrbuch, das eine Fülle von Beiträgen zu den Themenbereichen Heimatforschung, Volks- und Landeskunde, Ornithologie,

Botanik, Landschafts- und Umweltschutz enthält, tragen seine Vorstellungen in die Öffentlichkeit. Der „Horizonterweiterung" dienen auch Besichtigungs- und Bildungsreisen des Vereins.

Die allgemeine Schulsituation in den zurückliegenden Jahren unterscheidet sich in Angeln nicht wesentlich von derjenigen in anderen Landesteilen. Unmittelbar nach Kriegsende führten zweckentfremdete Klassenräume und Lehrermangel zu oft prekären Verhältnissen. Sie besserten sich erst in den fünfziger Jahren, als mit der Abwanderung von Flüchtlingen und Vertriebenen die Schülerzahlen sanken und die ersten Schulerweiterungs- und -neubauten erfolgten. Angesichts dieser schwierigen Situation konnten sich zeitweise auch die dänischen Schulträger über einen starken Zulauf in Angeln freuen. Schulreformen und Ausbau des Zentralortesystems brachten in den sechziger und siebziger Jahren die Schließung vieler alter Schulen in den Dörfern mit sich und damit manchmal auch das Ende eines geistigen und kulturellen Mittelpunktes. Zentral- und Gemeinschaftsschulen sollten den Bildungsstand auf dem Lande verbessern und möglichst dem städtischen angleichen. Dieser Aufgabe widmete sich mit besonderem Geschick der Flensburger Landrat Gerd Lausen. Mit dem oft weiten Transport der Schüler infolge Zusammenlegung von Schulen entstand allerdings ein neues Problem. Zusammenfassend betrachtet ist die Nachkriegszeit durch eine Periode ständigen Reformierens gekennzeichnet, die, wie Fachleute meinen, zuviel Geld gekostet hat. Und sie ließ auch in Angeln das Schulwesen lange Zeit nicht zur Ruhe kommen.

Neues Leben an Angelns Nordstrasse

Neben der Kultur- und Bildungsarbeit stellte sich die Verbesserung der ökonomischen Infrastruktur des Landesteils Schleswig nach 1945 als Hauptaufgabe, zumal dieser Raum im Vergleich mit dem Gebiet nördlich der Grenze als vernachlässigt galt. Aus dieser Sicht vor allem ergab sich die Begründung für das überwiegend vom Bund finanzierte Programm Nord, das auf Lübkes Initiative zurückgeht, im Schwerpunkt aber mehr auf die strukturschwachen Gebiete westlich und südwestlich der Linie Flensburg-Schleswig abzielte. Dessen ungeachtet begann für die Halbinsel Angeln eine Phase wirtschaftlichen Aufschwungs, mit der sich auch das Bild der Landschaft schneller veränderte als in vielen Jahrhunderten zuvor. Das zeigt sich vor allem am Straßen- und Wegenetz, am Wohnungsbau und der Siedlungsentwicklung in den Dörfern sowie am Verhältnis der landwirtschaftlichen Nutz- zu den verbliebenen Naturflächen.

In Angeln war nach 1945 der Zustand der Straßen besonders desolat. Dem Verkehrsausbau galt daher in der Aufbauplanung erste Priorität. Als sich zeigte, dass die Kleinbahnstrecke Flensburg-Kappeln nicht mehr rentabel war und zu hohe Zuschüsse erforderte, war es Lübke, der darauf drängte, sie aufzugeben und durch eine moderne Straße zu ersetzen. 1954 bekam Angeln dann seine Nordstraße, deren Bedeutung und Eigenart Lübkes Nachfolger, Landrat Hartwig Schlegelberger, in kluger Voraussicht treffend so beschrieb: „Sie hat große gestaltende Kraft. Sie ist wie ein Fließ-

Die 1841 erbaute Holländer-Windmühle in Nübelfeld

band. Wenn man sie betritt, wird man fortgezogen. Die Menschen fahren aus ihren Dörfern in die Stadt, und das Geld, das geht gleich mit, obwohl dein Kaufmann an der Ecke mit seiner Gewerbesteuer die Straße erheblich mitbezahlt hat. Ein Dorf ohne Dorfkrug, ein Dorf ohne Kaufmann, ein Dorf ohne Handwerker: was ist das noch?"

Doch die Voraussetzungen für eine wirtschaftliche Belebung verbesserten sich zunächst entscheidend. Das gesamte Straßen- und Wegenetz wurde mit erheblichen finanziellen Anstrengungen grundlegend erneuert und durch Umgehungsstraßen ergänzt. Das geschah insbesondere, um den dänischen Einflüssen entgegenzutreten und mit der vorbildlichen Verkehrserschließung Nordschleswigs durch den dänischen Staat gleichzuziehen. Allein 1956 entstanden im Landkreis Flensburg 16 neue Landstraßen und Wege. Heute gibt es in Angeln keine klassifizierte und wohl kaum noch eine Gemeindestraße, die nicht ausgebaut und asphaltiert ist. Viele Straßen sind mittlerweile auch mit Radwegen versehen. Dennoch hat sich Angeln den Ruf erhalten, „eine schwierige Gegend für Autofahrer" zu sein. Um so wohler fühlen sich auf seinen „krummen Wegen" die Radfahrer unter Einheimischen und Touristen.

Wie nach 1918 spielte die Landwirtschaft auch nach dem Zweiten Weltkrieg als Ernährer des ausgehungerten deutschen Volkes eine Schlüsselrolle, und sie wurde dieser Aufgabe in bemerkenswert kurzer Zeit gerecht. Bereits Anfang der fünfziger Jahre standen die Bauern in Angeln vor der Frage: Wohin mit der überschüssigen Butter? Ihre Angeliter Kühe, damals die dort noch vorherrschende Rinderrasse mit den hohen Fettprozenten, hatten schon wieder einen so hohen Leistungsstand erreicht, dass der Butterabsatz zum Problem wurde.

Es war der Landwirt und Landtagsabgeordnete Hans-Jürgen Klinker aus Ülsby, zunächst Kreis- und nach 1969 Landesbauernverbandsprädident, der für eine neue Absatzstrategie die ersten Weichen stellte. Das Ergebnis war das Schleswiger „Butterwerk", wie es hieß, bevor daraus die vergrößerte „Nordbutter" wurde, die dann eine breite Palette verschiedenster Milchprodukte auf den Markt brachte. Rationellere industriewirtschaftliche Produktions- und Absatzmethoden waren das Rezept, das dem Erfolg des Butterwerkes zugrunde lag. Und Voraussetzung dafür war der – allerdings mühsam herbeigeführte – Entschluss vieler überwiegend Angelner Meiereien, die eigene Butterei einzustellen und den Rahm zur Weiterverarbeitung direkt ans Schleswiger Werk zu liefern. Dies war der Beginn eines damals noch ungeahnten Konzentrationsprozesses und eines ökonomisch begründeten Meiereisterbens. An dessen Ende stand im Jahr 2001 die Schließung des zuvor von der Nordmilch/Zeven erworbenen Schleswiger Betriebes selbst.

Schleswig entwickelte sich – wesentlich durch Klinkers Initiativen – zu einem bedeutenden Verarbeitungsstandort für Agrarprodukte. Schon 1949 war dort die „Kartoffelverwertungsgesellschaft Cordes & Stoltenburg" gegründet worden. Es folgte 1952 die Errichtung der Schleswig-Holsteinischen Zucker AG (später Nordzucker) und 1959, wie berichtet, die Gründung der Nordbutter. Ein Jahr später kam die Nordfleisch AG unter maßgeblicher Mitwirkung des Bauernverbandes und des Raiffeisenverbandes Schleswig-Holstein zustande. Landwirtschaftliche Produkte bildeten also die Rohstoffbasis verschiedener Unternehmen der Ernährungsindustrie, so dass die Landwirtschaft mit ihren vor- und nachgelagerten Bereichen in Handel, Handwerk und Gewerbe unverändert ein wichtiger Wirtschaftsfaktor war und bis heute geblieben ist. So gibt es auch in Satrup mit Redlefsen und in Böklund mit Plumrose fleischverarbeitende Unternehmen mit weltweiten Handelsbeziehungen, und dazu kommen mehrere kleinere gewerbliche Fleischverarbeiter. Eine Reihe von Milchverarbeitern, so die Adelbyer Meierei und Nestlé, jetzt Cremilk in Kappeln, gehören zu den Unternehmen mit Produktion und Vertrieb von bedeutendem Umfang. Außerdem können in Angeln Fischverarbeitungsbetriebe auf eine Tradition verweisen.

Weltweite Handelsverbindungen haben Bauern in Angeln auch mit ihrem Zuchtvieh aufgebaut. Schon 1830 wird erstmals von Auslandsexporten Angler Rinder berichtet, und bis 1913 sollen 220 000 Tiere über die Grenzen Angelns verkauft worden sein. Einer der erfolgreichsten Exporteure war Willi Iversen, Munkbrarup, der von 1909 bis zum Ersten Weltkrieg vor allem Angler Kühe nach Russland, ins Baltikum und – nach Ausbruch des Krieges – an deutsche Volksgruppen in Bessarabien, Rumänien und Ungarn lieferte. Um sich im Riesenreich zwischen St. Petersburg und dem Schwarzen Meer verständigen und an die Vieh-

Der Bahnhof Sörup gehörte zu den Verladestationen für den Export Angler Rinder in östliche Länder. Hier wird im Jahr 1927 ein Transport nach Rumänien verfrachtet

händler heranzukommen zu können, wandte er sich sinnigerweise an die Apotheker, die in der Regel in Deutschland studiert hatten.

Iversen war eine selbstbewusste und imponierende Persönlichkeit. Immer wieder gefragt, wo er denn sein Studium absolviert habe, antwortete der gewitzte Bauer: „In Kappeln!" Wer wusste schon, dass es eine Universität dort gar nicht gab. Doch immerhin konnte er sich darauf berufen, eine der ältesten Landwirtschaftlichen Lehranstalten in der Provinz Preußen besucht zu haben. Die durch zwei Weltkriege unterbrochenen, einst von Iversen angeknüpften Verbindungen lebten 1962 wieder auf und führten zur Ausfuhr vieler Jungtiere und großer Mengen von tiefgefrorenem Sperma in die UdSSR und in andere Staaten des Ostens.

Im Wechselbad der Agrarpolitik

Trotz der zukunftsweisenden Ausrichtung der Agrarwirtschaft in Angeln und ihres Absatzapparates blieben wachsende Schwierigkeiten nicht aus. Denn die politischen Vorgaben änderten sich ständig. Vor allem begann mit der Einbindung der Landwirtschaft in die Europäische Gemeinschaft Ende der fünfziger Jahre ein grundlegender Richtungswandel in der Agrarpolitik. Eine fortgesetzte Brüsseler Politik des Preis- und Kostendrucks führte dazu, dass die Vielzahl der Betriebe in die Mengenproduktion auswich. Das geschah durch verstärkte Rationalisierung und Mechanisierung – die allerdings Landmaschinenhandwerk und Baugewerbe Auftrieb bescherten.

Für Angeln ist bezeichnend, dass auf den ertragreichen Böden viele landwirtschaftliche Betriebe, die ihre Flächenausstattung damals noch für ausreichend hielten, die arbeitsaufwändige Milchproduktion aufgaben und dafür den Getreidebau und die Schweinemast ausdehnten. Es gab bald ganze Dörfer, in denen keine Milchwirtschaft mehr betrieben wurde, in denen keine Kuh mehr zu finden war. Die Folge war ein rapider Rückgang der Zahl der Meiereien, jener Einrichtungen, die einmal Zeugnis abgelegt hatten vom fortschrittlichen Denken der Angeliter und für das Zusammenleben und das Bild der Dörfer prägend gewesen waren. Gegen Ende der achtziger Jahre gab es in Angeln keine selbstständige Meierei mehr mit Direktablieferung von Rahm oder Milch. Entsprechend ging auch die Population des Angler Rindes stark zurück.

Die einseitige Spezialisierung vieler Angelner Betriebe auf Getreidebau und Schweinemast sollte sich rächen. Denn das Ausufern der Getreideproduktion in der Europäischen Gemeinschaft veranlasste die Brüsseler

Agrarpolitik Ende der siebziger, Anfang der achtziger Jahre zu drastischen Preissenkungen, denen in unregelmäßigem Zyklus auch die Schweinepreise folgten. Hinzu kamen in der nationalen Agrarpolitik verschärfte Auflagen im Bereich des Natur- und Umweltschutzes, eine Gülleverordnung und Nutzungsbeschränkungen verschiedenster Art. Am Ende standen tiefgreifende Agrarreformen der Europäischen Gemeinschaft, die in großem Umfang staatlich geförderte Flächenstillegungen und Extensivierungsmaßnahmen mit sich brachten. Und diejenigen Betriebe in Angeln, die noch oder wieder von der Milchwirtschaft lebten, wurden für Jahre durch Erzeugerabgaben und schließlich durch die Radikalkur der Quotenregelung zur Einschränkung oder Aufgabe ihrer Produktion veranlasst.

Vielen Höfen in Angeln ging in den Wechselbädern der zunehmend von Brüssel dirigierten Agrarpolitik die Luft aus. Andere übernahmen ihre Flächen, konnten sich also vergrößern. Wieder andere spezialisierten sich auf bestimmte Produktionen oder fanden an günstigem Standort und mit entsprechendem Geschick einen Zuerwerb durch die Aufnahme von Feriengästen, durch „Urlaub auf dem Bauernhof".

Auch in den der Landwirtschaft vor- und nachgelagerten Bereichen blieb der Exodus vieler Familienbetriebe nicht ohne Konsequenzen. Im Landhandwerk, insbesondere im Landmaschinenbereich, mussten Betriebe aufgeben oder Alternativen suchen. Den Betrieben der Verarbeitung von Nahrungsgütern sowie den Landhandelsunternehmen und Genossenschaften bescherten die im Zuge der europäischen Agrarpolitik eingeleiteten Produktionsbeschränkungen und Flächenstillegungen wegen des geringeren Durchlaufs stark steigende Kosten. Auch diese Betriebe mussten Umstrukturierungen und Konzentrationen vornehmen.

Landwirtschaft mit Nahrungsmittelindustrie und -gewerbe bestimmen allerdings längst nicht mehr allein die Wirtschaftskraft in Angeln. Maschinenbauunternehmen und Zulieferbetriebe für die Elektro-, Automobil- und Pharmaindustrie geben vielen Menschen Lohn und Brot ebenso wie Baugewerbe, Kunststoffverarbeitung, Textilhandel und -industrie, High-Tech-Betriebe, Holz- und Baustoffhandel, Landhandel und Genossenschaften, Landmaschinen- und Autohandel sowie Werftbetriebe und Schiffsausrüster.

„Urlaub auf dem Bauernhof" ist für viele Landwirtsfamilien heute ein willkommener Zuerwerb. So auch auf Hof Lücke bei Loit mit einem der ältesten und schönsten Fachwerkwohnhäuser in Angeln

Ochsenhörner, wie hier in Sieverstedt, stehen heute in mehreren Orten als Symbol für die einst so bedeutende Ochsentrift

Naherholung und Fremdenverkehr als Alternative

Einen gewissen Ausgleich für den Rückzug der Landwirtschaft aus ihrer Schlüsselrolle haben, bedingt durch die reichhaltige Naturausstattung Angelns, Fremdenverkehr und Naherholung gebracht. In einer Studie von 1967 des Amtes Grundhof heißt es: „Wenn der Fremdenverkehr ... auch zur Zeit noch nicht die landwirtschaftlichen und gewerblichen Umsätze erreicht hat, so müssen wir doch annehmen, dass das Geld, das die Fremden hierherbringen, wesentlich zum Nebenerwerb und Zusatzverdienst beiträgt."

Viele Gemeinden nutzten die angebotene breite Förderung, unter anderem aus dem Programm zur Dorferneuerung. Mit seiner Hilfe konnten private Investitionen zur Bewahrung historisch wertvoller Bausubstanz unterstützt werden, was dem Dorfbild zugute gekommen ist. Öffentliche Baumaßnahmen halfen auf mannigfache Art, die Infrastruktur der Dörfer zu verbessern. Es wurden Kindergärten ebenso wie Wohnanlagen und zusammen mit den Trägern der freien Wohlfahrtspflege Schwestern- und Sozialstationen geschaffen. Auch das Angebot für betreutes Wohnen ist umfangreicher geworden. Und wo der letzte Dorfkrug oder auch die Meierei geschlossen werden mussten und damit eine für das dörfliche Leben wichtige Kommunikationsstätte plötzlich fehlte, entstanden Dorfhäuser und Dorfgemeinschafts-räume. Auch die Kirche bemühte sich, ihren Teil zu einem lebendigen Gesellschaftsleben beizutragen.

Mittlerweile sind Fremdenverkehr und Städtetourismus ein nicht zu unterschätzender Erwerbszweig in Angeln. Insbesondere die Städte Kappeln, Arnis und die sie umgebenden Schleidörfer sowie die küstennahen Ämter Gelting, Steinbergkirche, Langballig und das renommierte Ostseebad Glücksburg nutzen – häufig in Kooperation – die Attraktivität der Ostseeregion. Strandurlaub in natürlicher Umgebung ohne den Trubel des Massentourismus sowie der umweltschonende so genannte sanfte Tourismus sind die Stärke vieler Dörfer an der Küste. Gern genutzt wird der Ostküsten-Radwanderweg. Auch im Binnenland bemühen sich viele Gemeinden mit Erfolg, Naherholung auf Wanderwegen, an Seen und Auen, in Moor- und Heidegebieten anzubieten. Zu den beliebten Wanderstrecken – auch für Radfahrer – gehört der Ochsenweg im Angelner Grenzbereich. Finanzierender Motor für den Fremdenverkehr sind meist die Sparkassen und Genossenschaftsbanken sowie Nie-

Schloss Glücksburg, über 400 Jahre alt, berühmt und beliebt als „schönstes Wasserschloss Deutschlands"

derlassungen der großen überregionalen Banken. Und die beiden Städte Schleswig und Flensburg warten ergänzend mit einem breiten kulturellen Angebot auf.

Glücksburg, die 7500-Einwohner-Stadt „mit dem schönsten Wasserschloss Deutschlands" am Standort des ehemaligen Rudeklosters, zählte schon 1968 über 250 000 Übernachtungen. 1872 wurde dort das erste Kurhaus erbaut, nach einem Brand 1914 erneuert und im Jahr 2000 um das Strandhotel erweitert. Heute bietet die Fördestadt in seiner naturschönen Umgebung alle modernen Kurmitteleinrichtungen. Um das unter Herzog Hans dem Jüngeren 1583-1587 im Renaissancestil erbaute Schloss mit aufgestautem Teich hat sich der Ort Glücksburg entwickelt, zunächst aus den Bediensteten der Herzöge, die dort ihre Häuser errichteten. Das aus drei nebeneinander angelegten Giebelhäusern und vier achteckigen Türmen bestehende fast quadratische Schloss birgt eine umfangreiche Gemäldegalerie, eine wertvolle Gobelin- und Ledertapetensammlung sowie eine kleine barocke Kapelle mit Marcussen-Orgel. Die Säle des Schlosses dienen für Schlosskonzerte und alljährlich für Veranstaltungen des Schleswig-Holstein Musikfestivals, um nur wenige der vielen Konzertveranstaltungen Glücksburgs zu nennen. Der Besucher findet die Schlosseinrichtung hinter den dicken Mauern so vor, wie sie alle herzoglichen Familien benutzt haben.

Als besondere Attraktion Glücksburgs gilt das „Schlossparkensemble", der kombinierte Besuch des Schlosses, seines Parks mit Orangerie und des neugestalteten Rosariums, das sich auf historische und englische Rosen spezialisiert hat. Sterngucker gehen ins Glücksburger Menke-Planetarium. Und Segelfreunde finden in einem der schönsten deutschen Segelreviere die im In- und Ausland berühmte „Hanseatische Yachtschule", die mit ihrem Internat als größte Ausbildungsstätte dieser Art in Europa gilt.

Nicht nur Glücksburg, auch die Schleistadt Kappeln wird von Gästen und Einheimischen besonders gern aufgesucht. Sie hat, wie schon deutlich wurde, eine überaus reiche Geschichte. Als „Dörp tho Cappel" wird der idyllische kleine Fischerort mit Kapelle, die ihm den Namen gab, 1357 in einer Urkunde erstmals

Die typische Skyline der Schleistadt Kappeln mit St. Nikolaikirche und den drei Räuchereitürmen

erwähnt. 1406 gelangt Kappeln über Erbauseinandersetzungen an das Domkapitel zu Schleswig, dann durch widerrechtlichen Verkauf 1533 an Henneke von Rumohr zu Roest, dessen Geschlecht Patronat und Gerichtsherrschaft inne hat in der Zeit, als etwa 70 Familien 1667 auf die noch unbewohnte Insel Arnis abwandern. Diese entzogen sich so dem Druck der Rumohrs, die die Kappelner Bürger zu Leibeigenen machen wollten, was aber nicht gelungen ist. 1846 bekommt der Ort Fleckengerechtsame. Nach dem Krieg mit Dänemark gehört Kappeln zu Preußen und erwirbt nach der Trennung von Justiz und Verwaltung 1870 das Stadtrecht. Am 1. Januar 1974 schließen sich die Gemeinden Kappeln, Kopperby und Mehlby zu einer Großgemeinde zusammen, die danach mehr als 10 000 Einwohner aufweist.

Kappeln ist reich an kulturellem Leben und an Sehenswürdigkeiten, wie das von der spätbarocken St. Nikolaikirche „gekrönte" reizvolle Schleipanorama schon bei der Anfahrt über die Schleibrücke von Schwansen aus verrät. Zu den Hauptanziehungspunkten gehört der Heringszaun, eine in Europa einzigartige Fangeinrichtung, von der es einmal über 40 gegeben hat. Jedes Jahr zu Himmelfahrt an den „Heringstagen", dem großen Kappelner Stadtfest, wird der Tagesinhalt des Netzes von Prominenten geschätzt. Ein beliebtes Fest ist die „Türkenmaskerade" der Junge-Leute-Gilde, die wie die „Männergilde" seit dem 17. Jahrhundert besteht. Wirtschaftlich gute Zeiten erlebte Kappeln Anfang des 19. Jahrhunderts, als Fischerei, Schifffahrt und Handel in Blüte standen. Davon zeugen im Stadtbild die markante Dreiergruppe der Räuchereischornsteine, ferner die Sammlungen in Schleimuseum und Museumshafen.

In neuerer Zeit hat Kappeln jedoch Mühe, Arbeitsplätze zu halten. Bisher ist es gelungen, die 1917 gegründeten „Milchwerke Angeln", von Nestlé 1928 aufgekauft und unter eigenem Namen zu einem modernen Betrieb mit vielen Beschäftigten ausgebaut, zu erhalten, nachdem die Hamburger Cremilk sie übernommen hat. Eher ungewiss ist die Zukunft des zweiten wirtschaftlichen Standbeins, des nahen Marinehafens mit der Marinewaffenschule Olpenitz,

Als Werftstandort für den Bau von Booten und Segelyachten hatte Arnis einmal einen Namen. Auf dem Bild von 1909 wird gerade ein Lastensegler abgeslippt

dessen Erhalt zunächst nur bis 2002 gesichert ist. Um so mehr muss sich die Stadt dem Fremdenverkehr zuwenden, für den sie recht gute Voraussetzungen bietet.

Wie Kappeln steht die Schleistadt und Einstraßensiedlung Arnis, die kleinste Gemeinde Deutschlands mit Stadtrecht (seit 1934) als „Perle der Schlei" oben auf der Popularitätsskala der Fremdenverkehrsorte in Angeln. Über ihre Gründung wurde schon berichtet. Wirtschaftliches Auf und Ab ist auch Arnis, ursprünglich Arnytz (Landnase, auf der Adler nisten), nicht erspart geblieben. Zu Wohlstand gelangten die Ansiedler aus Kappeln im 19. Jahrhundert. Als Schiffer trieben sie regen Handel mit landwirtschaftlichen Produkten, mit denen sie dänische und norwegische Häfen anliefen. Nach dem Krieg mit Dänemark 1864 aber enden nach und nach fast alle gewerblichen Aktivitäten wie Werften, Brauereien, Handwerksbetriebe und die Mühle. Aus Arnis wird ein stiller Ort für Pensionäre. An Bedeutung gewinnt dagegen der Fremden- und Badeverkehr, seitdem die Wassersportmöglichkeiten mit Yachthafen und Bootsbau besser genutzt werden.

Arnis, die „Perle der Schlei", eine Einstraßensiedlung mit hohem Fremdenverkehrswert und beliebte Anlaufstelle für Segler

Landschaftswandel im Konflikt mit der Natur

Wie überall im Lande haben sich auch in Angeln grundlegende wirtschaftliche und soziale Strukturänderungen vollzogen. Das überkommene Angelner Dorf in reiner Form, in dem neben Katen, Schule, Mühle, Schmiede, Bäckerei und Gastwirtschaft die Bauerngehöfte das Bild bestimmten, ist selten geworden, gibt es wohl nur noch als Museum in Unewatt. Viele Bauernhöfe wurden in die Feldflur ausgesiedelt und als reine Produktionsstätten errichtet in schlichter Bauweise mit Maschinenhalle, Laufstall und Silos. Dorfprägendes Element sind neue Straßenzüge, neu erbaute Wohnhäuser und Wohnsiedlungen von Familien, die oft in einer anderen Gemeinde, in den größeren Flecken, in Schleswig oder Flensburg ihrer Arbeit nachgehen. Ferien- und Wochenendhäuser von wohlhabenden Stadtbewohnern, auch Sportplätze, Schwimmbäder, Wasserversorgungs- und Abwasserbeseitigungsanlagen und nicht zuletzt die vielen Jachthäfen und Bootsliegeplätze bestimmen das Landschaftsbild an den Küsten Angelns.

Doch die Kirche hat man im Dorf gelassen, sie prägt noch das Gesicht vieler Dörfer. Deren Aussehen hat, besonders in den Feriengebieten an der Ostseeküste, an Schlei und Förde, nach einer (Nachkriegs-)Periode des Billigbaus und der Improvisation in den letzten Jahren eher gewonnen. In Um- und Neubauten von Gaststätten, Hotels und Gästehäusern, in der Verschönerung von Bauernhöfen und in schmucken Gärten äußern sich wieder Geschmack und wachsender Wohlstand. Der Fremdenverkehr einschließlich Urlaub auf dem Bauernhof, die „weiße Industrie", hat Geld in die Dörfer gebracht, wofür der Ausbau des Straßen- und Wegenetzes wichtige Vorbedingung war. Von dieser Entwicklung profitieren alle Erwerbszweige auf dem Lande und in der Stadt.

Mit jedem Verkehrsausbau aber sind tiefe Eingriffe in die Natur verbunden. Dass dabei – ebenso wie durch landwirtschaftliche Rationalisierungs- und Flurbereinigungsmaßnahmen – mancher der angelntypischen Knicks und damit auch viel an Naturschutz und an landschaftlicher Idylle verloren ging, ist Folge politischer Prioritätensetzung in den fünfziger und sechziger Jahren. Anfang der siebziger Jahre begann aber in Politik und Gesellschaft ein langsames Umdenken. Erhaltung und Schutz der Natur traten in der Bewusstseinsbildung und auch in der Verkehrs- und Landschaftsplanung stärker in den Vordergrund.

Damit fand der Knick wieder die ihm als Windschutz und als Refugium für die Tier- und Pflanzenwelt gebührende Beachtung. Verschiedene Organisationen machten sich für seine Erhaltung stark. Hervorzuheben ist die Initiative des Kreisbauernverbandes Schleswig, die für das ganze Land Modellcharakter bekam. Bei seinem Bemühen um die forcierte Knickpflege gelang es dem Bauernverband Anfang der achtziger Jahre, die finanzielle Unterstützung der Arbeitsverwaltung und des Sozialministeriums zur Beschäftigung so genannter ABM-Kräfte, später auch Körperbehinderter, für diese Arbeiten zu gewinnen. Aus der Arbeitsbeschaffungsmaßnahme entstand ein Jahr später die „Arbeitsgemeinschaft für Landschaftspflege", die sich mittlerweile in umfassender Weise um Pflege, Erhaltung und Gestaltung von Umwelt und Landschaft kümmert und dafür 1991 den Umweltpreis des Kreises bekam. Die Arbeitsgemeinschaft legte in wenigen Jahren neue Wallhecken an und setzte Hunderte von Kilometern Knick auf den Stock, übernahm damit eine Aufgabe, für die auf den Höfen Zeit und Arbeitskräfte fehlten. Heute sind in Angeln über 80 laufende Meter pro Hektar der artenreichen Knicks noch oder wieder vorhanden.

Die Frage, was wirtschaftlich vernünftig, aus Gründen der Landschaftserhaltung und des Naturschutzes aber nicht mehr vertretbar ist, hat bekanntlich viele Jahre vor und nach dem Zweiten Weltkrieg eine nur untergeordnete Rolle gespielt. Außer den schon genannten Eingriffen haben großräumige Kultur-, Wasserbau- und Bodenverbesserungsmaßnahmen (Meliorationen) sowie die Siedlungs- und Verkehrsflächenausweitung das Gesicht der Landschaft Angeln verändert. Begradigung und Verrohrung von Fließgewässern und Vorflutern, Moorkultivierung, Knickbeseitigung und Zuschieben von Tümpeln und Teichen sind typische Beispiele. Mit dem Umdenken hin zu einem aktiven Natur- und Landschaftsschutz setzte ein erfreulicher Rückbildungsprozess ein, dessen Ergebnisse allerdings erst langsam sichtbar werden. Die schon einmal durch Sauerstoffmangel stärker belastete Schlei mag dafür symptomatisch sein.

Auch der Fremdenverkehr mit wachsender Zahl von Camping- und Bootsliegeplätzen, mit überlasteten Straßen und Wegen bleibt nicht ohne Spuren in der

Wanderweg auf der Geltinger Birk, auf Angelns östlicher Halbinsel, die als Naturschutzgebiet und bedeutendes Vogelreservat immer mehr Naturfreunde anlockt

Landschaft. Der „sanfte" Tourismus will dem abhelfen. Er ist zugleich ein Präzedenzfall für die Schwierigkeit, den goldenen Mittelweg zwischen Fremdenverkehr und Naturschutz zu finden. Die Birk bei Gelting ist so ein typisches Beispiel, an dem sich immer wieder die Geister scheiden. Tausende von Urlaubern nutzen hier alljährlich die Gelegenheit, die außergewöhnliche Tier- und Pflanzenwelt zu beobachten. Dagegen steht das Schutzinteresse für die Umwelt. Auch zusätzliche Küstenschutzmaßnahmen, die von verschiedenen Seiten gefordert werden, würden die Birk verändern. Oft kollidiert der Wunsch nach weiträumigem Schutz der Landschaft mit den Interessen der kommunalen Bauleitplanung oder mit denen der Landwirtschaft, wenn sie für ihre Existenzsicherung keine Alternative zur Flächenausweitung hat.

Daseinsfürsorge gross geschrieben

Arbeitslosigkeit, niedrige Einkommen und Renten, Alter, Krankheit und Körperbehinderung, Kinder- und Jugendfürsorge, dies sind die wesentlichen Gründe, aus denen sich die grundgesetzlich verankerte Verpflichtung staatlicher Stellen herleitet, den Menschen bei Pflege und sozialer Sicherung Hilfe zu leisten. Und diese Hilfe ist angesichts der hohen Kosten und des wachsenden Anteils Pflege- und Hilfebedürftiger an der Gesamtbevölkerung heute zu einer vorrangigen gesellschaftlichen Aufgabe geworden. Die Kreise Schleswig und Flensburg stellen sich ihr in umfassender Weise. Daneben widmen sich eine Reihe von freien Trägern der Sozialhilfe im weitesten Sinne. Einige dieser Einrichtungen in Angeln können auf eine langjährige Tradition zurückblicken und haben sich besondere Verdienste in der Bedürftigenpflege erworben.

Dazu gehört das älteste, durch Privatinitiative geschaffene und weit über die Ortsgrenzen hinaus bekannte Heim für psychisch kranke und geistig behinderte Menschen in Klappschau bei Schleswig, die „Gemeinnützige Gesellschaft für Seelenpflege". Die Einrichtung besteht seit 1848, gegründet von Asmus Berendsen in privater Trägerschaft, und wird heute in der fünften Generation von der Familie geleitet. Das erste Gebäude wurde in der Nähe der 1820 in Schles-

Klappschau, eines der ältesten, durch Privatinitiative geschaffenen Heime für kranke und geistig behinderte Menschen bei Schleswig

wig gegründeten „Provinzial-Irrenanstalt" errichtet als landwirtschaftlicher Betrieb mit seelisch Erkrankten als Hilfskräften. Der Zulauf an Kranken war so groß, dass Sohn Theodor Berendsen 1883 den Betrieb Klappschau vor den Toren der Stadt pachtete, ihn drei Jahre später erwarb und hier mit seiner Frau eine Pflegeanstalt eröffnete. Nach Um- und Neubauten konnten bald 120 Patienten aufgenommen und mit vielerlei Haus-, Hof- und Feldarbeiten beschäftigt werden. Dem Mut und Einfallsreichtum der Familie Berendsen ist es zu verdanken, dass es auch in der Zeit der nationalsozialistischen Euthanasie-Politik gelang, die schwere Bedrohung für Leib und Leben der Patienten abzuwenden.

Lydia Hansen, geb. Berendsen, und ihr Ehemann Wilhelm T. Hansen übernahmen die Leitung in der vierten Generation. Sie verbesserten die Wohnbedingungen nach dem Grundsatz, den Bewohnern ein Zuhause zu geben, wie man es selbst gern hätte. Heute leben die etwa 130 Bewohnerinnen und Bewohner zwischen 18 und 98 Jahren in großzügigen Wohngruppen, Wohngemeinschaften oder Appartements. Für ihr Wohlergehen sorgen nunmehr Arne und Dr. Kristina Hansen, bei der die pflegerische Leitung liegt, gemeinsam mit 48 Betreuerinnen, Pflegekräften, Krankenschwestern, Beschäftigungstherapeuten, Hauswirtschaftsleiterinnen, Köchin und weiteren qualifizierten Mitarbeiterinnen und Mitarbeitern. 150 Jahre besteht nunmehr diese Einrichtung, über die sich mancher nach der Melodie: „Du bist verrückt, mein Kind ..." schon mal lustig macht, die aber für viele der ihr anvertrauten Bewohner zu einem Zuhause geworden ist, das ihnen vielfältige Beschäftigungsmöglichkeiten eröffnet und ihnen Selbstvertrauen und Zuversicht gibt.

Zu den altanerkannten Wohn- und Betreuungsstätten für geistig behinderte und psychisch kranke Menschen gehört auch der „Hof Königsweg" in Schleswig, der ebenfalls in privater Trägerschaft selbständig geführt wird. Eine lange Tradition in diesem Sinne aufzuweisen haben ebenfalls die bei Schleswig gelegenen Betriebe Johannistal, Sophienhöh, Berendstamm und Klosterhof, alle bereits einige Jahre vor oder kurz nach 1900 gegründet. Zusammen mit den Pflegeheimen Berendholz und Bergkoppel bilden sie heute eine Arbeitsgemeinschaft, die mit ihren Wohn- und Arbeitseinrichtungen chronisch psychisch erkrankten, geistig behinderten sowie auch alkoholgeschädigten Männern und Frauen vollstationäre Betreuung und Eingliederungshilfe gewährt.

Erwähnt sei in der Reihe sozialer Hilfseinrichtungen in Angeln schließlich das Kinder- und Jugendhilfezentrum „Elisabethheim" am Havetofter See aus dem Jahre 1888, das sich als Stiftung des damals dort tätigen Pastors Witt weit über die Ortsgrenzen hinaus einen Namen gemacht hat. Die von Jugendämtern nach Havetoft vermittelten, meist unter Sozialisations- und Erziehungsdefiziten leidenden Kinder und Jugendlichen im Alter zwischen zwei und 20 Jahren leben und arbeiten im Elisabethheim nach christlichen Grundsätzen. Das breite Angebot an pädagogischen und therapeutischen Hilfen sorgt für eine umfassende Betreuung der Bewohner.

Lebendige Kultur- und Kunstszene

Lebendigkeit des Kulturlebens dürfte vor allem im Theater zu finden sein. Und hier zeigt die Halbinsel zwischen Schlei und Förde, zwischen Schleswig und Flensburg eine Jahrhunderte alte Tradition auf. Denn im Schleswigschen liegen die Wurzeln des Theaters im Norden. Schon 1618 sind dort Komödianten aufgetreten. 1781 spielte, neben Mannheim und Gotha, in der Stadt Schleswig das dritte Hoftheater mit eigenem Ensemble. Sechzig Jahre später gründeten Schleswiger Bürger das erste Stadttheater. In Flensburg wurde bereits im 15. Jahrhundert Theater gespielt. Der Beginn war ein öffentliches Passionsspiel in St. Marien. Berufstheater gibt es dort seit dem 17. Jahrhundert. 1795 erbaute Flensburg das erste eigene Theater. Im Zuge von Strukturwandel und Sparmaßnahmen fusionierte es 1974 mit den Theatern in Rendsburg, Schleswig und mit dem Nordmark Sinfonieorchester zum Schleswig-Holsteinischen Landestheater und Sinfonieorchester. Auf allen Bühnen wird seit vielen Jahren auch plattdeutsches Theater gespielt.

Angeln zeigt großes Interesse an Musik und Theater. Konzerte und Aufführungen in den Städten werden eifrig besucht. Aber die Angeliter sind auch selbst überall auf den Dörfern in Musikgruppen sowie als Laienspieler aktiv, auf hochdeutschen und auf niederdeutschen Bühnen. Mindestens eine der plattdeutschen Gruppen hat sich einen Ruf erspielt, der hinausreicht über die heimatlichen Grenzen: die „Nordangler Speeldeel" mit Wolfgang Börnsen als Speelbaas (Leiter). Hervorgegangen ist diese Bühne aus der Theaterarbeit des Jugendhofes Scheersberg unter Peter Brunkert und Professor Ivo Braak. Mit eigenen Produktionen, so vor allem mit einem Jedermann-Kirchenspiel („De dütsche Slömer"), hat sie sich zu Anerkennung und Förderpreis für Niederdeutsche Bühnen hochgespielt.

Buchstäblich hochgespielt über die heimatlichen Gefilde hinaus, und zwar vom Angeliter Profi-Bauern zum Profi-Schauspieler, hat sich ebenso Peter-Heinrich Brix. Der Weg des vielbeschäftigten Fernseh-Darstellers („Großstadtrevier", „Tatort", „Bella Block", „Heimatgeschichten", „Neues aus Büttenwarder") führte von seinem Hof, den er als staatlich geprüfter Landwirt betrieb, über die Schauspieltruppe der Frei-

Im Bootshafen (Langballigau), Ölbild von Heinrich Petersen-Angeln, um 1900

Landschaft bei Nadelhöft, Druckgrafik von Klaus Fußmann, 1997

willigen Feuerwehr Steinberg, die niederdeutsche Bühne Flensburg (Zitat Brix: „Tagsüber saß ich auf dem Trecker, abends stand ich auf der Bühne") zu bekannten Theatern in Hamburg, von wo aus er schließlich Ende der achtziger Jahre beim Fernsehen landete.

In der Malerei gehören Küstenregionen zu den bevorzugten Sujets. Und was für die bildliche Interpretation der nordischen Küstenlandschaft gilt, kann ebenso für die literarische und die musikalische Inspiration gelten. So gesehen hat auch Angeln immer wieder Kunstschaffende angezogen, die die unterschiedlichsten Sichtweisen für diese Landschaft fanden. Zu den weit über die Region hinaus bekannten Malern, denen Angeln ständig neue Impulse gab, gehört Erich Heckel (1883-1970), Expressionist und Mitbegründer des „Brücke"-Kunstkreises, der in seinem langen Leben viele Sommer in Osterholz zubrachte. Immer neue Inspiration gibt diese Landschaft auch dem rastlos schaffenden, mittlerweile zum bedeutenden zeitgenössischen deutschen Landschaftsmaler aufgerückten Klaus Fußmann. Seine farbenprächtigen Darstellungen der bis ans Steilufer der Ostsee heranreichenden Raps- und Weizenfelder, seine kraftvollen Blumenbilder aus dem eigenen Garten an der Geltinger Bucht spiegeln Farbe und Formen von großer Intensität wider.

Auch der Kulturpreisträger des Kreises Schleswig-Flensburg von 1990, Reimer Riediger, zählt zu den bekannten Malern wie Hans Holtorf, der in seinen Bildern von Bockholmwik aus das Hohelied auf die Flensburger Förde „sang". In Angeln hat ebenfalls der Freilichtmaler und „Norddeutsche Realist" Nikolaus Störtenbecker seine Kunstheimstatt gefunden. Kay Nebel (s. auch Seite 79) hielt seine engere Heimat in viel bewunderten Schlei-Kompositionen fest, ebenso Gerhart Bettermann. „Wer das Glück hat, diesen schönen Erdenwinkel seine Heimat nennen zu können, müsste täglich für diese Gnade danken", meinte Kunstmaler Jan Laß vom Langsee. Die Heimat zwischen Schlei und Förde war für ihn ein nicht versiegender Born künstlerischen Schaffens. Auch der große Konzertpianist und Komponist Eduard Erdmann lebte 35 Jahre in Angelns Langballigau – zurückgezogen zwar, aber durch Ruhe und Erholung dazu angeregt, seine außergewöhnliche Schöpferkraft zu entfalten.

Dreiseithof Jürgensen-Thiesen in Ekeberg, ein Ölbild des in Angeln vielbeschäftigten „Höfemalers" Hinrich Hinrichsen aus dem Jahr 1907

Und von Angeln ist es nur ein Sprung über die Förde zum Ziegelei- und Fischerort Ekensund, wo in der berühmten Künstlerkolonie zwischen 1875 und 1910 wohl an die 70 Freilichtmaler, von den Lichtverhältnissen angezogen, ihre Werke schufen. Einer von ihnen, unter den Einheimischen mit besonders gutem Ruf, war der aus Westerholz gebürtige Heinrich Petersen-Angeln (1850-1906), den es nach Kunst- und Studienreisen immer wieder zurück in die Heimat, an die Förde zog. Die Motive von dort, von der Schwennau, der Langballigau oder aus dem Glücksburger Schlosspark gehören zu den beliebtesten, zu seinem Standardrepertoire. Als Maler von Hafenmotiven machte er sich einen Namen auch als Marinemaler.

Zur Würdigung künstlerischen Schaffens in Angeln sind die Fachleute berufen. An dieser Stelle kann die Kultur- und Kunstszene nur in Grundzügen und an wenigen Beispielen aufgehellt werden. Dazu gehört auch vieles, das „nur" in der näheren Region seine Wirkung fand und findet.

„Malende Botschafter Angelns" werden sie gern genannt, Lutz Theen und Hedda Theen-Pontoppidan, ein Künstlerehepaar, das in der alten Schmiede in Nordballig wirkt, dort, wo sich schon viele Anhänger der naturorientierten Laienkunstszene zu Lernkursen bei ihrem Lehrer getroffen haben. Für ihn wiederum und für seine Frau war Hans Holtorf Ideengeber, und auch in der Gruppe um den Maler Niko Wöhlk fanden beide manchen künstlerischen Anstoß. Doch den gibt ihnen vor allem der Reichtum der sie umgebenden Landschaft, die, konsequent durch die „naturnahe" Brille betrachtet, auf ihren Bildern in vielen Häusern im Schleswiger Land wiederzufinden ist.

Und den Rang eines naturnahen Botschafters der Landschaft Angeln hat sich auch der Höfemaler Hinrich Detlef Hinrichsen verdient. Die Bedeutung seiner Porträts bäuerlicher Hofanlagen, die noch immer in so vielen „besten Stuben" der Bauern- und Bürgerhäuser an den Wänden prangen, liegt in ihrer bleibenden Dokumentarkraft. Denn nur wenige der „Hinrichsen-Höfe" sind optisch unverändert geblieben, viele sind ganz verschwunden. Hinrichsen, Malermeister von Beruf und in Südangeln zu Hause, hat sie, ob groß, ob klein, als das Fotografieren noch nicht allgemein üblich war, in Öl auf die Leinwand gebannt, fast immer versehen mit dem Vermerk „Die Heimat". Für eine wegheiratende junge Frau war ein Hinrichsen-Bild eine schöne Erinnerung an den heimatlichen Hof, auf den sie mit Stolz verweisen konnte.

Museen zum Anfassen

Zentren der schleswigschen Museumslandschaft sind Flensburg, unter anderem mit dem Städtischen Museum (Museumsberg), und vor allem die Kreisstadt Schleswig als Sitz der Landesmuseen. Schloss Gottorf beherbergt die umfassendste Sammlung von Kunst und Kultur des deutschen Nordens bis ins 20. Jahrhundert, ferner die Sammlungen das Archäologischen Landesmuseums und des noch neuen Volkskundemuseums am Hesterberg, dessen Ausstellungen sich wachsender Beliebtheit erfreuen. Hinzu kommen das Städtische Museum im Günderothschen Hof und, nahe dem ehemaligen Herzogsitz Gottorf, das stattliche Prinzenpalais als Sitz des Schleswig-Holsteinischen Landesarchivs.

Doch weit spannt sich der Bogen der Museen von Schleswig mit dem Haithabu-Museum und der nahe gelegenen Idstedt-Gedächtnishalle über die Schausammlungen von Schloss Glücksburg, des Schleimuseums in Kappeln bis hin zu den vielen kleinen Dorfmuseen mit privaten Sammlungen der „Alltagskultur" in Ställen und Scheunen, auf Dachböden und Dielen. Diese „Museen zum Anfassen" finden sich in Angeln in außerordentlich breiter Vielfalt.

Das Paradestück unter den dörflichen Museen in Angeln ist Unewatt im idyllischen Tal der Langballigau, ein lebendiges Landschaftsmuseum, das nach Aussage eines seiner Initiatoren „den erregenden Versuch darstellt, einen Ort zu restaurieren, um der Nachwelt Einblicke in die Kulturgeschichte einer Landschaft zu ermöglichen ... und dabei den ‚Käseglkckeneffekt' eines traditionellen Freilichtmuseums zu vermeiden" (Henning Bachmann). Unewatt war einmal eine blühende Gemeinde, ein wirtschaftlich und gesellschaftlich intaktes Dorf mit Bauernhöfen typischer Größe von 40 bis 50 Hektar, Mühle, Meierei, Kaufmann und Gastwirtschaft. Doch der Struk-

Schloss Gottorf in Schleswig, landesherrliche Residenz des 17. und 18. Jahrhunderts, heute Sitz Landesmuseen für Archäologie sowie für Kunst und Kulturgeschichte

turwandel in der Landwirtschaft führte dazu, dass die Besitzer nicht mehr in der Lage waren, die Unterhaltungskosten für die Gebäude aufzubringen. Mit dem Niedergang der Landwirtschaft verschwanden auch die meisten Handwerksbetriebe. Das Dorf begann zu verfallen und damit das Schicksal vieler Dörfer zu teilen.

1985 fand eine Planungsgruppe von Fachleuten in Unewatt den Idealstandort für eine Stätte, die geeignet war, „an einem authentischen Platz die Baugeschichte einer Landschaft lückenlos zu zeigen, Reste arbeitsbedingter soziokultureller Funktionszusammenhänge zu rekonstruieren und natürliche Bestandteile unserer Natur- und Kulturlandschaft zu retten". Noch hatte die Bausubstanz nicht zu sehr gelitten.

Und es waren alle für Angeln typischen Gebäude vorhanden, um ein Gesamtbild Angelner Baugeschichte zeigen zu können, mit Ausnahme eines südangelner Fachhallenhauses. Diese Lücke aber war zu schließen, und zwar durch den Abbruch des „Marxenhauses" in Süderbrarup und dessen Wiederaufbau in Unewatt. Die finanziellen Träger für das Gesamtprojekt wurden gefunden, unter anderem mit der Aufnahme in das Städtebauförderungsprogramm. Das Landschaftsmuseum wurde 1993 eingeweiht.

Der Versuch, den Niedergang dieses Dorfes aufzuhalten, ist gelungen. Es hat sich zu einem der attraktivsten Orte in Angeln für Einwohner und Besucher entwickelt. Unewatt war ein lebendiges Bauerndorf und ist es bis heute geblieben.

Kein Dorfmuseum, sondern lebendiges Museumsdorf: Unewatt – mit Windmühle „Fortuna", einem Gallerieholländer von 1878

Abbildungsnachweis

Archiv Amt Süderbrarup: 121

Archiv Remmer: 85

Archiv H. Schübeler: 73, 123, 144

Christiansen, M.: 125

Eicke-Verlag, Barkelsby: 25

Gemeinschaftsarchiv Kulturstiftung des Kreises Schleswig-Flensburg: 101, 129, 139

Gesellschaft für Schleswig-Holsteinische Geschichte/ Stiftung Schleswig-Holsteinische Landesmuseen, Schloss Gottorf: 65

Heimatverein der Landschaft Angeln (Jahrbuch 1981 – K. Boljahn): 102

Kolberg, Melitta: 11, 12, 13, 15, 17, 18, 19, 20, 21, 23, 24, 26, 27, 28, 29, 32, 33, 37, 43, 44, 47, 48, 50, 51, 53, 55, 56, 59, 60, 67, 68, 70, 71, 73, 75, 77, 81, 83, 86, 87, 88, 89, 93, 95, 96, 97, 98, 105, 106, 107, 108, 109, 110, 111, 112, 113, 115, 116, 117, 118, 119, 127, 131, 132, 134, 137, 140, 141, 142, 143, 144, 146, 147, 151, 152

Landesarchiv Schleswig-Holstein, Schleswig: 63

Lühning, F., Das Porträtalbum der Gräfin Elise von Bernstorff: 66

Privatbesitz: 41, 54, 99, 100, 149, 150

Schleswig-Holsteinische Landesbibliothek, Kiel: 74

Stadtarchiv Flensburg, Flensburg: 104

Städtische Museen und Sammlungen Museumsberg, Flensburg: 148

Stiftung Schleswig-Holsteinische Landesmuseen, Schloss Gottorf, Schleswig : 31, 32, 34, 36, 39, 40, 85, 91, 120

Universität der Bundeswehr Hamburg,
Eckardt Opitz / Reinhard Scheiblich, Hamburg: 42, 45

Verlagsarchiv Wachholtz: 79, 126

Ortsregister

ANGELN, SPEZIAL AUS: SCHLESWIG-HOLSTEIN – KULTUR, GESCHICHTE, NATUR, 1 + 2/1991, Husum 1991

BONHAGE, H. J., RÖHRING, H.-H.: Schleswig-Holstein / Land zwischen den Meeren, Hamburg 1980

BRUHN, A. U. SCHWAB, M.: Wege zur Schule heute, Neumünster 1999

CALLSEN, J.: Angeln – Ein Lesebuch, Husum 1994

CHRISTIANSEN, T.: Schleswig 1836 – 1945, Schleswig 1973

DANKER, U.: Die Jahrhundert-Story, Bd. 3, Flensburg 1999

DEGN, CH.; MUUß, U.: Luftbildatlas Schleswig-Holstein, Neumünster 1965, Luftbildatlas Schleswig-Holstein II, Neumünster 1968

DEGN, CH.: Schleswig-Holstein – eine Landesgeschichte / Historischer Atlas, Neumünster 1995

DER LANDKREIS FLENSBURG 1867 – 1974. Teil 1 Flensburg 1981, Teil 2 Flensburg 1991

DETLEFSEN, N.: Das Angelnbuch, Neumünster 1979

DIEDERICHSEN, J.: Hexenprozesse in Angeln. Staatsbürgerliches Magazin, Bd. IV, ...

ENGLER, M.: Spuren der Geschichte in Schleswig-Holstein, Neumünster 1993

FRIEDEMANN, M.: Wasserläufe in Schleswig-Holstein, Neumünster 2000

GEBÜHR, M.: Nydam und Thorsberg – Opferplätze der Eisenzeit. Ausstellungsbegleitheft, Schleswig 2000

HABICH, J., LAFRENZ, D., SCHULZE, H.K.L., WILDE, L.: Schlösser und Gutsanlagen in Schleswig-Holstein, Hamburg 1998

HAGEMEIER-KOTTWITZ, A.: Angeliter Dreiseithofanlagen, Neumünster 1982

HAGEMEIER-KOTTWITZ, A.: Angeliter Fachwerkarchitektur von 17. bis 19. Jahrhundert, Neumünster 1985

HAMER, B.: Topographie der Landschaft Angeln, Bd. 1 u. 2, Husum 1994 u. 1995

HAMER, B.: Jahrbuch des Heimatvereins der Landschaft Angeln, Register Bd. 1 – 60

HAMER, B.: Bibliographie zur Geschichte und Landeskunde der Landschaft Angeln, Kappeln 1986

HANSEN, A.: Angler Skizzen, Flensburg 1881, Reprint 1882

HANSEN, H. S.: Det sønderjyske landbrugs historie 1830 - 1993, Aabenraa 1994

HANSEN, R., JOHANNSEN, P.I., RUNGE, J., STEENSEN, T.: Minderheiten im deutsch-dänischen Grenzbereich, Landeszentrale für Politische Bildung Schleswig-Holstein, Kiel 1993

HARMENING, D.: Hexen heute. Quellen und Forschungen zur Europäischen Ethnologie, Bd. 8, Würzburg 1991

HEBERLE, R.: Landbevölkerung und Nationalsozialismus, Stuttgart 1963

HEESCH, W.: Windmühlen in Schleswig-Holstein in alten Ansichten, Zaltbommel/Niederlande 1985

HESSISCHE STAATSARCHIVE 1994, Ausstellung „ ... möchten verbrennet werden"

HILDEBRANDT, F.: Die Nachbarschaften in Angeln vom 17. bis 19. Jahrhundert, Neumünster 1985

HILL, D.: Der Zukunft verpflichtet. 100 Jahre Raiffeisenverband Schleswig-Holstein und Hamburg, Kiel 1983

HISTORISCHER ATLAS SCHLESWIG-HOLSTEIN SEIT 1945, Sonderveröffentlichung der Gesellschaft für Schleswig-Holsteinische Geschichte, Neumünster 1999

HOFFMANN, E.: Die Herkunft des Bürgertums in den Städten des Herzogtums Schleswig, Neumünster 1953

HOFMANN, G.: Angeln – Deine rote Kuh, Süderbrarup 1980

HUBRICH-MESSOW, G.: Sagen und Märchen aus Angeln, Husum 1987

HUBRICH-MESSOW, G.: Sagen aus Schleswig-Holstein, München 1993

JENSEN, H.N.A., Angeln. Geschichtlich und topographisch beschrieben, neu bearbeitet von W. Martensen und J. Henningsen. Schleswig 1922, Neudruck 1974, Kiel

JESSEN, J: Das älteste Schleswiger Stadtrecht, Beiträge zur Schleswiger Stadtgeschichte, Bd. 41, 1996

JESSEN-KLINGENBERG, M.: Schleswig-Holsteinische Geschichte. Ein Überblick, Freiburg/Würzburg1982

JOHANNSEN, C.I.: Schleswig-Holstein. Vom Leben und Arbeiten auf dem Lande, Hamburg 1999

JONKANSKI, D. UND WILDE, L.: Dorfkirchen in Schleswig-Holstein, Neumünster 2000

JÜRGENSEN, K.: Die Briten in Schleswig-Holstein 1945 - 1949, Neumünster 1989

KREISCHRONIK, Handbuch des Kreises Schleswig-Flensburg

KIRCHE, Spezial aus: Schleswig-Holstein – Kultur, Geschichte, Natur, 1 + 2/2000, Husum 2000

KRANZ, M., SCHWENNSEN, P., TECH, H.-J.: An der Küste Angelns und Nordschwansens, Schleswig 1978

KUNST-TOPOGRAPHIE SCHLESWIG-HOLSTEIN, Neumünster 1989

KUHLMANN, H.J.: Besiedlung und Kirchspielorganisation der Landschaft Angeln im Mittelalter, Neumünster 1958

LANDESAMT FÜR DENKMALPFLEGE IN SCHLESWIG-HOLSTEIN: Denkmalpflege in Schleswig-Holstein, Neumünster 1993

LANGE, U. (Hrsg.): Geschichte Schleswig-Holsteins, Neumünster 1996

LAUR, W.: Die Ortsnamen in Schleswig-Holstein. Gottorfer Schriften, Bd. 6, Schleswig 1960

LEBEN AUF DEM LANDE, SPEZIAL AUS: Schleswig-Holstein – Kultur, Geschichte, Natur, 1+2/ 2000, Husum 2000

LINK, T.: Flensburgs Überseehandel von 1755 bis 1807, Neumünster 1959

MALER IN SCHLESWIG-HOLSTEIN: Gerhart Bettermann, Schleswig 1977

MALER IN SCHLESWIG-HOLSTEIN: Hans Holtorf, 1976

MALETZKE, E.: Die Schleswig-Holsteiner, Neumünster 1993

MALETZKE, E: Spurensuche / Schleswig-Holstein auf den Weltausstellungen von 1851 bis 2000, Flensburg 2000

MEHL, H.: Altes Handwerk in Schleswig-Holstein, Heide 1999

MEHL, H.: Volkskunst in Schleswig-Holstein, Heide 1998

MEIBORG, R.: Das Bauernhaus im Herzogtum Schleswig und das Leben des schleswigschen Bauernstandes im 16., 17. und 18. Jahrhundert, Reprint Kiel 1977

MÜLLER, K.: Die Schlei – Eine Tochter der Ostsee, Rendsburg 1965

NATURSCHUTZ IN SCHLESWIG-HOLSTEIN. Ein Handbuch für Naturschutzpraxis und Unterricht, Neumünster 1988

NISSEN, R.: Landwirtschaft im Wandel / Natur und Technik einst und jetzt, Heide 1989

OLDEKOP, H.: Topographie des Herzogtums Schleswig, Kiel 1906

OPITZ, E.: Schleswig-Holstein – Landesgeschichte in Bildern, Texten und Dokumenten, Hamburg 1988

OTTE, F.-W.: Bemerkungen über Angeln aus der Brieftasche zweener Freunde, bey einer Fußreiße im Sommer 1791, Reprint Kiel 1981

PFEIFFER, W.: Geschichte des Geldes in Schleswig-Holstein, Heide 1977

PÖGE, G.: Die Wind- und Wassermühlen des Kreises und der Stadt Flensburg, Schleswig 1980

PROBST, W., TECH, H.-J., VOGEL, K.: Von der Küste ins Binnenland – Angeln und Schwansen, Schleswig 1989

PÜLSCHEN, U.: Gemeinde Großsolt – eine Chronik, Husum 1992

REMMER, A.: Belichtete Vergangenheit, Westerland 1986

RHEINHEIMER, M.: Armut in Großsolt (Angeln) 1700 - 1900, in: Zeitschrift für Schleswig-Holsteinische Geschichte, Bd. 118, 1993

RIEDEL, W.: Landschaftswandel und gegenwärtige Umweltbeeinflussung im nördlichen Landesteil Schleswig, Schleswig 1978

RÜDEL, H.: Schleswig, Nordeuropas älteste Stadt, Hamburg 1990

RUMOHR, H. V.: Schlösser und Herrenhäuser im Herzogtum Schleswig, Frankfurt a.M., 1979

RUMOHR, H. V. U. NEUSCHÄFFER, H.: Schlösser und Herrenhäuser in Schleswig-Holstein, Frankfurt a.M. 1983

SCHARNWEBER, W.: Reisebilder – Angeln, Landschaft zwischen Förde und Schlei, Bremen 1999

SCHARTL, M.: 125 Jahre Schleswig-Flensburg, Schriften der Kulturstiftung des Kreises Schleswig-Flensburg, Bd. 1, 1993

SCHARTL, M.: Wie soll man da eine Familie ernähren? Schriften der Kulturstiftung des Kreise Schleswig-Flensburg, Bd. 3, 1998

SCHLEE, E.: Der Gottorfer Globus Herzog Friedrichs III., Heide 1991

SCHLEE, E.: Kulturgeschichte schleswig-holsteinischer Rathäuser, Heide 1976

SCHLEE, E.: Landschaftsmaler an Schleswig-Holsteins Küsten, Heide 1975

SCHLEE, E.: Schleswig-Holsteins Eintritt in die neue Zeit, Bilderchronik, Neumünster 1964

Schleswig, Spezial aus: Schleswig-Holstein – Kultur, Geschichte, Natur, 1 + 2/1994, Husum 1994

SCHLESWIG – FLENSBURG, Deutsche Landkreise im Portrait, Oldenburg 1995

SCHLESWIG-HOLSTEINISCHER HEIMATBUND UND LANDESARCHIV SCHLESWIG-HOLSTEIN (Hrsg.): Die Anfänge des Landes Schleswig-Holstein, Schleswig 1997

SCHLESWIG-HOLSTEIN-LEXIKON, Neumünster 2000

SCHMIDT, WERNER: Schleswig-Holsteiner unter sich über sich, Frankfurt a. M. 1979

SCHMIDT, WALTER: Was mir widerfahren ist. Chronik des Kirchspiels Steinberg, Sonderband 1, Husum 1999

SCHMIDKE, K.-D.: Die Entstehung Schleswig-Holsteins, Neumünster 1995

SCHMIDKE, K.-D.: Land im Wind, Neumünster 1995

SCHORMANN, G.: Hexenprozesse in Deutschland, Göttingen 1986

SCHÜBELER, H.: Landwirtschaft in Schleswig-Holstein. Bilddokumente zur Agrargeschichte, Bd. I, Acker- und Grünlandwirtschaft, Böelschuby 1993, Bd. II, Hof- und Hauswirtschaft, Böelschuby 1995

SCHÜBELER, H.: Handwerk in Schleswig-Holstein. Bilddokumente zur Geschichte der Handwerksberufe, Bd. I, Holzverarbeitendes Handwerk, Böelschuby 1998

SCHULTE-WÜLVER, U.: Petersen-Angeln, Maler der Nord- und Ostsee (1850 - 1906), Heide 1993

SCHULTE-WÜLVER, U.: Schleswig-Holstein in der Malerei des 19. Jahrhunderts, Heide 1980

SCOCOZZA, B. U. JENSEN, G.: Danmarks historiens Hvem, Hvad og Hvornår, København 1996

SELK, P.: Gesammelte Aufsätze zur Volkskunde, Heide 1993

SIEVERS, K. D.: Feste in Schleswig-Holstein, Neumünster 1984

SKIERKA, J.: Die Domschule Schleswig und ihre Direktoren 1864 - 1964, Schleswig 1987

STOLTENBERG, G.: Politische Strömungen im schleswig-holsteinischen Landvolk, Düsseldorf 1962

STOLZ, G.: Das deutsch-dänische Schicksalsjahr 1864 in seinen Ereignissen, Apenrade 1988

THIESEN, E.: Die Landeskulturpolitik in ihrem Einfluß auf die Agrarstruktur, Diss. Freiburg 1962

THIESEN, E.: Es begann im Grünen Kreml / Agrarpolitik zwischen Rendsburg und Brüssel, Neumünster 1997

THYSSEN, T.: Bauer und Standesvertretung, Neumünster 1958

TOPOGRAPHISCHER ATLAS SCHLESWIG-HOLSTEIN, (Hrsg. Landesvermessungsamt Schleswig-Holstein) Neumünster 1963

UNVERHAU, D.: „Ich bin eine Hexe" – Frauenbewegung und historische Hexenverfolgung. Kieler Blätter zur Volkskunde XVIII, Kiel 1986

VOGEL, V.: Schleswig im Mittelalter, Neumünster 1989

VOR HUNDERT JAHREN: Dänemark und Deutschland 1864 - 1900, Gegner und Nachbarn, Katalog Ausstellung Kopenhagen, Århus, Kiel, Berlin 1981/82

WASCHINSKI, E.: Währung, Preisentwicklung und Kaufkraft des Geldes in Schleswig-Holstein von 1226 - 1864. Quellen und Forschungen zur Geschichte Schleswig-Holsteins, Bd. 26 II, Neumünster 1959

WEIGAND, K.: Grenzüberschreitende Reiseströme an der deutsch-dänischen Grenze, Flensburg 1982

WELDT, D.: Glücksburg / Schloß, Landschaft, Stadt, Husum 1987

WILLROTH, K.-H.: Untersuchungen zur Besiedlungsgeschichte der Landschaften Angeln und Schwansen von der älteren Bronzezeit bis zum frühen Mittelalter, Neumünster 1990 und 1992

WITT, R.: Die Anfänge von Kartographie und Topographie Schleswig-Holsteins 1475 - 1652, Heide 1982

ZIESEMER, F.: Ein Jahrhundert landwirtschaftliches Bildungswesen in Schleswig-Holstein, Kiel 1991

100 JAHRE KREISFEUERWEHRVERBAND IM KREIS SCHLESWIG-FLENSBURG, Schleswig 1992

125 JAHRE KREISE IN SCHLESWIG-HOLSTEIN, Neumünster 1992

400 JAHRE BRARUP-MARKT, Festschrift, Süderbrarup 1993

ZEITSCHRIFTEN / PERIODIKA:

Bauernblatt für Schleswig-Holstein und Hamburg, Rendsburg, Jahrgänge 1999 und 2000

Chronik des Kirchspiels Steinberg, mehrere Bände und Sonderbände, Husum 1986 - 2000

Jahrbuch des Heimatvereins der Landschaft Angeln, alle Jahrgänge (Jg. 1/1921 – Jg. 64/2000), Schleswig u. Husum

Schleswig in der Nachkriegszeit, Zeugenberichte 1, Schleswig 1994

Schleswig-Holstein – Kulturjournal, Nr. 1, Rendsburg 1985